高等学校人工智能通识教育系列教材
云南省人工智能赋能基础课程教学改革研究重大课题

U0771998

人工智能通识教育与应用创新

主　编　易　宏　霍嘉军　杨　樱
副主编　赵成贵　徐兴贵　宁东玲　庞春平
参　编　冯　涛　汪　维　付　涛　钟之辰　徐　斌　杨炳华

中国教育出版传媒集团
高等教育出版社·北京

内容提要

本书为综合性人工智能通识教育教材，集理论、技能、应用于一体，助力学习者系统掌握人工智能基础理论、技术原理及实际应用，聚焦培育"AI+专业"复合型人才。本书涵盖基础理论知识，并引入最新的复杂 Agent 构建及 MCP Server 等前沿内容。本书特色是配套数字化教学实训体系，支持读者随时随地进行线上学习与实训。

全书共分为理论篇、技能篇和应用篇三个部分。 理论篇（第 1—第 5 章）聚焦人工智能基本理论、技术原理、主要流派及典型应用，助力读者构建人工智能知识体系。技能篇（第 6—第 10 章）深入生成式人工智能的技术原理与应用领域，通过案例分析与实训练习，使读者熟练掌握相关技能。应用篇（第 11—第 13 章）详细阐述生成式人工智能应用系统的开发与构建，结合行业及企事业单位实际需求，指导读者设计构建"人工智能+行业""人工智能+企事业单位"应用系统，提升"人工智能+行业"的创新素养和能力。

本书可作为高等学校、高等职业院校财经、商贸、管理、人文、社科等大类专业的基础课教材，也可作为其他专业的人工智能通识教材，还可作为企业工作人员和社会学习者的参考用书。

图书在版编目（CIP）数据

人工智能通识教育与应用创新 / 易宏，霍嘉军，杨樱主编；赵成贵等副主编 . -- 北京：高等教育出版社，2025.8 . -- ISBN 978-7-04-065369-4

Ⅰ．TP18

中国国家版本馆 CIP 数据核字第 2025UU2344 号

RENGONG ZHINENG TONGSHI JIAOYU YU YINGYONG CHUANGXIN

策划编辑	徐　可	责任编辑	高聚平	封面设计	王　鹏	版式设计	董思含
责任绘图	裴一丹	责任校对	王　雨	责任印制	刘思涵		

出版发行	高等教育出版社	网　　址	http://www.hep.edu.cn
社　　址	北京市西城区德外大街 4 号		http://www.hep.com.cn
邮政编码	100120	网上订购	http://www.hepmall.com.cn
印　　刷	三河市骏杰印刷有限公司		http://www.hepmall.com
开　　本	787 mm×1092 mm　1/16		http://www.hepmall.cn
印　　张	19.75		
字　　数	440 千字	版　　次	2025 年 8 月第 1 版
购书热线	010-58581118	印　　次	2025 年 8 月第 1 次印刷
咨询电话	400-810-0598	定　　价	52.00 元

"人工智能+行业应用创新系列教材" 编委会

主　审：李昂生　北京航空航天大学计算机学院教授
　　　　　　　　中国人工智能学会基础专业委员会主任

主　任：易　宏　张金甫

副主任：徐兴贵　马　锐　杨　樱　赵成贵　尹湘萍
　　　　宁东玲　冯　涛　黎乾坤　高利强

编　委：庞春平　李　爽　付　涛　徐　斌　汪　维　钟之辰
　　　　石晓晶　匡　正　杨　凡　王天赐　杨炳华

序

  当前，人工智能正以前所未有的态势迅猛发展，引领人类大步迈入人工智能时代。人工智能（AI）作为人类大脑智能的延伸，正以风驰电掣般的速度渗透社会、经济发展的各个领域。人类对智能这一自身独具的显著特征背后的科学原理的揭示，以及模拟人类智能的人工智能技术的创新突破，已经成为新世纪科学技术革命的核心驱动力。人工智能科学与技术必将深刻地重构未来的科学技术与社会架构，深刻地改变我们的生活方式、思维方式和未来科学与技术范式。

  在人工智能全方位、深层次融入经济社会发展的今天，理解人工智能、掌握人工智能基本技术，就如同 30 年前掌握计算机基础一般，成为学生及职场人士不可或缺的基本技能。鉴于此，全国高校及高等职业院校纷纷开设面向全校学生的人工智能通识教育课程，社会各行业也争相启动人工智能通识培训，发展态势如火如荼。然而，众多院校在推进这一进程中面临诸多难题，教师短缺、实训平台匮乏等问题较为突出。与此同时，人工智能领域发展日新月异，其教育内容与模式也在不断更新迭代，传统的"教材+实验室"教学实训方式，难以迅速跟上人工智能应用快速发展的步伐。

  在此背景下，由人工智能教育及研究与应用专家组成"人工智能+行业应用创新系列教材"编委会，紧密结合社会需求编制"人工智能+行业应用创新系列教材"，并紧跟人工智能的快速发展，指导构建"人工智能+行业应用创新数字化教学与实践服务体系"，为学生及各行业职场人士提供方便、快捷及高质量的"人工智能+行业应用"的数字化学习与实践，培养"人工智能+行业应用"的复合型人才。

  《人工智能通识教育与应用创新》作为本系列教材之一，是人工智能应用的基础教材。本书划分为理论篇、技能篇和应用篇三个部分，将三者融为一体，旨在助力学习者系统掌握人工智能基础理论、技术原理以及实际应用方法，聚焦于培育"AI+专业"的复合型人才。教材内容丰富，既涵盖入门的基础理论知识，又融入最新的复杂 Agent 构建及 MCP Server 等前沿内容。

  值得一提的是，本书作为"人工智能通识教育+专业学科的数字化教学实训体系"的重要组成部分，学习者可依托本书选择数字化教学实训体系（包含 80 余个视频教学及实训课程、80 余个随堂在线测验、3000 多道练习题，以及 20 余个应用场景实训），使用手机及计算机随时随地开展线上+线下的深度学习与实践，真正使学习便捷与高效。

《人工智能通识教育与应用创新》是一本综合性的人工智能通识教育教材，主要用于高等学校、高等职业院校学生的人工智能通识教育。同时，本书对企事业、政府管理人员以及"人工智能+行业应用"创业者也具有重要的学习和参考价值。

我相信，本系列教材的出版将为人工智能通识教育注入新的活力，为推动人工智能的普及、应用以及人工智能科学技术范式变革发挥积极作用。期待广大读者能够通过对本书的学习，开启人工智能学习与探索的新征程，在人工智能的广阔天地中发现知识、揭示规律，并基于发现的知识、揭示的规律做出自己的创造。

（李昂生）

北京航空航天大学计算机学院教授

中国人工智能学会基础专业委员会主任

2025 年 6 月

前　言

当前，生成式人工智能快速发展，引领人类进入人工智能的时代，正以前所未有的速度渗透社会经济发展的各个领域，已成为推动经济社会高质量发展的核心引擎，重塑着人类社会的生产与生活模式。

传统的人工智能主要是基于算法的面向行业的信息应用技术，生成式人工智能（AIGC）与传统人工智能不一样，作为人类大脑智能的延伸，可以应用到所有领域。各领域的专业人员无须学习编程就可依托 AIGC 大模型平台构建面向行业的人工智能应用系统，大幅提升各个行业的工作效率，并带来新的行业技术创新及商业模式的创新，社会急需"人工智能+行业应用"的复合型人才。

掌握 AI 基本应用技术已成为当代学生及职场人员立足未来社会的必备素养，其重要性堪比 30 年前掌握计算机的基础应用技能。本书作为面向所有专业学生的人工智能通识教育教材，以培养新时代"人工智能+专业学科"的复合型人才为导向，通过本书学习可以达到以下三个教学目标：

（1）系统了解人工智能的基本理论及发展历程与趋势；

（2）熟练掌握生成式人工智能相关应用技能；

（3）具备零代码构建"人工智能+行业+企业"人工智能应用系统能力，初步具备"人工智能+行业"创新素养。

赋能学习者初具跨行业人工智能应用系统设计与应用能力，培育"人工智能+行业应用"的创新思维与实践素养，为培养适应智能时代需求的"AI+专业"复合型人才铸牢知识与能力基础。

由于 AI 领域发展日新月异，使得传统的"教材+实验室"教学模式难以快速适应其快速更新迭代的特性。为此，本书作者团队还开发了"人工智能通识教育+专业学科的数字化教学实训体系"，为学习者提供高质量、低成本的"人工智能+专业学科"教学、实训及技能考证的一站式数字化解决方案。本书依托数字化教学实训体系解决了传统教材难以快速更新内容，以及难以跟随人工智能快速发展的问题。

　　同时，本书的编写得到了中国人工智能学会、百度等机构的专家指导，通过对本书的学习可以平滑对接相关机构的人工智能技能培训证书考试，能够较好满足高校"人工智能+专业学科"教学实训与技能考证的需求。相关工作获得云南省教育厅"2025年人工智能赋能基础课程教学改革研究"重大项目立项支持（全省仅2项）。

　　本书共13章，既有基础理论知识，也有最新的复杂Agent构建及MCP Server等内容，分为理论篇、技能篇和应用篇三个部分，逻辑严谨、层层递进，引导学习者从基础理论到实践技能，再到实际应用逐步深入。教材配套了AIGC实训及人工智能前沿跟踪等数字化服务资源，学习者可按照学校的相关要求使用本书开展深入学习。

　　理论篇（第1—5章）聚焦于人工智能基本理论、技术原理、主要流派以及典型应用，为读者构建起完整的人工智能知识体系，犹如为读者点亮一盏明灯，照亮探索人工智能世界的道路。

　　技能篇（第6—10章）深入剖析生成式人工智能的技术原理与应用领域，通过丰富多样的案例分析与实训练习，让读者在实践中熟练掌握相关技能，真正做到学以致用。

　　应用篇（第11—13章）则详细阐述生成式人工智能应用系统的开发与构建方法。紧密结合行业及企事业单位的实际需求，指导读者设计构建"人工智能+行业""人工智能+企事业单位"应用系统，有效提升读者在人工智能与行业融合创新方面的素养与能力，助力读者成为人工智能+专业的复合型人才。

　　本书作为"人工智能通识教育+专业学科的数字化教学实训体系"的重要组成部分，学员也可使用本书选择"数字化教学实训体系"随时随地使用手机及计算机开展线上的深入学习与实践（36—48个学时）。

　　数字化教学实训体系包含80余个视频教学及实训课程，80余个随堂在线测验与3000多道练习题组成的题库，内容涵盖理论讲解、案例分析、实操演练等全流程，方便学习者能够随时随地开展线上学习与实训，提升学习效率。同时，编者还开发了20余个人工智能+行业及企事业单位应用场景实训，让学习者能够实时跟踪人工智能的最新发展动态，亲身体验其在不同领域的实际应用，真正做到学以致用，培养将理论知识转化为实践的能力。本系统的"人工智能前沿跟踪"每天跟踪发布全球最新的人工智能研究应用成果，并每月编制发布"人工智能发展动态"。

　　此外，本书还与百度等知名机构开展深度合作，为学员搭建了便捷的考证通道。学员通过相关考试，即可获得《人工智能应用技术培训合格证书》，为职业发展增添助力。

　　本书由深耕AI领域与教学与科研一线的专家团队匠心打造。主编易宏、霍嘉军、杨樱长期扎根高校信息技术科研与产业化前沿，将产学研用的实战经验融入本书顶层设计，为全书框架构建与内容深度提供了战略支撑；副主编赵成贵、徐兴贵、宁东玲、庞春平等学者在人工智能垂直领域潜心钻研多年，结合行业真实需求为本书注入了鲜活案例与解决方案；参编冯涛、汪维、付涛、钟之辰、徐斌、杨炳华等青年骨干教师则以一线教学反馈为基础，对本书知识体系进行了精细化打磨。

AI 发展永无止境，本书仍有诸多需要完善与提升之处。未来，我们将持续关注技术前沿动态，及时更新教学内容，不断优化知识体系。同时，我们诚挚欢迎广大读者、学者、专家们提出宝贵意见，共推 AI 教育的创新与发展。

编　者

2025 年 6 月

目　录

第1章 绪 论

1.1 人工智能突破性发展驱动行业变革

第 1 章 数字资源

1.1.1 什么是人工智能

人工智能（Artificial Intelligence），英文缩写为 **AI**。它是研究、开发用于模拟、延伸和扩展人的智能的理论、方法、技术及应用系统的一门新的技术科学。人工智能是对人的意识、思维的信息过程的模拟。人工智能不是人的智能，但能模拟人类的思考，也可能超过人的智能。

人工智能按照其智能水平可分成弱人工智能、通用人工智能和强人工智能三类。弱人工智能，能完成包含基础的、特定场景下角色型的任务，如聊天机器人、AlphaGo 等下棋机器人；通用人工智能，可承担相当于人类水平的任务，涉及机器的持续学习；强人工智能，其功能高于人类智力水平。

1.1.2 人工智能的突破性发展

科学技术成为当今世界经济社会发展的第一推动力，成为影响国家竞争力的核心力量。移动互联、人工智能、云计算、大数据等新一代信息技术发展将带动产业发展和变革，人工智能迎来了创新成果群体突破、集中爆发的时期。2022 年 11 月 30 日，OpenAI 公司发布了基于大语言模型（LLM）的 ChatGPT3.5，人类在自然语言处理生成式人工智能（AIGC）领域取得重大突破，人工智能已能够理解人类的语言并进行创作，实现了人工智能量变到质变的智能涌现。2024 年 5 月 14 日，ChatGPT-4o 发布，实现了对人类语音、视觉及情感的识别与交互。同年 9 月，ChatGPT-o3 推出，推理能力达到人类理工科博士水平。2025 年 1 月，中国杭州的深度求索公司推出 DeepSeek-V3 和 R1 两个系统，总体水平接近 ChatGPT-o3，并向全球开源，极大促进了全球人工智能的应用与发展。人工智能已成为人类学习、工作、生活的重要工具，人类正在全面进入人工智能时代。

1.1.3　人工智能全面进入社会经济各领域

人工智能最新成果主要集中于生成式人工智能，未来演进方向是超级人工智能。人工智能技术属于通用目的技术，可以链接、渗透、赋能万物，在算力、算法和数据上所展现出的高链接性、强渗透性、泛时空性，是以往任何技术革命所无法比拟的。如果说历史上前几次技术革命给人类带来的是身体和器官的释放和解放，此次人工智能革命释放和解放的是人类的脑力和智力，必将对人类生产、生活和生态等产生全面、深刻和持续的影响。

人工智能作为引领并驱动新一轮科技革命和产业变革的战略性技术，在医疗健康、制造业、金融服务业、交通运输、教育、零售与电商、媒体与娱乐、政府与公共服务等各个领域。它不仅具有溢出带动性很强的"头雁"效应，而且对经济发展正在产生全方位、全链条、全周期的深刻影响。加快发展人工智能技术和产业，可为我国各领域的高质量发展提供新动能。

1.1.4　社会发展需要大量人工智能复合型人才

传统的人工智能主要是基于算法的特定行业的信息应用技术，生成式人工智能（AIGC）与传统人工智能不一样，可以应用到所有领域。各领域的专业人员无须学习编程就可依托 AIGC 大模型平台构建面向行业的人工智能应用系统，大幅提升各个行业的工作效率，并带来新的行业技术创新及商业模式的创新，社会急需人工智能+行业应用的复合型人才。

1.2　人工智能通识教育必要性

人工智能正在成为人类学习、科研及工作的重要工具。就像 30 年前必须掌握计算机应用一样，如今掌握人工智能知识也成了时代的要求，通识教育能够普及人工智能的基本知识和应用技能，使更多人能够利用这一工具提高学习效率、推动科研进步、优化工作流程。

　　人工智能通识教育能帮助各行业专业人员掌握人工智能应用技术。传统的人工智能主要是基于算法的特定行业的信息应用技术，各高校的人工智能课程主要设置在信息类相关专业。生成式人工智能不同于传统人工智能，学生无须学习编程，通过通识课程的学习，依托相关平台工具就可构建人工智能的行业应用系统，可以应用到所有领域。通过学习，非信息技术专业的人员可以成为人工智能+行业应用的复合型人才，有效提升个人能力，大幅提升工作质效。

　　通识教育能促进人工智能跨学科融合与创新。人工智能是一个涉及多个学科的交叉领域，从而带来新的行业技术创新及商业模式的创新。通识教育能够打破学科壁垒，促进学生跨学科学习和思考。学生通过整合不同学科的知识和方法，形成更加全面的视野和创新的思维，为人工智能技术的跨领域应用和创新发展提供源源不断的动力。

1.3 本书特色及导读

1.3.1 本书特色

　　当前人工智能已深度渗透到经济社会发展的各个方面，掌握人工智能基本技术已与30年前的掌握计算机基础一样成为学生及职场人员的基本技能，同时人工智能高速发展，人工智能教育日新月异，传统的"教材+实验室"教学实训方式难以快速跟随人工智能应用的发展。本书特色与优势如下：

　　1. 具有配套的数字化教学实训体系，可以随时随地线上学习与实训

　　已建设"人工智能通识教育+专业学科的数字化教学实训体系"（获得省级人工智能通识教育课程重大项目支持），具有80余个视频教学及实训课程，以及80余个覆盖各章节的随堂在线测验，3 000多道练习题组成的题库，开发了20余个人工智能+行业及企事业单位应用场景实训，实时跟踪人工智能的最新发展。

　　2. 本课程与百度等公司及机构合作，学员可方便通过相关考试并获得《人工智能应用技术培训合格证书》

　　3. 课程聚焦培养"AI+专业"复合型人才，既有基础理论知识，也有最新的复杂 Agent 构建及 MCP Server。学生通过课程学习能达到以下目标

　　（1）系统了解人工智能的基本理论及发展历程与趋势；

　　（2）熟练掌握生成式人工智能相关技能；

　　（3）具备零代码构建"人工智能+行业+企业"人工智能应用系统能力，初步具备人工智能+行业创新素养能力。

  本书主编及团队长期在高校从事信息技术的科研与产业化工作，先后承担上百个政府及企业信息化建设项目，具有丰富的信息化系统建设经验及企业经营管理经验，为做好人工智能通识教育与中国人工智能学会、百度等企业专家合作建设了"人工智能通识教育+专业学科的数字化教学实训体系"（获得省级人工智能通识教育课程重大项目支持），为高校提供高质量、大面积、低成本的"人工智能通识教育+专业学科"教学、实训及技能考证的一站式解决方案，本书依托数字化教学实训体系解决了传统教材难以快速更新内容，跟随人工智能快速发展的问题，同时还可参加相关机构的人工智能技能培训证书考试，能够较好满足高校"人工智能+专业学科"教学实训与技能考证的需求。人工智能通识教育与行业创新应用平台参见图 1-1、图 1-2、图 1-3。

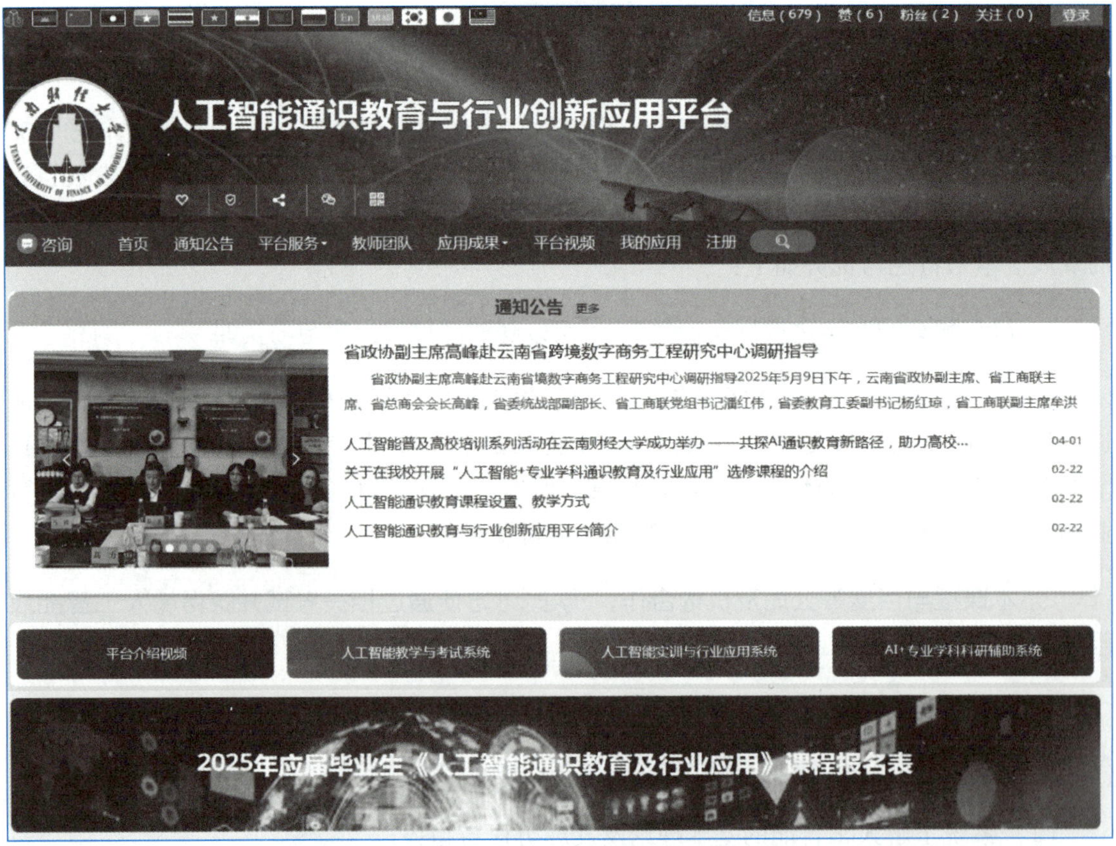

图 1-1　人工智能通识教育与行业创新应用平台

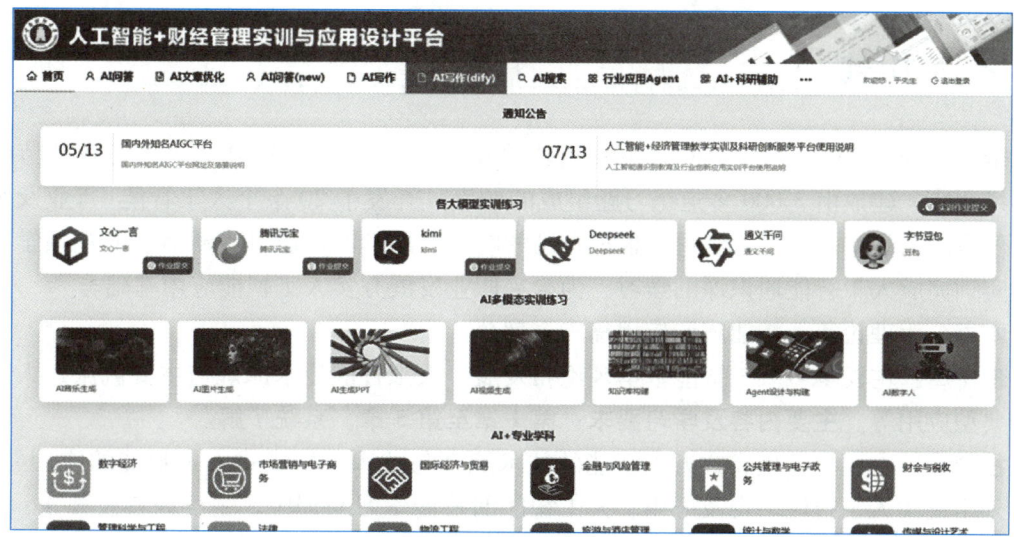

图 1-2　人工智能实训与应用设计平台

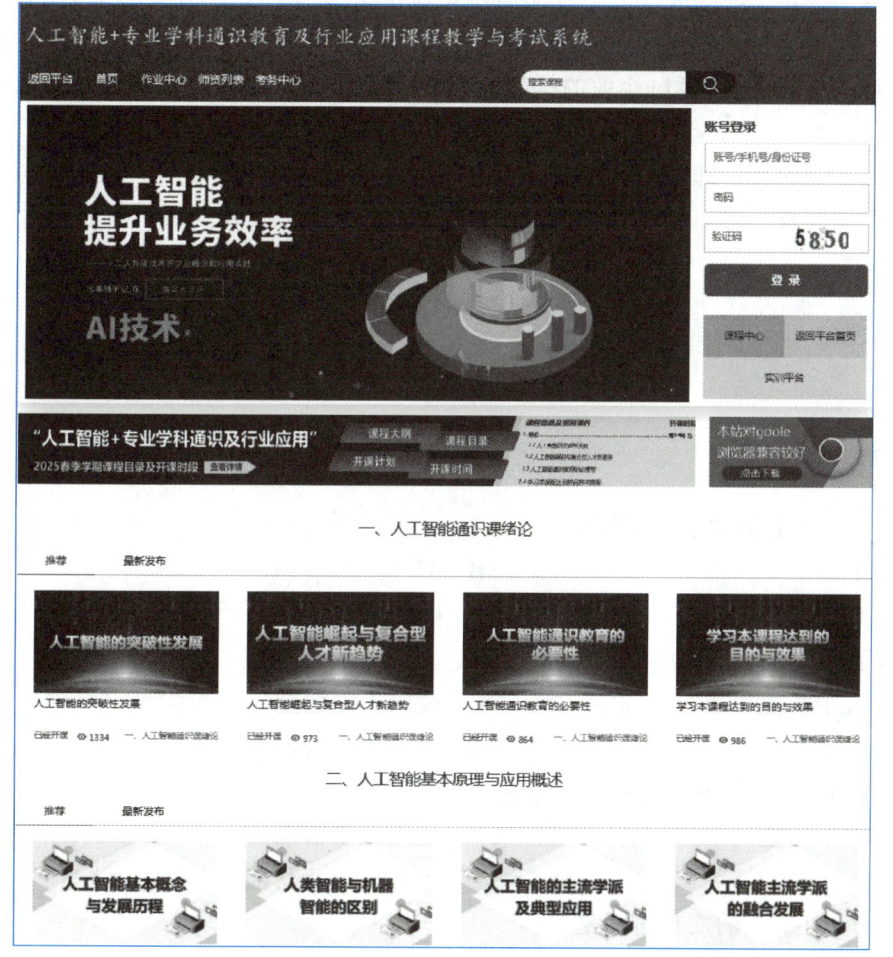

图 1-3　"人工智能+"专业通识教育学习与考试平台

1.3.2　本书导读

全书共分为 13 章，配套 80 余个视频教学及实训资源，以及 80 余个覆盖各章节的随堂在线测验，建成由 3 000 多道练习题组成的题库，开发了 20 余个人工智能+行业及企事业单位应用场景实训。学习者可以根据自己的时间开展学习，通过生动活泼的视频学习和线上实训完成人工智能通识课的学习，为未来职业发展夯实人工智能应用基础。

本书分为理论篇、技能篇和应用篇三个部分：

理论篇：主要学习人工智能基本理论与发展、人工智能技术原理与主要流派、人工智能的典型应用等。**主要内容及学习要求：第 1 章至第 5 章，系统了解。**

技能篇：主要学习生成式人工智能的技术原理与技术、生成式人工智能的应用领域、国内外生成式人工智能平台及应用、人工智能的技能学习与训练。**主要内容及要求：第 6 章至第 10 章，多做实训练习，熟练掌握相关技能。**

应用篇：主要学习生成式人工智能应用系统的开发与构建、人工智能+行业应用系统构建方法、人工智能+企事业单位应用系统构建方法等。**主要内容及要求：第 11 章至第 13 章，学习掌握 AI+行业，AI+企业的构建方法与实施步骤，掌握完成简单的 Agent 的设计与构建。**

完成以上学习目标即可达到人工智能相关机构有关生成式人工智能（AIGC）应用技术人员的认证要求，可以参与相关技术证书考试。

习题

单选题

1. 人工智能的英文缩写是什么？（　　　）

A. AGI
B. AI
C. NLP
D. GPT

2. 以下哪类人工智能可以承担相当于人类水平的任务？（　　　）

A. 弱人工智能
B. 通用人工智能
C. 强人工智能
D. 超级人工智能

3. AlphaGo 属于哪种类型的人工智能？（　　　）

A. 弱人工智能
B. 通用人工智能
C. 强人工智能
D. 生成式人工智能

4. ChatGPT-3.5 的发布时间是？（　　　）

A. 2022 年 11 月 30 日
B. 2024 年 5 月 14 日

C. 2025 年 1 月   D. 2023 年 9 月

5. ChatGPT-4o 实现了哪项新功能?(   )

A. 数学推理能力   B. 语音、视觉及情感交互

C. 开源代码生成   D. 自动驾驶技术

6. 中国杭州的深度求索公司推出的系统是?(   )

A. ChatGPT-o3   B. Deepseek-V3 和 R1

C. AlphaGo   D. GPT-4

7. 以下哪项是生成式人工智能(AIGC)的典型应用?(   )

A. 自动驾驶   B. 聊天机器人

C. 语音识别   D. 数据存储

8. 人工智能技术属于以下哪种技术类型?(   )

A. 专用目的技术   B. 通用目的技术

C. 传统技术   D. 实验性技术

9. 前几次技术革命主要解放的是人类的什么?(   )

A. 脑力和智力   B. 身体和器官

C. 情感和意识   D. 时间和空间

10. 哪家公司通过开源系统促进了全球人工智能发展?(   )

A. OpenAI   B. 谷歌

C. 深度求索   D. 微软

判断题

1. 强人工智能目前已经实现,并高于人类智力水平。

2. 中国杭州的深度求索公司开源的系统是 ChatGPT-o3。

3. 生成式人工智能是当前人工智能最新成果的主要方向。

4. ChatGPT-3.5 发布于 2022 年,标志着自然语言处理领域的重大突破。

5. 通用目的技术的特点包括高链接性、强渗透性和泛时空性。

第2章 人工智能基本原理与应用概述

2.1 人工智能的基本概念

2.1.1 人类智能基本概念与特点

人类智能：**人类智能**（Human Intelligence，HI）是指人类经历漫长的自然进化，以及长时间的社会进化，是自然与社会双重进化产生的智力和认知能力，成为人类在感知、认知、学习、推理、决策、创造等方面的独特能力。这些能力是由人类的大脑和神经系统所驱动的，具有高度的复杂性、灵活性和创造性。人类智能不仅能够适应各种环境和任务，还能够通过学习和经验积累不断提升自身的能力。

1. 人类智能的多元性

根据霍华德·加德纳的多元智能理论，人类的智能主要由以下八项组成：

（1）语言智能：有效运用口头语言或文字表达思想并理解他人，包括灵活掌握语音、语义、语法的能力。适合的职业有政治活动家、主持人、律师、演说家、编辑、作家、记者、教师等。

（2）数学逻辑智能：有效计算、测量、推理、归纳、分类，并进行复杂数学运算的能力。这项智能包括对逻辑的方式和关系，陈述和主张，功能及其他相关的抽象概念的敏感性。适合的职业有科学家、会计师、统计学家、工程师、电脑软件研发人员等。

（3）空间智能：准确感知视觉空间及周围一切事物，并且能把所感觉到的形象以图画的形式表现出来的能力。这项智能包括对色彩、线条、形状、形式、空间关系的敏感性。适合的职业有室内设计师、建筑师、摄影师、画家、飞行员等。

（4）身体运动智能：善于运用整个身体来表达思想和情感、灵巧地运用双手制作或操作物体的能力。这项智能包括特殊的身体技巧，如平衡、协调、敏捷、力量、弹性和速度以及由触觉所引起的能力。适合的职业有运动员、演员、舞蹈家、外科医生、宝石匠、机械师等。

（5）音乐智能：敏锐地感知音调、旋律、节奏、音色等能力。这项智能对节奏、音调、旋律或音色的敏感性强，具备该智能的人与生俱来就拥有音乐的天赋，具有较高的表演、创作及思考音乐的能力。适合的职业有歌唱家、作曲家、指挥家、音乐评论家、调琴师等。

（6）人际智能：能很好地理解别人和与人交往的能力。这项智能善于察觉他人的情绪、情感，体会他人的感觉感受，辨别不同人际关系的暗示以及对这些暗示做出适当反应的能力。适合的职业有政治家、外交家、领导者、心理咨询师、公关人员、销售人员等。

（7）自我认知智能：善于自我认识和具有自知之明并据此做出适当行为的能力。这项智能能够认识自己的长处和短处，意识到自己的内在爱好、情绪、意向、脾气和自尊，喜欢独立思考的能力。

（8）自然认知智能：善于观察自然界中的各种事物，对物体进行辨别和分类的能力。这项智能有着强烈的好奇心和求知欲，有着敏锐的观察能力，能了解各种事物的细微差别。适合的职业有天文学家、生物学家、地质学家、考古学家、环境设计师等。

2. 人类智能的特点

创造性：人类智能不仅仅基于现成的知识和经验，更重要的是具有创造性，能够产生新的想法和解决方案。

抽象思维：人类能够进行高度抽象的思考和理解，将具体的事物归纳、概括并建立起它们之间的关系。

自我认识：人类能够对自己的思维和行为进行反思，进而调整和改进。

情感和意愿：与机器智能不同，人类的决策过程常常受到情感和意愿的影响，而非仅仅基于逻辑和理性。

社会性：人类的思维和行为总是基于社会环境以及他人的需求和期望。

2.1.2 人工智能基本概念

什么是人工智能？

人工智能（Artificial Intelligence），英文缩写为 AI。它是研究、开发用于模拟、延伸和扩展人的智能的理论、方法、技术及应用系统的一门新的技术科学。

人工智能是对人的意识、思维的信息过程的模拟。人工智能不是人的智能，但能像人那样思考，也可能超过人的智能。

按照智能水平，人工智能可分成以下三类：

弱人工智能：能完成包含基础的、特定场景下角色型的任务，如聊天机器人和 AlphaGo 等下棋机器人；

通用人工智能：能完成包含人类水平的任务，涉及机器的持续学习；

强人工智能：指比人类更聪明的智能。

2.2　人类智能与机器智能的区别

人类智能与人工智能在多个方面存在显著区别，表 2-1 是两者的详细对比：

表 2-1　人类智能与人工智能

	人 类 智 能	人 工 智 能
定义	是人类认识世界和改造世界的才智和本领，指人类思维和认知能力的总称。	又称 "AI"，是计算机科学的一个分支，是研究使用计算机来模拟人的某些思维过程和智能行为的学科。
进化途径与本质属性	经历了漫长的物理化学的进化，以及长时间的社会进化，同时包含了自然规律与社会规律。本质属性体现在人类的社会属性上，是自然与社会双重进化的产物。	是科技与技术进化的产物，是纯粹的物质的进化。其本质属性是自然性，不包含社会规律。
物质承担者	是大脑，一个复杂的有机体，具有复杂的生理组织，神经网络及脑电传导机制，通过大脑的组织的生理变化及脑电传导产生思维与意识，目前思维意识产生等智能产生的机理尚不清楚。	是计算机，通过复杂的集成电路及算法模型使用电信号的传输与存储来模拟人类的思维与智能，具有高度的稳定性和精确性。
智能产生的方式	（1）大脑生理组织的生长（35 岁前达到高峰）。 （2）通过自然语言进行长期的知识学习获得知识的存储与积累及语言智能及人文知识的提升，每个人能够掌握的知识较少。 （3）通过数学语言进行长期理工科知识的学习获得数学逻辑智能的累积与提升。每个人能够掌握的知识较少。	（1）依靠计算机硬件系统计算速度，存储速度及容量的提升，如并行计算、量子计算，暂无止境，持续上升。 （2）算法模型的研究及持续提升，人类对意识产生的研究与模拟。可以快速掌握海量知识。 （3）通过自然语言处理（NLP）等 AI 技术快速获得人类已有的所有人文知识及科学知识，以快速掌握海量知识。
创新思维产生的能力	人类拥有自己跳跃性的思维，能够基于本能、常识在信息稀缺的情况下，进行抽象思维，产生新的知识。	当前人工智能已可以通过海量的训练产生智能涌现，有可能产生人类以前没有的知识，实现知识的创新。
智能的多元性	人类的智能主要由以下 8 项组成 ① 语言智能　② 数学逻辑智能 ③ 空间智能　④ 身体运动智能 ⑤ 音乐智能　⑥ 人际智能 ⑦ 自我认知智能　⑧ 自然认知智能	目前 AIGC 通过学习与训练已可以不同程度地模拟人类的 8 类智能。

续表

	人类智能	人工智能
主观意识与情感	是一种有主观意识的智能，能够体验到自己的思想、情感和意愿，能够意识到自己的存在。	是一种无意识的智能，由算法和程序驱动，可以模拟人类的各种情感，可以捕捉、理解交流对象的情感，做出相应的情感对应。
学习与适应能力	具有强大的学习和适应能力，可以通过观察、实践和经验不断地学习新知识、技能和行为，并能够在不断变化的环境中调整自己的策略和方法。	可以通过机器学习和深度学习技术不断优化获得强大、快速的学习能力，但其学习能力及适应能力仍然受到训练数据、程序和算法的限制，通常需要针对特定任务进行专门的训练。
创造力与想象力	具有创造性和想象力，能够创造出新的艺术、音乐、文学等作品，发明新的技术和产品，以及提出新的理论和观念。	目前还无法像人类一样具有创造力和想象力，虽然可以学习和模仿人类的行为，生成一些艺术作品或设计新的产品，但这些成果仍然是基于大量的训练数据和算法生成的，缺乏真正的创意和灵感。 随着人工智能的发展，机器有可能通过模拟人类思维产生创新的知识与灵感，或者是真正理解人类创意和灵感产生机制来产生创新的知识与灵感。
道德与伦理	具有道德观念和伦理原则，这些观念指导我们的行为和决策。	缺乏内在的道德和伦理观念，只能遵循设计者设定的规则和约束。
自主性与责任意识	可以根据自己的意愿和判断做出决策，对自己的行为负责。	无法像人类一样理解自己的行为或思考自己的决策，缺乏自主性和责任意识。
语言形式	人类拥有数千种自己的自然语言。	目前人工智能的语言都是人类创造的。

　　综上所述，人类智能与人工智能在多个方面存在显著区别。人类智能具有主观意识、创造性和想象力、自我认知和自我理解以及社会和文化背景等独特的能力，这些是 AI 无法完全模拟的。因此，我们应该珍视和尊重人类的智能，并利用 AI 作为一种特殊的智力工具来辅助我们更好地理解和探索世界。

2.3　人工智能的主流学派及典型应用

　　当前人工智能的主流学派主要包括符号主义、连接主义和行为主义。以下是各学派及其取得的相关成果：

2.3.1　符号主义（Symbolism）

1. 基本原理

　　物理符号系统假设：认为世界可以被分解成一系列符号，这些符号代表各种概念和实体。智能是符号的表征和运算过程，计算机同样也是一个物理符号系统。因此，符号主义主张将智能形式化为符号、知识、规则和算法，并用计算机实现符号、知识、规则和算法的表征和计算，从而实现用计算机来模拟人的智能行为。

2. 核心观点

符号主义认为人工智能的核心问题是知识表示和知识推理，对所有现象的认知活动都可以找到相关的规律，这些规律都可以通过逻辑推理用符号来描述与表现（如物理定律、数学公式、语法等），人类的智能行为可以通过对符号的操作和处理来模拟。

3. 主要优点

（1）通过规律来进行学习：在处理某个领域的问题时，依据该领域已知的规律，然后构建符合规律的逻辑推理模型，再构建可以计算的数学模型，进行计算就可以获得相关结果。

（2）符合人类的学习与思维习惯：如人类通过观察物质世界的现象找到规律，总结出很多物理定律，我们学习外语时也是学习单词然后学习语法，语法就是语言的规律。

（3）可解释性强：符号主义 AI 的决策过程是透明的，符号主义基于明确的规则和逻辑进行推理，是可以解释和理解的。

4. 主要缺点

（1）难以处理模糊和不确定性：现实世界中存在大量的模糊、不确定或不完全的知识，而符号主义在处理这些问题时存在困难。符号主义基于明确的规则和逻辑进行推理，对于那些无法准确地用符号表示或者存在不确定性的情况。

（2）难以进行有效的处理：例如，在自然语言处理中，语言的含义往往具有模糊性和多义性，这些知识本身是没有规律的符号主义方法很难准确地理解和处理这些语言信息。

（3）缺乏学习能力：传统的符号主义 AI 系统通常缺乏自动学习能力，难以适应变化和处理大量数据。它主要依赖预先设定的规则和知识，对于新的数据和信息，需要人工进行分析和处理，然后将其转化为符号表示添加到知识库中。在面对大规模数据和复杂的问题时，这种方式的效率较低，难以满足实际应用的需求。

5. 典型应用与成果

专家系统：一种基于知识表示和推理的智能程序，可以模拟人类专家在某一领域回答或解决问题的过程。例如，医疗诊断系统、法律咨询系统、金融分析系统等。

启发式程序：一种基于问题求解的智能程序，可以根据问题的特点和当前状态，选择合适的策略和方法，寻找最优或近似最优的解决方案。例如，国际象棋程序等。

知识工程：一种基于知识获取、表示、存储、管理和利用的智能技术，可以帮助人类构建和维护知识库，提高知识的质量和效率。例如，百度百科、维基百科等。

代表人物：约翰·麦卡锡、艾伦·纽厄尔等。麦卡锡提出的"人工智能＝计算＋逻辑"的观点，对后来的人工智能发展产生了深远影响。

2.3.2　连接主义（Connectionism）

1. 基本原理

神经网络及连接机制：受到人脑神经元网络的启发，认为智能源于大量简单单元（类似神经元）的相互连接和互动。

学习算法：通过调整网络中的权重，让网络能够学习和识别模式。

2. 核心观点

连接主义认为，人的思维基元是神经元，而不是符号运算。人的大脑不同于电脑，不能用符号运算来模拟大脑的工作模式。连接主义认为智能行为是通过大量简单的单元（类似于神经元）相互连接和交互而产生的。该学派把神经网络作为主要的研究对象，通过模拟大脑神经网络的连接方式和信息传递过程，让计算机具备学习和处理信息的能力。其中比较典型的算法包括反向传播算法、长短期记忆（LSTM）算法等。

形象化简述原理：首先构建一个模拟人类大脑的信息系统，系统像大脑有很多神经元一样也有很多信息存储单元，每一个信息单元都可以与另外一个信息单元进行关联，它们之间的关联程度用**神经元的连接权重**来表示，权重值可以是正数或负数，权重数字越高表示这两个单元的信息关联度越高，将训练信息输入系统，通过统计训练数据相关概率等算法计算每个信息单元与其他信息单元之间的关联度（连接权重）得到一个**"存储了基础信息单元及各个信息单元之间关联度权重数值的信息系统"**，不断训练优化权重值，最终获得"基于神经网络的人工智能模型"，当向模型发起任务时，模型根据任务信息提取权重值最高的信息单元回应任务，并循环往复完成任务。

3. 连接主义的主要优点

（1）对复杂系统处理能力强大：在处理文本、图像、语音等复杂数据的模式识别任务时表现出色。

（2）良好的适应性和泛化能力：通过对大量数据的学习，神经网络可以适应不同类型的输入数据，并对未曾见过的数据进行合理的预测和判断。比如，经过大量不同风格、不同主题的图片训练后的图像识别模型，对于新出现的图片也能有较好的识别效果，具有较强的泛化能力。

（3）并行计算能力：大脑神经元的工作方式是并行的，连接主义的神经网络模型也具有类似的特点。可以同时对多个数据进行处理，大大提高了计算效率，尤其在处理大规模数据时，这种并行计算的优势更加明显。

（4）容错性好：神经网络是一种分布式的计算模型，信息分布在众多的神经元和连接权重中。即使部分神经元或连接出现故障或受到噪声干扰，网络仍然可以保持一定的性能，对错误和噪声具有较高的容忍度。这使得连接主义方法在处理现实世界中存在噪声和不确定性的数据时具有一定的优势。

4. 连接主义的缺点

（1）缺乏可解释性：神经网络的内部运作过程就像一个"黑箱"，难以理解和解释。虽然系统可以给出准确的预测结果，但很难清楚地知道网络是如何做出决策的，以及每个神经元和连接在其中起到了什么样的作用。

（2）训练成本高：神经网络的训练需要大量的数据和强大的计算资源。训练过程可能需要花费较长的时间和较高的硬件成本，尤其是对于复杂的神经网络结构和大规模的数据集。并且，如果训练数据不足或质量不高，网络的性能可能会受到很大的影响。

（3）过拟合风险高：在训练过程中，神经网络可能会过度拟合训练数据，导致在新的数据上表现不佳。为了避免过拟合，需要采用一些正则化方法、增加数据量等手段，但这也会增加训练的复杂性和成本。

5. 典型应用与成果

深度学习：通过构建深层神经网络，能够自动提取特征并进行分类，在图像识别、语音识别、自然语言处理等领域取得了显著成果。

感知器、霍普菲尔德网络、反向传播网络、卷积神经网络等：这些都是连接主义的代表性成果，为当前人工智能快速发展奠定了基础。

代表人物：弗兰克·罗森布拉特、杰弗里·辛顿等。罗森布拉特提出了感知机模型，为神经网络的发展奠定了基础；辛顿则通过反向传播算法解决了多层神经网络的学习问题，推动了深度学习的兴起。

2.3.3　行为主义（Behaviorism）

1. 基本原理

核心观点：行为主义认为，智能取决于感知和行动，而不是表示和推理。生物智能是自然进化的产物，生物通过与环境及其他生物之间的相互作用，从而发展出越来越强的智能，人工智能也可以沿这个途径发展。

简单来说，行为主义认为智能是通过感知环境和采取行动之间的相互作用来体现的，就像一个黑箱，我们只需要关注输入（环境刺激）和输出（行为反应），而不用太在意箱子内部（大脑或者系统内部的复杂结构）是怎么运作的。

2. 主要特点

（1）基于感知-动作循环：行为主义强调智能体与环境的交互是一个循环过程。智能体首先感知环境信息，例如通过摄像头、麦克风、触觉传感器等获取视觉、听觉、触觉等方面的信息。然后，根据这些感知到的信息，智能体通过预先设计的规则或者学习算法来决定采取何种行动。行动之后，环境会因为智能体的行动而发生变化，这种变化又会被智能体感知到，从而开始下一轮的感知-动作循环。

（2）注重适应性和灵活性：行为主义的智能体能够根据环境的变化而灵活地调整自己的行为。比如，一个用于清洁的机器人，当它遇到障碍物时，能够根据传感器感知到的障碍物信息，改变自己的行走路线，绕过障碍物继续清洁。这种适应性使得行为主义的人工智能系统可以在复杂多变的环境中有效地工作。

（3）简单直接的实现方式：相比符号主义和连接主义，行为主义的实现方式有时候会更简单直接。它不需要复杂的知识表示和推理系统，也不需要大量的训练数据来训练神经网络。而是通过简单的规则或者简单的学习算法，将感知到的环境信息与行动直接联系起来。例如，在一些简单的智能温度控制系统中，当温度传感器感知到温度高于设定值时，系统直接采取打开空调制冷的动作，这里就是基于一个简单的规则来实现智能行为。

3. 优点与缺点

（1）优点

高效性：在一些简单的、对实时性要求较高的任务中，行为主义能够快速地做出反应。因为它不需要复杂的内部处理，只要根据简单的规则和感知到的信息就能采取行动。

良好的环境适应性：能够在复杂多变的环境中较好地工作，通过不断地感知环境变化并调整行为，可以有效地应对环境的不确定性。

易于实现和理解：实现方式相对简单，其规则和机制比较直观，容易被理解和掌握，对于一些小型的、特定功能的智能系统来说，开发成本较低。

（2）缺点

局限性较大：对于复杂的智能任务，如自然语言处理、复杂的逻辑推理等，行为主义的方法可能会显得力不从心。因为它缺乏像符号主义那样的知识表示和推理能力，也没有连接主义那种强大的学习复杂模式的能力。

缺乏通用性：每个行为主义的智能体通常是针对特定的环境和任务进行设计的，很难像其他学派的方法那样可以通过调整参数或者增加数据来适应多种不同的任务。

难以学习深层次的知识：由于不关注内部结构和知识表示，行为主义的智能体很难学习到深层次的知识和规律，更多的是对表面现象和简单规则的应用。

4. 典型应用与成果

强化学习：通过与环境交互，智能体在试错中学习并优化行为策略。例如，AlphaGo

等围棋 AI 通过强化学习战胜了人类顶尖棋手。

　　机器人学：机器人在未知环境中通过感知环境、制定行动策略并执行行动，然后根据环境的反馈调整策略，实现自主导航、路径规划等功能。例如，波士顿动力公司的大狗机器人、Atlas 机器人等。

　　代表人物：罗德尼·布鲁克斯、恩斯特·迈岳等。他们的工作推动了智能体与环境交互的研究，为人工智能的发展提供了新的视角。

　　综上所述，符号主义、连接主义和行为主义是人工智能领域的主流学派，它们各自取得了显著的研究成果，并共同推动了人工智能技术的发展和应用。

2.4　人工智能主流学派的融合发展

　　人工智能的三个学派——符号主义、连接主义和行为主义，在各自的发展过程中取得了显著的成果，并且近年来呈现融合发展的趋势。这种融合不仅有助于克服单一学派的局限性，还为人工智能的发展带来了新的突破和进展。以下是对这三个学派融合发展的详细探讨：

2.4.1　符号主义与连接主义的融合

　　融合背景：

　　符号主义强调知识表示和逻辑推理，但在处理非结构化数据和模糊知识时存在局限性。

　　连接主义通过深度学习等技术，在图像识别、语音识别等领域取得了巨大成功，但缺乏符号主义的透明性和可解释性。

　　融合趋势：

　　符号主义与连接主义的融合体现在将符号知识表示和逻辑推理引入深度学习模型中，以增强模型的可解释性和泛化能力。

　　例如，研究人员开始探索将知识图谱和语义理解等符号主义方法与深度学习模型相结合，以提高自然语言处理的性能。

　　融合成果：

　　这种融合使得 AI 系统不仅能够处理大规模数据，还能进行复杂的逻辑推理和知识表示，提高了 AI 系统的智能水平。

　　例如，在智能问答系统中，通过结合知识图谱和深度学习模型，可以实现更精准的问答和对话。

2.4.2 连接主义与行为主义的融合

融合背景：

连接主义通过深度学习等技术模拟了大脑的神经网络结构，但在与环境的交互和自主学习方面存在不足。

行为主义强调智能体与环境的交互和自主学习，但在处理复杂任务时可能缺乏足够的智能和灵活性。

融合趋势：

连接主义与行为主义的融合体现在将深度学习与强化学习等技术相结合，使 AI 系统能够通过与环境的交互不断学习和优化自身行为。

例如，在机器人技术中，通过结合深度学习和强化学习，机器人可以学会在复杂环境中自主导航、避障和完成任务。

融合成果：

这种融合使得 AI 系统能够在真实世界中自主学习和适应，提高了 AI 系统的自主性和智能水平。

例如，在自动驾驶领域，通过结合深度学习和强化学习，自动驾驶汽车可以学会在复杂交通环境中安全、高效地行驶。

2.4.3 符号主义、连接主义与行为主义的全面融合

融合背景：

符号主义、连接主义和行为主义各有优缺点，单一学派难以解决所有复杂问题。

随着人工智能技术的发展和应用场景的拓展，对 AI 系统的智能水平、自主性和适应性提出了更高的要求。

融合趋势：

符号主义、连接主义和行为主义的全面融合成为人工智能发展的重要趋势。这种融合旨在结合各学派的优势，构建更加智能、自主和适应性的 AI 系统。

例如，在自然语言处理领域，通过结合知识图谱、深度学习模型和强化学习等技术，可以实现更自然、更智能的人机交互和对话。

融合成果：

这种全面融合推动了人工智能技术的快速发展和应用场景的拓展。AI 系统不再局限于单一领域或任务，而是能够在多个领域和任务中展现出强大的智能和适应性。

例如，在智能家居、智能医疗、智能制造等领域，全面融合的人工智能技术正在推动产业升级和变革。

随着技术的不断进步和应用场景的不断拓展，人工智能三个学派的融合发展将继续深

入。未来，我们可以期待看到更多智能化、自主化和个性化的产品和服务涌现出来，为人类社会带来更多的便利和福祉。同时，我们也需要关注人工智能伦理、安全和隐私等问题，确保人工智能技术的健康发展。

2.5   人工智能的技术实现方式——AI 模型的构建与训练

2.5.1   什么是 AI 模型

AI 模型，即人工智能模型，是指通过计算机算法和数据训练得到的一种能够模拟人类智能行为的系统，**AI 模型是由模型架构、模型参数、损失函数、优化算法和训练数据等关键部分构成的复杂系统**。这些部分相互协作，使得 AI 模型能够模拟或超越人类在某些特定任务上的智能行为。通过不断地训练和优化，AI 模型可以不断提高其性能和准确性，为各种应用领域提供强大的智能支持。

AI 模型利用机器学习、深度学习等技术，将大量已知数据输入计算机进行训练，使模型能够自动学习并识别数据中的规律和模式，从而具备完成特定任务的能力。例如，通过 AI 模型，计算机可以完成图像识别、语音识别、自然语言处理、机器翻译等一系列任务。

2.5.2   AI 模型的构成

一个典型的 AI 模型通常包含以下几个关键组成部分：

（1）模型架构（Architecture）

定义：模型架构定义了模型的计算流程，即数据如何在模型中流动，以及模型如何对数据进行处理。

内容：架构可以包括神经网络的结构（如卷积神经网络 CNN、循环神经网络 RNN、Transformer 等）、层的类型（如全连接层、卷积层、池化层等）、激活函数（如 ReLU、Sigmoid、Tanh 等）等。

（2）模型参数（Parameters）

定义：模型参数是模型训练过程中需要调整的值，用于拟合数据中的规律和模式。

内容：参数包括权重（Weights）和偏置（Biases）等。在训练过程中，算法通过优化算法（如梯度下降、随机梯度下降、Adam 等）调整这些参数，以最小化损失函数，提高模型的预测准确性。

（3）训练方法（Training Method）

定义：训练方法是用于训练模型的一系列步骤和算法。

内容：训练方法包括数据预处理、模型选择、模型训练、模型验证、模型调优等环节。数据预处理可能涉及数据清洗、标注、增强等操作；模型选择需要根据任务需求和数据特点选择合适的架构和参数；模型训练是通过迭代地调整参数来最小化损失函数；模型验证用于评估模型在未见过的数据上的表现；模型调优则是对模型进行进一步调整以提高性能。

（4）数据集（Dataset）

定义：数据集是用于训练、验证和测试模型的数据集合。

内容：数据集的质量、数量和多样性对模型的性能有重要影响。高质量的数据集应具有足够的多样性和代表性，以覆盖目标任务的各种情况。同时，数据集的规模也直接影响模型的性能和泛化能力。

2.6　AI 模型的分类

AI 模型的分类可以从多个维度进行，以下是一些常见的分类方式：

2.6.1　按模型结构和原理分类

1. 神经网络模型

前馈神经网络（Feedforward Neural Network，FNN）：信息从输入层向输出层单向传递，没有反馈连接。适用于分类、回归等任务。

卷积神经网络（Convolutional Neural Network，CNN）：专门用于处理图像和空间数据的神经网络模型。通过卷积层、池化层和全连接层等结构，自动提取图像中的特征，常用于图像识别、目标检测等任务。

循环神经网络（Recurrent Neural Network，RNN）：特别适用于处理序列数据，如文本、语音等。通过记忆单元保留历史信息，用于时间序列分析、语音识别、自然语言处理等任务。

长短期记忆网络（Long Short-Term Memory，LSTM）：RNN 的一种变体，能够学习长期依赖关系，常用于语言模型、机器翻译等任务。

变换器（Transformer）：基于自注意力机制，能够并行地处理输入序列中的每个位置，捕捉长距离的依赖关系，广泛应用于机器翻译、文本生成、文本摘要等任务。

生成对抗网络（Generative Adversarial Networks，GANs）：由生成器和判别器组成，通过对抗训练生成与真实数据分布相近的数据。常用于图像生成、风格迁移等任务。

变分自编码器（Variational Autoencoder，VAE）：通过编码器和解码器实现对数据的压缩和重建，用于生成数据和学习潜在表示。

2. 决策树模型

决策树（Decision Tree）：通过树状结构表示决策过程，每个节点代表一个特征判断，叶节点代表分类结果。适用于分类和回归任务。

随机森林（Random Forest）：通过构建多个决策树并综合其预测结果来提高预测准确性，具有强抗过拟合能力。

梯度提升机（Gradient Boosting Machine，GBM）：通过构建一系列弱学习器（如决策树），并以梯度提升的方式组合它们来强化预测能力，在分类和回归任务中都有良好的表现。

3. 其他模型

支持向量机（Support Vector Machine，SVM）：在高维空间中找到一个超平面，将不同类别的数据分开，适用于分类和回归任务。

贝叶斯网络（Bayesian Network）：基于贝叶斯定理的有向无环图模型，用于表示变量之间的依赖关系，适用于概率推理、决策分析等领域。

马尔可夫链（Markov Chain）：描述状态序列的随机过程，每个状态只与前一个状态有关，适用于时间序列分析、自然语言处理等任务。

2.6.2 按学习方式分类

1. 监督学习（Supervised Learning）

使用带有标签的数据进行训练，模型学习如何将输入数据映射到输出标签，适用于分类、回归等任务。

示例：在图像分类任务中，训练集里的每张图片都有明确的类别标签，如"猫""狗""汽车"等；在信用评估任务中，输入的用户信息数据对应着"信用良好"或"信用不良"等标签。通过对大量带标签数据的学习，模型可以逐渐提高对新数据的分类或预测准确性。

优点：由于有明确的目标输出，模型训练有明确的方向，易于评估和优化，在有足够高质量标注数据的情况下，能够训练出准确性较高的模型，适用于各种需要精确预测的任务。

缺点：标注数据需要耗费大量的人力、时间和成本，而且在某些领域，获取高质量的标注数据可能非常困难。

常见的监督学习模型包括决策树、随机森林、支持向量机、神经网络等。

2. 无监督学习（Unsupervised Learning）

在没有标签的情况下，通过数据自身的结构和模式进行学习，适用于聚类、降维和异常检测等任务。

示例：聚类分析是一种典型的无监督学习方法，比如将大量的用户行为数据进行聚类，以发现具有相似行为模式的用户群体；主成分分析（PCA）可以对高维数据进行降维，提取出主要的特征成分，以便于后续的分析和处理。

优点：不需要标注数据，适用于数据量大且难以获取标注的情况，可以发现数据中隐藏的模式和结构，为进一步的分析和理解提供基础。

缺点：由于没有明确的目标输出，模型的训练结果难以评估和验证，学习到的结果可能不是唯一的，且对于具体的应用场景可能需要进一步的处理和解释。

常见的无监督学习模型包括聚类算法（如 K-means、层次聚类）、降维算法（如主成分分析 PCA、t-SNE）和生成模型（如 GANs、VAE）等。

3. 半监督学习（Semi-supervised Learning）

结合少量标注数据和大量未标注数据进行训练。利用未标注数据提高模型性能。在标注数据稀缺时，性能优于纯监督学习。

示例：在图像识别任务中，只有一部分图像有标注信息，其余大部分图像没有标注。可以先使用无标注图像通过无监督学习训练一个初步的模型，然后再用有标注图像对模型进行进一步的训练和优化。

优点：在标注数据有限的情况下，能够充分利用大量的无标签数据，提高模型的训练效果和泛化能力，降低标注数据的需求和成本。

缺点：训练过程相对复杂，需要合理地平衡有标签数据和无标签数据的使用，以及无监督学习和监督学习的阶段切换。

常见的半监督学习方法包括自训练模型、协同训练模型等。

4. 强化学习（Reinforcement Learning）

通过与环境的交互，学习如何在特定环境中采取行动以最大化累积奖励。适用于需要决策和规划的任务，如游戏 AI、自动驾驶等。

示例：在机器人控制中，机器人作为智能体，通过不断尝试不同的动作（如行走、抓取等）来完成特定的任务，根据任务的完成情况获得相应的奖励或惩罚；在游戏中，智能体通过不断地与游戏环境交互，学习如何选择最优的策略来获取最高的得分。

优点：适用于需要智能体在动态环境中进行决策和行动的场景，能够培养出具有自主学习和决策能力的模型，具有很强的适应性和灵活性。

缺点：训练过程通常比较复杂，需要大量的交互和试错，训练时间较长，而且奖励的设计和环境的建模对训练结果有很大的影响。

常见的强化学习模型包括 Q-learning、深度强化学习（Deep Reinforcement Learning，DRL）等。

5. 自监督学习（Self-supervised Learning）

利用未标注数据学习有用的特征表示。不依赖人工标注，是深度学习预训练的重要方法。

示例：BERT 模型通过掩蔽语言模型的方式进行训练，预测被掩蔽的单词；在图像领域，通过对图像的旋转、裁剪等操作，让模型学习到图像的不变性特征。

优点：能够充分利用大量的无标签数据，提高模型的特征学习能力和泛化能力，在自然语言处理、计算机视觉等领域取得了很好的效果。

缺点：对于某些复杂的任务，自监督学习可能需要大量的计算资源和时间，而且学习到的特征可能不够具体和准确，需要进一步的微调或优化。

常见的自监督学习方法包括对比学习（Contrastive Learning）、掩码语言模型（Masked Language Model）等。

6. 迁移学习（Transfer Learning）

原理：将在一个任务上学习到的知识，应用到相关的不同任务中。通常先在一个大的、丰富的源数据集上预训练一个模型，使其学习到通用的特征和模式，然后在目标任务的小数据集上进行微调，以适应新的任务。

示例：将在 ImageNet 数据集上训练好的图像识别模型，应用到医学图像分析中，识别 X 射线片、CT 扫描等图像中的病变；将预训练的自然语言处理模型，如 GPT，应用到文本生成、问答系统等不同的自然语言处理任务中。

优点：可以大大减少在新任务上的训练时间和数据需求，利用已有的模型和知识，快速构建高性能的模型，尤其适用于数据量较少或任务相似性较高的情况。

缺点：源任务和目标任务之间的相关性和相似性需要仔细分析和选择，如果两者差异过大，迁移学习的效果可能不理想。

7. 联邦学习（Federated Learning）

定义：联邦学习是一种分布式机器学习方法，允许多个客户端在本地训练模型，并将模型参数发送到服务器进行聚合，以保护用户隐私。

特点：隐私保护：数据不需要离开本地设备，保护了用户隐私。

高效利用数据：可以整合来自多个客户端的数据，提高模型的泛化能力。

去中心化：模型训练过程是去中心化的，降低了对单个服务器的依赖。

应用场景：移动应用：如智能手机上的键盘预测、语音助手等。

医疗健康：在分布式医疗数据上进行模型训练，保护患者隐私。

物联网（IoT）：在边缘设备上训练模型，减少数据传输量。

2.6.3　按应用领域分类

1. 自然语言处理（NLP）

专门用于处理和理解人类的语言，如文本生成、翻译、情感分析、问答系统等任务。

常见的 NLP 模型包括词嵌入模型（如 Word2Vec）、序列到序列模型（如 Seq2Seq）、预训练语言模型（如 BERT、GPT）等。

2. 计算机视觉（CV）

用于处理和理解图像或视频数据，如图像分类、目标检测、图像生成、视频理解等任务。

常见的计算机视觉模型包括图像分类模型（如 CNN、ResNet）、目标检测模型（如 YOLO、Faster R-CNN）、图像分割模型（如 U-Net、Mask R-CNN）等。

3. 语音识别与合成

用于处理语音信号，包括语音识别、语音合成等任务。

常见的语音识别模型包括隐马尔可夫模型（Hidden Markov Model，HMM）、深度神经网络（DNN）、隐马尔可夫模型（HMM）混合模型等。

常见的语音合成模型包括 WaveNet 等。

推荐系统

预测用户可能感兴趣的内容，基于用户和物品特征。需要处理稀疏和动态变化的数据。

常见的推荐系统模型包括基于矩阵分解的模型（如 ALS）、Wide & Deep 模型、DeepFM 模型等。

4. 多模态学习

能够处理图像、文本、语音等多种数据类型，实现跨模态的信息融合和理解。常见的多模态模型包括 CLIP、Flamingo 等。

2.6.4　按模型规模和复杂度分类

1. 大型模型

参数规模庞大，拥有数亿甚至千亿级参数。具有强大的表示能力和泛化能力，但训练和推理成本较高。

常见的大型模型包括 GPT 系列、BERT 系列等。

2. 中型模型

参数数量在百万到亿级之间。适用于资源受限的环境，同时保持较好的性能。
中型模型在实际应用中较为常见，如某些图像分类、目标检测模型等。

3. 小型模型

参数数量较少，通常在资源受限的环境中使用，如移动端设备。
小型模型在实时性要求较高、计算资源有限的应用场景中具有重要意义。

2.6.5　按是否开源分类

1. 开源模型

代码对外公开，用户可以查看和修改模型代码，根据需要进行定制和扩展。
常见的开源模型包括 TensorFlow Hub、Hugging Face 等平台上提供的预训练模型。

2. 闭源模型

代码不对外公开，用户只能使用模型提供的 API 进行调用。
一些商业公司或研究机构会提供闭源模型，用于特定的应用场景或服务。
总结来看，AI 模型的分类可以从多个维度进行。在实际应用中，需要根据具体任务
的需求和场景选择合适的模型。

2.6.6　AI 模型的应用

AI 模型在各个领域都有广泛的应用，如金融、医疗、交通、教育、娱乐等。通过 AI
模型，可以实现智能推荐、风险评估、疾病诊断、自动驾驶、智能教育、个性化娱乐等功
能，极大地提高了生产效率和生活质量。
总结来看，AI 模型是一个复杂而强大的系统，通过其独特的架构、参数、训练方法
和数据集构成，能够模拟人类智能行为并解决各种复杂问题。

2.7　当前人工智能的主要技术应用方向

2.7.1　图像与视觉识别

图像与视觉识别是当前人工智能（AI）应用的重要领域之一。这一领域的技术发展不仅

深刻影响了我们的日常生活，还在多个行业中发挥了关键作用，推动了产业的智能化升级。

1. 图像与视觉识别技术简介

（1）图像采集与预处理

图像采集：通过摄像头、扫描仪等设备获取原始图像数据。

图像预处理：对原始图像进行一系列处理，以提高图像质量并减少噪声。这包括去噪、图像增强（如对比度增强、锐化）、图像变换（如缩放、旋转）等步骤。

（2）特征提取

目的：从预处理后的图像中提取出对识别有用的特征信息。

① 传统方法：依赖人工设计的特征和算法。例如，边缘检测用于提取图像的轮廓和形状特征，角点检测用于提取图像的关键点特征，形状分析则通过分析图像的形状特征（如面积、周长、圆形度等）来进行识别。

② 深度学习方法：利用卷积神经网络（CNN）等模型自动学习图像的特征表示。CNN 通过卷积层和池化层提取图像的多层次特征，这些特征对于后续的识别任务至关重要。

（3）特征匹配与分类

特征匹配：将提取出的特征信息与已知的特征库进行匹配，以找到最相似的特征。

分类：基于特征匹配的结果，将图像分类为预定义的类别之一。这通常涉及使用分类器（如支持向量机、神经网络等）对特征进行分类决策。

2. 深度学习是今后图像与视觉识别的主要技术发展方向

卷积神经网络（CNN）：CNN 是图像识别领域最常用的深度学习模型之一。它通过卷积层和池化层提取图像的特征，并通过全连接层进行分类或目标检测。

循环神经网络（RNN）：RNN 在处理序列数据（如图像序列或视频序列）方面表现出色。它可以通过循环结构捕捉图像之间的时序关系，从而实现对视频或动态图像的识别。

生成对抗网络（GANs）：GANs 通过生成器和判别器的对抗训练，生成逼真的图像数据。GANs 在图像修复、图像增强等方面有广泛应用，同时也有助于提高图像识别的性能。

3. 图像与视觉识别的主要应用领域

图像与视觉识别作为人工智能领域的一个重要分支，其应用领域十分广泛，涵盖了多个行业和场景。以下是一些主要的应用领域：

（1）安防监控

人脸识别：通过图像与视觉识别技术，可以实时捕捉和识别监控画面中的人脸信息，实现快速身份验证和异常行为检测。

行为分析：对监控画面中的行为进行分析，如徘徊、奔跑、摔倒等，及时发现异常情况并发出警报。

车辆识别：识别监控画面中的车辆信息，如车牌号码、车型等，用于交通管理和车辆追踪。

（2）自动驾驶

环境感知：通过摄像头等传感器获取道路、车辆、行人等环境信息，利用图像与视觉识别技术进行实时感知和理解。

决策规划：基于感知到的环境信息，进行决策规划，如避障、路径规划等，确保自动驾驶的安全性和可靠性。

辅助驾驶：提供车道保持、自适应巡航等辅助功能，提高驾驶的舒适性和安全性。

（3）医疗影像分析

病灶检测：通过图像与视觉识别技术，对医学影像（如 X 射线片、CT、MRI 等）进行分析，自动检测病灶区域。

疾病诊断：辅助医生进行疾病诊断，提供初步的诊断建议和治疗方案。

手术导航：在手术过程中，提供精确的导航和定位信息，帮助医生更准确地完成手术操作。

（4）零售与电商

商品识别：通过图像与视觉识别技术，自动识别货架上的商品信息，如商品名称、价格、库存量等。

顾客行为分析：分析顾客在店内的购物行为，如停留时间、购买偏好等，为商家提供营销策略建议。

无人零售：实现无人值守的零售场景，如无人便利店、自动售货机等。

（5）智慧城市

交通管理：通过图像与视觉识别技术，实时监测交通流量、违章行为等，优化交通信号灯配置，缓解交通拥堵。

环境监测：识别和分析城市中的环境信息，如空气质量、噪声水平等，为城市管理提供数据支持。

公共安全：通过人脸识别等技术，及时发现和追踪可疑人员，保障公共安全。

（6）娱乐产业

虚拟现实（VR）与增强现实（AR）：通过图像与视觉识别技术，实现更加真实的虚拟环境和交互体验。

游戏开发：将图像与视觉识别技术应用于游戏开发中，提高游戏的互动性和趣味性。

影视制作：通过图像与视觉识别技术，实现特效制作、场景识别等功能，提高影视制作的质量和效率。

（7）工业制造

质量检测：通过图像与视觉识别技术，对生产线上的产品进行质量检测，如外观缺陷、尺寸偏差等。

自动化生产：实现生产线的自动化控制和优化，提高生产效率和产品质量。

设备监控：对生产设备进行实时监控和分析，及时发现异常情况并采取措施，确保生产过程的顺利进行。

（8）其他领域

农业：通过图像与视觉识别技术，监测农作物的生长情况、病虫害情况等，为农业生产提供决策支持。

金融：通过人脸识别等技术，实现身份验证、支付验证等功能，提高金融交易的安全性。

教育：通过图像与视觉识别技术，实现远程教育、在线学习等场景下的学生行为分析和教学效果评估。

综上所述，图像与视觉识别技术在安防监控、自动驾驶、医疗影像分析、零售与电商、智慧城市、娱乐产业、工业制造等多个领域都有广泛的应用，并随着技术的不断进步和发展，其应用领域还将继续拓展和深化。

4. 图像与视觉识别的挑战与未来展望

挑战：图像与视觉识别技术仍然面临许多挑战，如光照变化、遮挡、视角变化、复杂背景等因素对识别精度的影响。此外，对于小样本或零样本情况下的识别问题也亟待解决。

未来展望：随着深度学习等技术的不断发展，图像与视觉识别技术将在更多领域发挥重要作用。未来研究可能集中在提高识别准确率、加快识别速度、增强模型鲁棒性等方面，以及探索更多新的应用场景。

综上所述，图像与视觉识别的主要技术原理涉及图像采集与预处理、特征提取、特征匹配与分类等多个步骤。深度学习技术的引入极大地推动了图像与视觉识别领域的发展，使得计算机能够更加智能地理解和解释视觉世界。

2.7.2　自然语言处理

自然语言处理（Natural Language Processing，NLP）是人工智能领域的一个重要分支，它致力于使计算机能够理解、解释、生成人类语言。

定义：自然语言处理是一门利用计算机技术来分析和处理人类自然语言（如中文、英文等）的学科。它旨在使计算机能够"理解"人类语言的含义、语法、语义和上下文，并从中提取有用的信息。

核心目标：实现人与计算机之间用自然语言进行有效通信，使计算机能够执行语言翻译、情感分析、文本摘要等任务。

1. 技术原理与方法

文本预处理：包括去除标点符号、停用词、词干提取等操作，以及文本清洗（去除HTML标签、特殊字符等）、分词（将文本划分为独立的词汇单元）、词性标注（确定每个词汇的词性）等步骤，以减少数据噪声并提取有用信息。

词向量表示：将词语映射到高维实数向量空间，以捕捉词语之间的语义和语法关系。常见的词向量模型包括 Word2Vec、GloVe 和 FastText 等。

语言模型构建：用于描述自然语言中的概率分布，评估给定序列的概率或生成新的文本。

当前基于深度学习的语言模型（如 Transformer、BERT、GPT 等）在 NLP 任务中取得了显著进展。

深度学习应用：通过构建深度神经网络模型，自动学习文本中的深层特征表示，实现对自然语言更精确地理解和处理。常见的深度学习方法包括循环神经网络（RNN）、长短时记忆网络（LSTM）、卷积神经网络（CNN）以及 Transformer 模型等。

2. 应用领域

（1）机器翻译：将一种语言的文本自动翻译成另一种语言，促进国际交流和跨文化传播。

情感分析：识别和分类文本中的主观信息，如情感倾向（积极、消极或中性），广泛应用于市场研究、品牌监控和社交媒体分析等领域。

（2）语音识别与合成：语音识别技术将人类语音转换为文本，语音合成技术则将文本转换为口语输出，这两项技术已广泛应用于智能家居、智能手机等设备中。

（3）问答系统：通过理解用户的问题并搜索相关的文本资源，自动回答用户的问题。

（4）智能客服：利用 NLP 技术理解用户问题并提供相应的解答，提高客服效率和用户体验。

（5）文本摘要与生成：自动提取文本的关键信息生成摘要，或根据给定的输入生成新的文本，如新闻报道、故事等。

3. 挑战与未来展望

挑战：自然语言处理面临语言歧义性、语法复杂性、数据稀缺性、文化和地域差异等挑战。此外，如何在保障隐私的前提下有效利用数据也是 NLP 领域面临的重要挑战。

未来展望：随着人工智能技术的不断发展，NLP 技术将更加个性化和智能化。未来的 NLP 系统将能够处理多种语言并实现跨语言理解，为全球化进程提供有力支持。同时，NLP 技术将在更多领域得到应用，如智能教育、智能家居、智能医疗等，为人们的生活带来更多便利和智能化体验。

综上所述，自然语言处理技术是人工智能领域的一个重要组成部分，它通过模拟人类的语言理解和分析能力，实现了人与计算机之间的有效沟通。随着技术的不断进步和应用场景的不断扩展，NLP 技术将在更多领域发挥重要作用并为人类社会带来更加便捷和智能的生活方式。

2.7.3　机器翻译技术

机器翻译技术，又称为自动翻译，是指利用计算机技术和自然语言处理技术，将一种自然语言（源语言）自动转换为另一种自然语言（目标语言）的过程。这一技术旨在跨越语言障碍，促进国际的信息交流和理解。以下是关于机器翻译技术的详细介绍：

从20世纪50年代开始，机器翻译研究逐渐兴起。1954年，美国乔治敦大学在IBM公司协同下，首次完成了英俄机器翻译实验，向公众和科学界展示了机器翻译的可行性。然而，机器翻译的发展并非一帆风顺。1966年，美国科学院语言自动处理咨询委员会（AL-PAC委员会）发布的报告全面否定了机器翻译的可行性，导致机器翻译研究陷入停滞。

进入20世纪70年代后，随着科学技术的发展和各国科技情报交流的频繁，机器翻译研究开始复苏。特别是计算机科学、语言学研究的发展，以及计算机硬件技术的大幅度提高，为机器翻译提供了技术支撑。进入21世纪以来，随着互联网的出现和普及，数据量激增，统计方法得到充分应用，机器翻译技术迎来了新的发展机遇。

近年来，随着深度学习的进展，神经机器翻译（NMT）成为主流，机器翻译技术取得了显著的进步。许多主流翻译应用程序，如谷歌翻译、百度翻译等，已经全面转向NMT方法，大大提高了翻译的质量和效率。

1. 技术原理

（1）基于神经网络模型的机器翻译

神经机器翻译（NMT）：

原理：神经机器翻译利用深度学习技术，通过构建深层神经网络模型，实现源语言到目标语言的自动翻译。它使用编码器（Encoder）将源语言句子编码为上下文向量，再使用解码器（Decoder）根据上下文向量生成目标语言翻译的句子。

发展：随着深度学习技术的不断发展，神经机器翻译在翻译质量和流畅性方面取得了显著提升。近年来，基于Transformer架构的神经网络模型在机器翻译领域取得了巨大成功，它通过自注意力机制（Self-Attention Mechanism）和位置编码（Positional Encoding）等技术，进一步提高了翻译的准确性和效率。

（2）基于大语言模型的机器翻译

大语言模型（LLMs）：

原理：大语言模型是深度学习算法的一种，通过训练大规模的神经网络模型，使其能够理解、生成和分析人类语言。这些模型通常基于数十亿或更多数量级的文本数据进行训练，因此具有强大的语义分析能力和生成能力。

应用：以ChatGPT为代表的大语言模型，在翻译领域也展现了强大的实力。它们能够处理更加复杂的语言现象，生成更加自然、流畅的翻译结果。

预训练模型和自我学习：

原理：预训练模型和自我学习技术使机器翻译系统能够更快适应新语言、新领域和新场景。通过在大规模文本数据上进行预训练，机器翻译系统能够学习到语言的普遍规律和特征；然后，通过在实际应用中进行自我学习和优化，不断提高翻译的质量和效率。

优势：这种技术能够显著降低对新语言或新领域的适应成本，提高机器翻译系统的灵活性和适应性。

2. 实时翻译技术的进步

实时翻译应用：

原理：实时翻译技术利用高速的计算能力和优化的算法，实现源语言到目标语言的即时翻译。这种技术通常结合了语音识别、机器翻译和语音合成等多种技术，能够在用户说话的同时生成翻译结果。

应用：实时翻译技术已经广泛应用于国际会议、远程协作、在线教育等场景。例如，在国际会议中，实时翻译技术可以为与会者提供即时的语言翻译服务，促进不同国家和地区之间的交流和合作。

性能提升：

随着计算能力的提升和大数据的广泛应用，实时翻译技术的响应速度也在不断加快。同时，通过引入更先进的神经网络模型和算法优化技术，实时翻译技术的准确性和流畅性也得到了显著提升。

3. 多模态机器翻译

原理：多模态机器翻译不仅局限于文本翻译，还能扩展到语音、图像等多模态翻译。例如，通过结合语音识别和语音合成技术，实现语音到语音的实时翻译；或者通过图像识别技术，对图像中的文字进行翻译。

应用：这种技术在国际会议、远程医疗、在线教育等领域具有广泛的应用前景。

4. 机器翻译技术的挑战与未来展望

（1）挑战

尽管机器翻译技术取得了显著的进步，但在实际应用中仍面临诸多挑战。例如，对于特定文化背景和专业知识缺乏的问题，机器翻译系统往往难以充分把握某些语境下的文化意涵和专业术语。此外，一词多义和常识判断问题、逻辑衔接和连贯性问题等也是机器翻译领域需要解决的重要问题。

（2）未来展望

随着技术的不断进步和应用场景的拓展，机器翻译技术将迎来更加广阔的发展前景。未来，机器翻译技术将更加注重个性化和定制化服务，满足不同用户群体的需求。同时，通过与其他技术的深度融合和创新应用，机器翻译技术将在更多领域发挥重要作用，为人类社会的跨文化交流和信息共享提供更加便捷、高效的工具和方法。

概括起来，机器翻译技术的最新进展主要体现在基于神经网络模型的机器翻译、基于大语言模型的机器翻译以及实时翻译技术的进步等方面。随着技术的不断发展，机器翻译将在更多领域发挥重要作用，为人类社会的跨文化交流和信息共享提供更加便捷、高效的工具和方法。

2.7.4　自动驾驶技术

1. 发展历程

自动驾驶技术的发展经历了漫长的历程，从最初的萌芽到如今逐渐成熟，大致可以分为以下几个阶段：

萌芽阶段（1925 年至 20 世纪 80 年代初）：

1925 年，用无线电控制汽车技术的出现，标志着无人驾驶汽车的诞生。

1953 年，美国无线电公司（RCA）研制了基于电线导航的微型汽车。

1977 年，日本筑波工程研究实验室开发出基于摄像头检测前方环境的无人驾驶汽车。

20 世纪 80 年代，慕尼黑联邦国防军大学研制了采用视觉导航的自动驾驶汽车。

成长阶段（20 世纪 80 年代末至 21 世纪 10 年代初）：

1995 年，卡内基梅隆大学的 Navlab 计划通过便携式计算设备、摄像头、GPS 等实现自动驾驶。

2000 年，自适应巡航控制系统的引入，标志着智能驾驶进入新阶段。

2008 年，泊车辅助系统的出现，进一步提升了驾驶的便利性。

爆发阶段（21 世纪 10 年代中期至今）：

2010 年，美国谷歌公司推出第一款无人混电车。

2012 年，车道保持辅助系统商业化应用。

2013 年，美国高速公路安全管理局（NHTSA）和美国汽车工程师学会（SAE）制定了自动驾驶分级标准。

2015 年，美国特斯拉公司的 Autopilot 系统成为首个投入商用的自动驾驶技术。

近年来，随着传感器技术、人工智能算法和计算平台的不断进步，自动驾驶技术逐渐从测试阶段走向大规模商业化应用。

2. 技术原理

自动驾驶技术的核心原理是通过集成多种传感器、高性能计算平台和先进的人工智能算法，使车辆能够在没有人类驾驶员干预的情况下，安全、高效地行驶。其工作原理大致可以分为以下几个步骤：

（1）环境感知

利用摄像头、雷达、激光雷达（LiDAR）、超声波传感器等多种传感器，实时收集车辆周围环境的信息。

传感器收集的数据通过融合算法进行处理，生成一个精确的 3D 世界模型，为车辆提供全方位的感知能力。

（2）决策规划

感知系统收集的信息被传递到车辆的人工智能系统。人工智能系统分析并处理数据，基于当前的环境理解，预测其他交通参与者的行为。根据预测结果，规划出一条安全的行驶路线，确保车辆能够顺畅且安全地到达目的地。

（3）执行控制

决策系统生成的驾驶指令被传递到车辆的执行机构，如转向、加速和制动系统。执行机构精确地按照预定路径操控车辆，实现自动驾驶。

3. 最新技术

近年来，自动驾驶技术取得了显著进展，以下是一些最新的技术趋势：

（1）多传感器融合

通过结合不同类型传感器的优点，提升系统的稳定性和准确性。

激光雷达、摄像头、毫米波雷达等多种传感器的数据融合，使得车辆能够在各种复杂环境中实现稳定行驶。

（2）深度学习与强化学习

深度学习算法使计算机能够从大量数据中自动提取模式，并据此做出预测或决策。

强化学习算法通过试错的方式，使车辆能够在未知环境中自我学习和优化。两者结合，使自动驾驶车辆能够更好地适应复杂的交通环境。

（3）高精地图与定位技术

高精地图为车辆提供了精确的道路信息，包括车道线、交通标志、障碍物等。

定位技术使车辆能够实时获取自身在地图上的位置，确保行驶的准确性。

（4）车路协同（V2X）

车辆可以通过无线通信与其他车辆、基础设施乃至行人进行信息交换。

这种方式不仅有助于提高单个车辆的安全性和效率，还能促进整个交通系统的优化运行。

（5）轻量化传感器方案

通过高清摄像头结合强大的计算平台，实现对周围环境的精准感知。

这种方案不仅成本更低，还简化了安装流程，为自动驾驶技术的普及奠定了坚实基础。

4. 特斯拉公司的 FSD 简介及相关技术比较

特斯拉公司的 FSD（Full Self-Driving，完全自动驾驶）系统与其他自动驾驶技术在多个方面存在显著的区别。以下是对特斯拉 FSD 与其他自动驾驶技术的详细对比（参见表 2-2—表 2-6）：

（1）技术路线与算法

表 2-2　特斯拉 FSD 与其他自动驾驶技术区别（技术路线与算法）

技术特点	特斯拉 FSD	其他自动驾驶技术
技术路线	神经网络人工智能算法，基于大量训练数据模仿人类驾驶行为	模块化算法，将自动驾驶过程拆分为感知、预测与规划等环节
算法基础	神经网络算法，通过摄像头输入和计算控制输出	依赖提前编写好的代码应对已知规则和情况
数据驱动	高度依赖全球数百万辆特斯拉车辆的实时数据进行训练和优化	数据量和多样性有限，难以覆盖所有可能的驾驶场景

（2）传感器配置与感知能力

表 2-3　特斯拉 FSD 与其他自动驾驶技术区别（传感器配置与感知能力）

技术特点	特斯拉 FSD	其他自动驾驶技术
传感器配置	主要依赖摄像头，辅以毫米波雷达和超声波传感器	激光雷达、毫米波雷达、摄像头等多种传感器融合
感知能力	通过摄像头采集视觉信息，利用神经网络算法进行处理和分析	多种传感器融合，提供更全面的环境感知信息，但对硬件和算法要求高
纯视觉方案	特斯拉 FSD 采用纯视觉方案，简化系统架构，降低成本	其他自动驾驶技术往往依赖激光雷达等高精度传感器，成本较高

（3）功能与性能

表 2-4　特斯拉 FSD 与其他自动驾驶技术区别（功能与性能）

技术特点	特斯拉 FSD	其他自动驾驶技术
功能全面性	涵盖自动紧急刹车、自动变道、交通导航、城市街道半自主导航等多种功能	功能相对单一，主要集中在高速公路等结构化道路上的自动驾驶
性能表现	在复杂路况和未知情况下表现出色，能够灵活处理各种驾驶场景	应对复杂路况和未知情况时性能可能不稳定，需要驾驶员进行干预
学习与优化	通过 OTA 软件进行更新和优化，持续提升自动驾驶能力	更新和优化周期较长，难以迅速适应新的驾驶环境和法规要求

（4）市场应用与用户体验

表 2-5　特斯拉 FSD 与其他自动驾驶技术区别（市场应用与用户体验）

技术特点	特斯拉 FSD	其他自动驾驶技术
市场应用	广泛应用于特斯拉的乘用车产品中，提供便捷、安全的驾驶体验	主要应用于无人驾驶出租车、物流配送等特定场景
用户体验	用户可以通过特斯拉的 Autopilot 和 FSD 功能享受不同程度的自动驾驶体验	用户体验可能因技术限制和法规要求而有所不同
成本效益	通过大规模量产和持续优化降低成本，提高性价比	成本较高，难以在短期内实现大规模量产和商业化应用

（5）技术挑战与前景

表 2-6　特斯拉 FSD 与其他自动驾驶技术区别（技术挑战与前景）

技术特点	特斯拉 FSD	其他自动驾驶技术
技术挑战	在极端天气和复杂路况下的感知和决策能力仍有待提升	面临技术、法规、市场等多方面的挑战
法规要求	需要符合不同国家和地区的交通法规要求，进行本土化调整	法规要求严格，限制自动驾驶技术的应用范围
发展前景	随着技术的不断进步和法规的逐步完善，有望实现真正的完全自动驾驶	需要不断突破和创新才能实现更广泛的应用

（6）总结

特斯拉公司的 FSD 系统与其他自动驾驶技术在技术路线、传感器配置、功能与性能、市场应用与用户体验以及技术挑战与前景等方面存在显著的区别。特斯拉公司的 FSD 系统凭借其神经网络人工智能算法、纯视觉方案、全面的功能、持续的学习与优化能力以及广泛的应用前景，在自动驾驶领域具有独特的优势。然而，其他自动驾驶技术也在不断发展和创新，未来两者之间的竞争与合作将推动自动驾驶技术的不断进步和发展。

5. 自动驾驶技术发展展望

未来，自动驾驶技术有望在多个方面取得突破，为人类带来更加安全、便捷、环保的出行方式：

（1）技术突破

随着传感器技术、人工智能算法和计算平台的不断进步，自动驾驶系统的感知能力、决策能力和安全性将得到显著提升。

特别是在极端天气条件下的感知能力、复杂交通场景中的决策算法优化等方面，有望实现重大突破。

（2）市场应用

自动驾驶技术将逐步从测试阶段走向大规模商业化应用。无人驾驶出租车、无人驾驶公交、无人驾驶物流车等应用场景将不断涌现。

（3）社会影响

自动驾驶技术的普及将带来深远的社会影响。它不仅能够提高交通效率、减少交通事故，还能推动相关产业的发展，创造大量的就业机会。

此外，自动驾驶技术还将促进智慧城市的建设，提高城市管理的智能化和精细化水平。

综上所述，自动驾驶技术正逐步走向成熟，其发展历程、原理、最新技术和未来展望都充满了无限可能。随着技术的不断进步和政策的持续支持，自动驾驶技术有望在未来为人类带来更加美好的出行体验。

2.7.5　生成式人工智能

生成式人工智能（Generative Artificial Intelligence）是人工智能领域的重要分支，是一种基于算法和模型生成文本、图片、声音、视频、代码等内容的技术，不同于传统 AI 的分析功能，生成式 AI 能学习并生成具有逻辑的新内容。不同于传统的人工智能仅对输入数据进行处理和分析，生成式人工智能可以学习并模拟事物的内在规律，根据用户的输入资料生成具有逻辑性和连贯性的新内容。这一技术的核心依托于多模态模型，能针对用户需求实现异构数据的生成式输出。

习题

单选题

1. 人工智能（AI）的定义是什么？（　　）
A. 研究、开发用于模拟、延伸和扩展人的智能的理论、方法、技术及应用系统的一门新的技术科学
B. 研究计算机硬件和软件的科学
C. 研究人类大脑结构的科学
D. 研究如何使计算机更快的科学

2. 2022 年 11 月 30 日，哪个公司发布了基于大语言模型（LLM）的 ChatGPT 3.5？（　　）
A. Google　　　　　　　　　　　B. Microsoft
C. OpenAI　　　　　　　　　　　D. Facebook

3. 人类智能主要由八项智能组成，以下哪项不属于八项智能之一？（　　）
A. 语言智能　　　　　　　　　　B. 数学逻辑智能
C. 情感智能　　　　　　　　　　D. 自然认知智能

4. 人工智能按照智能水平可以分成哪三类？（　　）
A. 弱人工智能、通用人工智能、强人工智能
B. 初级人工智能、中级人工智能、高级人工智能
C. 基础人工智能、进阶人工智能、专家人工智能
D. 简单人工智能、复杂人工智能、超级人工智能

5. 以下哪项不是人类智能的特点？（　　）
A. 创造性　　　　　　　　　　　B. 抽象思维
C. 无限学习能力　　　　　　　　D. 情感和意愿

6. 符号主义学派的核心观点是什么？（　　）

A. 智能是符号的表征和运算过程

B. 智能源于大量简单单元的相互连接和互动

C. 智能取决于感知和行动

D. 智能是通过试错来学习的

7. 连接主义学派的主要研究对象是什么？（　　　）

A. 专家系统　　　　　　　　　　　B. 神经网络

C. 启发式程序　　　　　　　　　　D. 知识工程

8. 行为主义学派的核心观点是什么？（　　　）

A. 智能取决于感知和行动

B. 智能是符号的表征和运算过程

C. 智能源于大量简单单元的相互连接和互动

D. 智能是通过知识表示和推理来实现的

9. 以下哪项是深度学习在图像识别领域的主要模型？（　　　）

A. 决策树　　　　　　　　　　　　B. 卷积神经网络（CNN）

C. 支持向量机（SVM）　　　　　　D. 贝叶斯网络

10. 机器翻译技术中，哪种方法利用深度学习技术实现源语言到目标语言的自动翻译？（　　　）

A. 基于规则的方法　　　　　　　　B. 基于统计的方法

C. 神经机器翻译（NMT）　　　　　D. 基于实例的方法

11. 自动驾驶技术的核心原理不包括以下哪项？（　　　）

A. 环境感知　　　　　　　　　　　B. 决策规划

C. 语音识别　　　　　　　　　　　D. 执行控制

12. 特斯拉公司的 FSD 系统主要依赖哪种传感器配置？（　　　）

A. 激光雷达　　　　　　　　　　　B. 毫米波雷达和超声波传感器

C. 摄像头（纯视觉方案）　　　　　D. 雷达和摄像头融合

13. 以下哪项不是生成式人工智能的特点？（　　　）

A. 能学习并生成具有逻辑的新内容

B. 只能对输入数据进行处理和分析

C. 核心依托于多模态模型

D. 能针对用户需求实现异构数据的生成式输出

14. 符号主义学派的主要优点不包括以下哪项？（　　　）

A. 可解释性强　　　　　　　　　　B. 对复杂系统处理能力强大

C. 符合人类的学习与思维习惯　　　D. 通过规律来进行学习

15. 连接主义学派的主要缺点不包括以下哪项？（　　　）

A. 缺乏可解释性　　　　　　　　　B. 训练成本高

C. 良好的适应性和泛化能力　　　　D. 过拟合风险高

16. 以下哪项不是当前人工智能的主要技术应用方向？（　　　）

A. 图像与视觉识别

B. 自然语言处理

C. 天气预报（此选项为干扰项，虽与 AI 有关但不是主要技术方向）

D. 机器翻译

17. 在自动驾驶技术中，哪种技术用于实时获取车辆在地图上的位置？（　　）

A. 环境感知　　　　　　　　　　B. 决策规划

C. 高精地图与定位技术　　　　　D. 执行控制

18. 以下哪项不是自然语言处理（NLP）的应用领域？（　　）

A. 机器翻译

B. 图像识别（此选项为干扰项，实际为计算机视觉领域）

C. 语音识别与合成

D. 问答系统

19. 在 AI 模型的分类中，哪种模型适用于资源受限的环境？（　　）

A. 大型模型　　　　　　　　　　B. 中型模型

C. 小型模型　　　　　　　　　　D. 开源模型

20. 以下哪项不是生成式人工智能的核心依托？（　　）

A. 多模态模型

B. 规则引擎（此选项为干扰项，实际为传统 AI 方法）

C. 算法和模型

D. 用户输入资料

判断题

1. 人工智能（AI）是对人的意识、思维的信息过程的模拟，能像人那样思考，也可能超过人的智能。

2. 人类智能具有主观意识、创造性和想象力，而 AI 则完全具备这些能力。

3. 符号主义学派认为，智能是符号的表征和运算过程，强调知识表示和逻辑推理。

4. 连接主义学派通过深度学习等技术，在图像识别、语音识别等领域取得了巨大成功，但具有完全的可解释性。

5. 行为主义学派强调智能体与环境的交互和自主学习，但在处理复杂任务时可能缺乏足够的智能和灵活性。

6. 在自动驾驶技术中，多传感器融合是提升系统稳定性和准确性的关键技术之一。

7. 特斯拉公司的 FSD 系统采用纯视觉方案，不依赖激光雷达等高精度传感器。

8. 自然语言处理（NLP）是人工智能领域的一个重要分支，致力于使计算机能够理解、解释、生成人类语言。

9. 机器翻译技术已经完全解决了语言歧义性和语法复杂性的问题。

10. 生成式人工智能只能生成文本内容，不能生成图片、声音等其他类型的内容。

第3章 人工智能的发展历程与演进范式

3.1 人工智能的发展是人类科学发展的重要范式

3.1.1 人工智能发展演进的独特范式

人工智能（AI）的发展历程充满了探索、挑战与突破。人工智能的发展与传统的自然科学发展有较大区别，其发展具有非单一理论驱动的多元路径和流派竞争协同的独特范式，主要体现在以下三方面：

第 3 章　数字资源

1. 理论基础：三大流派交替主导，而非单一体系构建

传统自然科学（如物理学）以单一理论框架为发展主线，相关研究以单一理论为基础进行扩张推进。

人工智能则呈现符号主义、连接主义、行为主义三大流派交替领先、相互补充的格局。

2. 发展逻辑：问题驱动的技术融合，而非理论线性推演

传统自然科学遵循"理论突破→实验验证→应用转化"的线性路径（如先由麦克斯韦方程推导电磁理论，后催生无线电技术）。

人工智能则以实际问题为导向，倒逼多流派技术融合。

如自然语言处理（NLP）发展从早期的符号主义主导，通过语法规则解析句子——中期统计学习（连接主义萌芽）引入，用概率模型计算词语关联——近期：深度学习（连接主义）结合注意力机制（新算法创新），实现 GPT 等预训练模型的突破。

3. 学科属性：交叉性与实践性远超传统科学

传统自然科学以学科独立性为特征（如化学、生物学有明确边界），研究以实验室为核心。人工智能则是高度交叉的实践科学。

跨学科融合：

符号主义依赖哲学（如罗素的逻辑原子主义）、数学（离散数学）；

连接主义依赖神经科学（如赫布定律）、统计学（概率论）；

行为主义依赖心理学（强化学习理论）、控制论（反馈机制）。

4. 强工程属性

研究成果需直接落地为可运行系统（如聊天机器人、自动驾驶系统），而非仅停留在理论或实验阶段。例如，GPT 模型的训练不仅涉及算法创新，还需解决算力调度、数据清洗、模型压缩等工程问题，这些环节在传统自然科学中占比极低。

总结：人工智能的发展更像"技术生态的演化"——三大流派如同不同物种，在问题场景的"自然选择"下此消彼长，最终通过融合形成复杂解。这种"非单一理论、强问题导向、重工程实践"的特质，使其与传统自然科学的"理论中心主义"路径截然不同，也造就了其独特的爆发式发展动能。

3.1.2　学习人工智能发展与演进具有重要意义

学习人工智能的发展与演进，是理解其未来发展趋势的关键钥匙。从符号主义的逻辑推理到连接主义的深度学习，再到行为主义的强化学习实践，技术脉络揭示了 AI"从规则模拟到数据驱动"的进化路径。这种历史梳理能帮助我们识别技术瓶颈——如早期专家系统的知识获取困境、深度学习的可解释性难题，从而预判突破方向：量子计算可能破解算力天花板，神经形态芯片或带来算法仿生创新。

3.2　人工智能的诞生

人工智能的诞生是 20 世纪科技史上的一座重要里程碑，其起源可追溯至人类对智能本质与机器模拟的长期探索。1950年，计算机科学家艾伦·图灵（图 3-1）发表了具有开创性的论文《计算机器与智能》，提出了著名的"图灵测试"，为判断机器是否具备智能提供了标准，这一理论突破为人工智能概念奠定了基石。

图 3-1　艾伦·图灵

1956 年，在美国达特茅斯学院召开的一场学术研讨会上，约翰·麦卡锡、马文·明斯基、克劳德·香农等一批科学家首次提出了"人工智能"这一术语，并正式确立了人工智能作为一门独立学科的研究方向。这次会议持续了两个月，期间学者们围绕"如何让机器模拟人类智能"展开深入讨论，探讨了包括符号逻辑、神经网络、自然语言处理等在内的多种方法。

3.3 人工智能发展的四次浪潮简述

从 1950 年人工智能诞生至今，人工智能发展经历了四次浪潮（图 3-2），每次浪潮的技术特点如下：

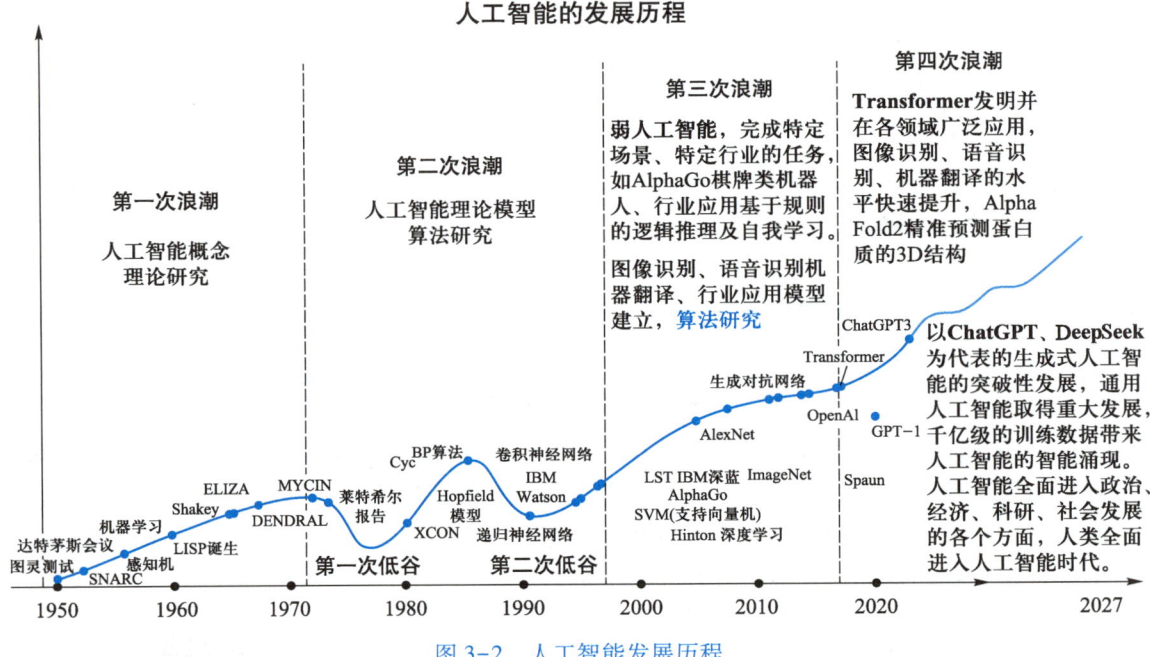

图 3-2   人工智能发展历程

（1）逻辑推理期（20 世纪 50 年代—20 世纪 70 年代）：以符号逻辑为核心，研究者尝试用数学逻辑模拟人类推理，代表性成果如"逻辑理论家"程序，但受限于计算能力和数据量陷入低谷。

（2）知识工程期（20 世纪 80 年代—20 世纪 90 年代）：专家系统兴起，通过人工输入领域知识构建智能系统（如医疗诊断系统 MYCIN），但知识获取成本高，应用范围有限。

（3）机器学习期（21 世纪 00 年代—21 世纪 10 年代）：统计学习和浅层机器学习（如 SVM、随机森林）成为主流，依托互联网数据实现模式识别，在图像识别、自然语言处理领域初步应用。

（4）深度学习期（21 世纪 10 年代至今）：深度神经网络突破算力和算法瓶颈，依托大数据和 GPU 加速，在语音识别、自动驾驶、生成式 AI（如 GPT、AlphaGo）等领域爆发，推动 AI 进入通用人工智能的开发探索阶段。

3.4　第一次浪潮（20 世纪 50 年代末—20 世纪 70 年代初）

核心技术与主要研究方向：这一时期的人工智能主要基于逻辑推理，当时的研究人员试图让计算机模拟人类的逻辑思维过程，把逻辑推理、定理证明等作为重点研究方向。例如，通过编写程序让计算机证明数学定理等。

标志性事件与成果：美国达特茅斯学院举行了历史上第一次人工智能研讨会，确定了人工智能的概念和任务；世界上第一个聊天机器人 ELIZA 发布，它能通过脚本理解简单的自然语言，并能产生类似人类的互动；美国人乔治·戴沃尔设计了世界上第一台可编程机器人；美国斯坦福国际研究所研制出机器人 Shakey，这是首台采用人工智能的移动机器人。

发展瓶颈与低谷原因：当时计算机硬件性能有限，计算能力和存储空间不足，难以处理复杂的人工智能任务。并且，人工智能的理论和算法还不够成熟，很多问题无法得到有效解决，例如感知器模型只能处理线性分类问题，无法正确分类简单的异或题等，导致研究进展缓慢，人工智能发展进入低谷。

3.4.1　1950 年：图灵测试，人工智能诞生

艾伦·图灵：发表《计算机器与智能》，提出图灵测试，探讨机器智能的评估方法。艾伦·图灵（Alan Turing）在他的论文中提出了著名的"图灵测试"（Turing Test）被广泛认为是测试机器智能的重要标准。

图灵测试：一位人类测试员会通过文字与密室里的一台机器和一个人对话。如果测试员无法分辨与之对话的两个实体谁是人谁是机器，参与对话的机器就被认为通过图灵测试。

3.4.2　1951 年：第一个神经网络机器，首个西洋跳棋程序诞生

1951 年，研究生马文·明斯基（Marvin Minsky，图 3-3）建立了世界上第一个神经网络机器 SNARC（Stochastic Neural Analog Reinforcement Calculator）。

人们第一次模拟了神经信号的传递，为人工智能奠定了深远的基础。

西洋跳棋程序：首个西洋跳棋程序诞生。

图 3-3　马文·明斯基

英国计算机科学家克里斯托弗·斯特拉奇开发了首个西洋跳棋程序。

该程序允许玩家通过电脑进行西洋跳棋游戏，这是计算机博弈领域的早期尝试。首个西洋跳棋程序的诞生标志着人工智能和机器学习技术在博弈领域的应用迈出了重要一步。

启发后续研究：该程序为后续更复杂的博弈程序，如国际象棋程序、围棋程序等的研究和发展提供了重要的启示和基础。

后续改进：在斯特拉奇之后，IBM 的亚瑟·塞缪尔开发出了第一个能够"学习"的西洋跳棋程序，该程序通过自我对弈和策略调整不断提升棋艺，最终在 1963 年击败了美国康涅狄格州的跳棋大师罗伯特·尼尔利。

其他博弈程序：随着技术的发展，计算机在博弈领域取得了显著进展，如 1997 年 IBM 公司的"深蓝"计算机击败了国际象棋世界冠军卡斯帕罗夫，成为人工智能历史上的标志性事件。

3.4.3　1956 年：达特茅斯会议，创立"人工智能"学科

达特茅斯会议：全称为达特茅斯夏季人工智能研究计划（Dartmouth Summer Research Project on Artificial Intelligence），是 1956 年在美国新罕布什尔州达特茅斯学院举行的一场具有历史意义的会议（图 3-4）。会议首次提出"人工智能"这一术语，标志着人工智能学科的诞生，并创立符号主义学派。

议题：会议设置了七个主题，包括自动计算机、神经元网络、计算规模理论、自我改进、随机性和创造力等，涵盖了人工智能的基础问题。

会议参与者

会议吸引了来自计算机科学、数学、心理学等领域的多位顶尖学者（图 3-5），包括但不限于以下几位：

马文·明斯基：哈佛大学数学与神经学初级研究员，1969 年度图灵奖获得者，被誉为"人工智能之父"。

图 3-4 达特茅斯会议地点

图 3-5 达特茅斯会议参与者

约翰·麦卡锡：达特茅斯学院数学助理教授，1971 年度图灵奖获得者，提出了"人工智能"这一术语。

克劳德·香农：贝尔实验室数学家，"信息论之父"。

艾伦·纽厄尔：计算机科学家，与赫伯特·西蒙合作开发了"逻辑理论家"程序。

赫伯特·西蒙：计算机科学家、心理学家，1975 年度图灵奖获得者，1978 年诺贝尔经济学奖获得者。

亚瑟·塞缪尔：机器学习研究先行者，开发了首款具有"学习能力"的西洋跳棋程序。

成果

提出"人工智能"术语：会议首次提出了"人工智能"（Artificial Intelligence，AI）

这一术语，用以描述"由人工制造的智能"，标志着人工智能作为一个独立研究领域的诞生。

展示"逻辑理论家"程序：艾伦·纽厄尔和赫伯特·西蒙展示了他们的"逻辑理论家"程序，这是第一个能够证明数学定理的人工智能程序，为后来的机器推理和定理证明研究奠定了基础。

推动跨学科合作：会议促进了计算机科学、数学、心理学等领域的跨学科合作与交流，为人工智能的发展注入了新的活力。

会议影响与意义

确立人工智能领域：达特茅斯会议为人工智能领域的发展提供了理论基础和研究方向，使得人工智能成为一个独立且充满活力的学科。

催生人工智能学派：会议催生了符号主义学派的诞生，该学派主张通过逻辑符号和规则来模拟智能，成为早期人工智能研究的主流范式。对后续的人工智能研究产生了深远影响。

推动教育与研究：会议结束后，与会者将会议的讨论和成果带回各自的学术机构，推动了人工智能教育和研究的全球化发展。

3.4.4　1957 年：最早的神经网络模型

弗兰克·罗森布拉特：工作于康奈尔航空实验室，心理学家。提出感知机模型，这是最早的神经网络模型之一。

感知机（Perceptron）模型，是一种简单的线性分类器，主要用于二分类任务。感知机模型通过线性函数对输入数据进行分类，其数学原理包括线性组合、激活函数和决策边界。

线性组合：给定一个输入向量和权重向量，感知机计算输入特征的加权和，并加上一个偏置。

激活函数：感知机使用阶跃函数作为激活函数，将加权和转换为输出类别。

决策边界：感知机模型定义了一个线性决策边界，将输入空间分为两个区域。在决策边界上，加权和正好为 0，感知机无法确定输入属于哪一类。

感知机模型的算法流程

感知机算法主要包括两个阶段：训练阶段和预测阶段。

训练阶段：旨在调整权重和偏置，使得模型能够正确分类训练数据。具体步骤包括初始化权重向量和偏置，迭代计算误差并更新权重和偏置。

预测阶段：使用训练好的模型对新数据进行分类，通过计算输入特征的加权和并应用激活函数来得出输出类别。

感知机模型的影响与局限性

影响：感知机模型是神经网络和支持向量机的基础，对后来的研究产生了深远的影响。现代神经网络的发展和深度学习技术的兴起，都可以追溯到感知机的早期研究。

局限性：感知机模型仅适用于线性可分的数据集，无法处理非线性可分问题。此外，感知机对噪声和异常值较为敏感，可能影响分类效果。

感知机模型的现代发展

尽管感知机模型本身有其局限性，但它作为神经网络和机器学习领域的奠基石，对后来的研究产生了深远的影响。现代神经网络和深度学习技术的发展，在很大程度上得益于感知机模型的早期研究。

综上所述，罗森布拉特提出的感知机模型是人工神经网络和机器学习领域的重要里程碑，对现代技术的发展产生了深远的影响。

3.4.5　1958 年：LISP 编程语言发明

约翰·麦卡锡：1958 年在麻省理工学院（MIT）发明 LISP 编程语言，成为人工智能领域的重要工具。

LISP 的全称是 LIST Processor，即列表处理语言。它的设计初衷是解决符号运算的问题，特别是在人工智能领域中的应用。麦卡锡希望通过 LISP 语言，使计算机能够更有效地处理符号数据和进行逻辑推理。

LISP 是世界上第一个函数式编程语言，它强调函数的第一类公民地位，允许程序员使用递归和高阶函数来处理数据。

灵活性与表达能力：LISP 以其独特的表达方式和灵活性著称，程序代码本身也是一种数据结构，允许程序员在运行时操作代码。这种特性使 LISP 能够实现强大的宏系统，允许用户定义新的语法。

广泛的应用领域：尽管 LISP 最初被视为人工智能领域的专用语言，但它实际上是一种通用编程语言。现今，LISP 仍被用于软件开发、电子商务、金融系统等多个领域。特别是在人工智能领域，LISP 在知识表示、自然语言处理和机器学习等方面有着广泛的应用。

3.4.6　1964 年：第一个人机对话系统 ELIZA

约瑟夫·魏茨鲍姆（Joseph Weizenbaum）在麻省理工学院（MIT）人工智能实验室发明了 ELIZA 对话系统，是最早的聊天机器人之一，这一成就对人工智能和自然语言处理领域产生了深远的影响。

功能：ELIZA 是世界上第一个聊天机器人，能够与用户进行文本对话。它通过分析用户输入的文字内容，识别关键词，并将这些关键词重新组合成新的句子作为回应。

对话风格：ELIZA 的对话风格模仿了心理医生与病人的对话方式，通过重复和重新表述用户的话来引导对话进行。这种对话方式虽然简单，但在当时却给人一种"机器具有智能"的错觉。

技术实现：

编程语言：ELIZA 使用了一种名为 MAD-SLIP 的编程语言进行开发。

运行环境：它可以在 36 位的 IBM 7094 大型电脑上运作。

代码量：魏茨鲍姆仅用约 200 行代码就实现了 ELIZA 的基本功能。

影响与意义：

学术影响：ELIZA 的出现引起了广泛的关注和讨论，对人工智能和自然语言处理领域的研究产生了重要影响。

社会影响：ELIZA 的对话效果令人惊讶，许多测试者甚至对它产生了情感上的依恋。这种现象被称为"ELIZA 效应"，并被认为是数字时代人类共同遭受的一种"妄想"。

3.4.7　1965 年：第一个专家系统 DENDRAL

1965 年，爱德华·费根鲍姆（Edward Feigenbaum）与化学家乔舒亚·莱德伯格（J. Lederberg）合作在斯坦福大学开始研制 DENDRAL 系统，并在 1968 年成功研制出这一世界上第一个专家系统。DENDRAL 系统可用于化学分析。系统的成功研制标志着人工智能领域的一个重要突破，即专家系统的诞生。功能：DENDRAL 系统是一种帮助化学家判断某待定物质的分子结构的专家系统。它能够根据输入的质谱仪数据，列出所有可能的分子结构，从而帮助化学家更快速、准确地完成分子结构的判断工作。

费根鲍姆的工作对人工智能领域产生了深远的影响。DENDRAL 系统的成功研制不仅为化学领域的研究提供了一种高效且智能的工具，还激发了人们对专家系统技术的兴趣和热情。随着专家系统技术的不断进步和应用领域的不断拓展，它在未来将继续发挥更加重要的作用，为人类社会的进步和发展贡献更大的力量。

3.4.8　1968 年：第一台智能机器人 Shakey

1968 年，斯坦福国际咨询研究所研发成功了世界上第一台智能机器人 Shakey，这是世界上第一台带有人工智能的移动式机器人，标志着人工智能与机器人技术的结合进入了一个新的历史阶段。

Shakey 能够自主进行感知、环境建模、行为规划并执行任务。

自主感知：Shakey 能够通过各种传感器（如电视摄像机、三角法测距仪、碰撞传感器等）获取周围环境的信息。

环境建模：Shakey 能够处理感知到的信息，对周围环境进行建模。

行为规划：Shakey 能够根据环境模型和任务需求，自主规划行动路径并执行任务。

远程操控与自主行动结合：Shakey 由两台计算机通过无线通信系统控制，实现了远程操控与自主行动的结合。

Shakey 作为世界上第一台带有人工智能的移动式机器人，其诞生标志着人工智能与机器人技术结合的新篇章。虽然受到当时技术水平的限制，但 Shakey 为后来的机器人研发提供了宝贵的经验和启示，对人工智能与机器人技术的发展产生了深远的影响。

3.4.9 20 世纪 70 年代：AI 冬天

由于项目难度评估不足、承诺无法兑现等，人工智能研究遭遇资金短缺和批评，进入低谷期。

20 世纪 70 年代，人工智能（AI）领域经历了一个被称为"AI 冬天"的困难时期。以下是对这一时期背景的详细分析：

背景与原因

（1）计算资源有限：20 世纪 70 年代，计算机的处理能力非常有限，存储空间也很小。这些硬件限制使得 AI 的许多理论无法实际应用。例如，自然语言处理在当时由于计算机内存的限制，Ross Quillian's 的单词处理只能处理 20 个单词。

（2）技术难题与挑战：问题的复杂度难以驾驭：许多计算复杂度以指数程度增加，这成了不可能完成的计算任务。

常识的推理几乎不可能完成：莫拉维克悖论（Moravec's paradox）指出，对人类来说简单的事情（如识别物体）对计算机来说可能很难，而对人类来说困难的事情（如数学运算）对计算机来说可能相对容易。

（3）研究资金的减少：由于 AI 的进展没有达到预期，许多政府和企业减少了对 AI 研究的投资。资助 AI 研究的主要机构（如英国政府、DARPA 和 NRC）看不到 AI 领域太多有实际意义的学术和产业界成果，因此结束了相关资金的资助。

（4）公众期望与现实的差距：公众对 AI 的期望过高，而实际研究成果未能满足这些期望，导致了对 AI 技术的质疑和失望。

具体表现

研究项目和资金的减少：

许多 AI 研究项目因为缺乏资金而被迫中止或放缓。

研究氛围的冷却：

学术界和工业界对 AI 的热情逐渐消退，研究氛围变得相对冷清。

研究方向的调整：

一些研究人员开始转向其他领域，或者在 AI 内部寻找新的研究方向和突破口。

1. 影响与反思

对 AI 发展的长期影响：

AI 冬天的经历促使研究人员开始更加注重算法效率、数据驱动方法和现实问题的解决，推动了对计算能力、数据管理和算法设计的改进。

对未来的启示：

AI 冬天的经验教训为后来 AI 的复兴和发展提供了重要的启示。它提醒人们，AI 的发展并非一帆风顺，需要持续的努力和投入。

2. 后续发展

尽管经历了 AI 冬天，但人工智能领域并没有停止前进的脚步。随着技术的不断进步和新的研究方法的出现，人工智能在后续时期逐渐复苏并迎来了新的发展浪潮。特别是在 21 世纪，随着大数据、云计算和更强大的硬件的支持，人工智能研究取得了重大突破，并在各个领域实现了广泛应用。

综上所述，20 世纪 70 年代的 AI 冬天是人工智能发展历程中的一个重要阶段，它带来了挑战和困难，但也为后续的复兴和发展奠定了基础。

3.5   第二次浪潮（20 世纪 80 年代—20 世纪 90 年代）

核心技术与主要研究方向：专家系统成为这一时期的研究重点，通过将大量的专业知识和经验输入计算机系统，构建出能够模拟专家决策的程序。同时，人工神经网络也取得了一定的进展，尤其是 BP（Back Propagation）算法的提出，为多层神经网络的参数计算提供了方法，解决了非线性分类和学习的问题。

标志性事件与成果：一些专家系统在商业上获得成功应用，比如帮助化学家确定化合物结构和性质的系统等；在模式识别的领域，如手写文字的识别、字符识别、简单的人脸识别等方面开始应用神经网络技术。

发展瓶颈与低谷原因：专家系统的应用范围有限，知识获取和维护成本高，且难以应对复杂多变的实际情况。人工神经网络的设计缺少严格的数学理论支持，BP 算法存在梯度消失等问题，导致其无法对前层进行有效学习，人工智能的研究再次进入低谷。

3.5.1   1981 年：日本第五代计算机项目启动

1981 年 10 月，日本向世界宣告开始研制第五代计算机。计划周期与投入：1982 年 4 月，日本正式制订了为期 10 年的"第五代计算机技术开发计划"，总投资为 1 000 亿日元（约合当时的 5 亿美元）。

项目目标：日本第五代计算机项目的主要目标是开发具备"人工智能"能力的计算机，即能够推理、判断、识别图像并理解人类语言的计算机。此外，该项目还旨在降低计算机硬件成本，推动计算机技术的普及和应用。

实施阶段：整个项目分为基础研究阶段（1982—1984 年）和发展阶段（1984—1988

年）。在项目实施过程中，日本组织了 8 家主要计算机和电子公司共同协作进行攻关。

项目内容与成果

研究内容：第五代计算机项目主要研究和改进了软件技术，包括管理与执行并行推理的基本软件、高速存储与检索用的数据库管理软件、图表形象和语言的识别与处理的基本软件以及自动编制程序的基本软件等。

中期成果：1988 年 12 月，日本展示了其中期实验成果——一种装有 64 个并行作业处理器的推理机样机。然而，这一成果并未达到预期的推理速度提升效果。

最终成果：1992 年，日本交付了"第五代计算机"工程，但其核心能力却达不到标准，并且与主流需求背道而驰。尽管如此，该项目在推动人工智能技术的发展方面仍具有一定的意义。

项目影响与反思

国际影响：日本的第五代计算机项目在当时引起了全球范围内的广泛关注，被美国媒体称为"科技界的珍珠港事件"。该项目催生了围绕符号处理和知识处理的 AI 复兴，并促使其他国家纷纷加大人工智能投入。

国内影响：尽管第五代计算机项目未能实现预期目标，但它对日本工业的发展产生了积极影响。该项目将日本计算机生产厂家的精力引导到了软件开发方面，提升了日本软件开发人员的数量和质量，并有助于使日本在人工智能的"模糊逻辑"这一新领域进入前列。

反思与启示：第五代计算机项目的失败表明，技术的变革往往萌发于无法预测的随机进化中，很难预测方向并制定计划。此外，过于超前的计划和简单推理方式的局限也是导致项目失败的重要原因。因此，在推动技术创新的过程中，需要保持灵活性和创新性，同时注重基础研究和应用需求的结合。

综上所述，1981 年启动的日本第五代计算机项目虽然未能实现预期目标，但它对全球人工智能技术的发展产生了深远影响，并为日本工业的发展注入了新的活力。

日本第五代计算机项目：旨在开发出能够与人对话、翻译语言、解释图像的机器，推动 AI 技术的新一轮发展。

3.5.2　1982 年：Hopfield 模型发明——2024 年诺贝尔物理学奖

Hopfield 模型，也被称为 Hopfield 网络，是由美国加州理工学院的物理学家、生物学家和神经科学家霍普菲尔德（John J. Hopfield）在 1982 年提出的人工神经元网络模型。

1.　Hopfield 模型原理

基本定义：

Hopfield 网络是一种递归神经网络，网络中的每个神经元都与其他所有神经元相连，形成一个高度耦合的网络。

Hopfield 网络的主要特点是其能够存储和回忆多个模式，通过训练网络以存储信息，然后通过部分输入重构完整信息。

Hopfield 网络的基本原理是将神经元的输出作为输入的一部分反馈到网络中，形成反馈机制，使网络具有记忆和信息存储的能力。

网络类型：

Hopfield 网络根据其激活函数的选取不同，可分为离散型 Hopfield 网络（Discrete Hopfield Neural Network，DHNN）和连续型 Hopfield 网络（Continuous Hopfield Neural Network，CHNN）。

离散型 Hopfield 网络的激活函数为二值型阶跃函数，主要用于联想记忆、模式分类、模式识别。

连续型 Hopfield 网络（CHNN）是在 DHNN 的基础上提出的，它的基本原理和 DHNN 相似，CHNN 的激励函数的输入输出之间的关系为连续可微的单调上升函数，主要用于优化计算。

工作原理：

在 Hopfield 网络中，每个神经元的状态只有两种可能：激活或抑制，这种二值性使网络具有很强的鲁棒性和抗干扰能力。

Hopfield 网络通过引入"能量函数"的概念，阐明了神经网络与动力学之间的关系，使神经网络的运行稳定性判断有了可靠而简便的依据。

当网络接收到输入时，它会根据预设的权重和阈值进行计算，并更新每个神经元的状态。这个过程会不断迭代，直到网络达到一个稳定状态，即所有神经元的状态不再发生变化。

稳定性与吸引子：

Hopfield 网络的一个重要特性是它的稳定性。一个稳定的 Hopfield 网络会收敛到一个吸引子状态，这个状态对应于能量函数的一个局部极小点。

如果将需要记忆的样本信息存储于不同的吸引子中，当输入含有部分记忆信息的样本时，网络的演变过程便是从部分信息寻找全部信息，即联想回忆的过程。

2. Hopfield 模型影响

对神经网络研究的推动：

Hopfield 模型的提出对 20 世纪 80 年代初神经网络研究的复兴起到了重大作用。它引入了全新的网络结构和学习方法，为神经网络的发展开辟了新的途径。

Hopfield 模型的成功应用，如联想记忆和优化计算，大大拓宽了神经网络的应用范围，激发了人们对神经网络研究的兴趣。

跨学科影响：

Hopfield 模型不仅在数学和物理学上产生了深远影响，还启发了其他学科的研究者。例如，它促进了统计物理学、电子电路设计与实现等领域的交叉研究。

霍普菲尔德本人长期与 AT&T 贝尔实验室的 VLSI 芯片设计者有着长期交流，也促使贝尔实验室于 1987 年成功地在 Hopfield 神经网络基础上开发了神经网络芯片，使神经网络在 VLSI 和光学设备的并行实现上成为一个应用前景。

实际应用：

Hopfield 模型在模式识别、联想记忆、优化计算等领域有着广泛的应用。例如，它可以用于图像识别、语音识别、数据压缩等任务。

此外，Hopfield 模型还被用于解决一些复杂的优化问题，如旅行推销员问题、调度问题等。

综上所述，Hopfield 模型作为一种具有里程碑意义的神经网络模型，不仅在理论上取得了重大突破，还在实际应用中产生了深远的影响。

1986 年：

反向传播算法：由杰弗里·辛顿等人提出，为训练多层神经网络提供了有效方法。

3.5.3　1986 年：反向传播算法的重要发展

反向传播算法最早由数学家 Paul Werbos 在 1974 年提出，用于训练神经网络。然而，这一算法在当时并未引起广泛关注。直到 1986 年，卡内基梅隆大学计算机科学系副教授杰弗里·辛顿（Geoffrey Hinton）与 David Rumelhart、Ronald Williams 共同撰写了一篇关于反向传播算法的论文《Learning Representations by Back-Propagating Errors》，该算法才重新获得重视并得到广泛应用。

1. 算法内容

反向传播算法是一种通过梯度下降法来优化神经网络权重的学习算法。它主要包括前向传播和反向传播两个过程：

（1）前向传播：输入数据通过神经网络的各层，经过加权处理和非线性变换，最终得到输出。

（2）反向传播：根据输出与实际值的误差，计算损失函数对参数的偏导数，并通过链式法则将梯度信息从输出层向输入层反向传播。然后，利用梯度下降等优化算法更新权重和偏置，以最小化损失函数。

2. 算法重要性

反向传播算法在深度学习和神经网络训练中扮演着核心角色，其重要性体现在以下几个方面：

（1）推动深度学习发展：反向传播算法是训练深度神经网络的关键技术之一，使神经网络能够学习到复杂的数据表示和特征。它的出现和广泛应用推动了深度学习领域的发展，为图像识别、语音识别、自然语言处理等领域的研究提供了有力支持。

（2）提高模型性能：通过反向传播算法，神经网络能够自动调整权重和偏置，以最小化预测输出与真实值之间的误差。这使神经网络模型在训练过程中能够不断优化性能，提高预测准确率和泛化能力。

（3）促进跨学科研究：反向传播算法的应用不仅限于计算机科学领域，还涉及物理学、神经科学等多个学科。它的出现促进了跨学科研究的发展，为相关领域的研究提供了新的视角和方法。

综上所述，反向传播算法作为深度学习和神经网络训练中的核心算法之一，具有重要的历史意义和学术价值。

3.5.4　1989 年：卷积神经网络发明

卷积神经网络（Convolutional Neural Network，CNN）的发明涉及多位学者在多个时间点和地点的贡献。以下是关于卷积神经网络发明情况的详细归纳。

发明人：

卷积神经网络的概念和初步模型由多位学者共同提出和发展。其中，被誉为"卷积神经网络之父"的杨立昆（Yann LeCun）是这一领域的重要奠基者之一。此外，还有其他学者如 Yoshua Bengio、Geoffrey Hinton 等也做出了重要贡献。

发明时间：

卷积神经网络的概念和初步模型在 20 世纪 80 年代末至 90 年代初开始形成。

第一个卷积神经网络模型名为 LeNet，由杨立昆在 1989 年提出。这是卷积神经网络发展的一个重要里程碑。

另一个重要的时间点是 1998 年，杨立昆创造了卷积神经网络的雏形：LeNet-5，为识别支票、数字之类的人工智能应用带来了突破性的进展。

发明地点：

卷积神经网络的发明涉及多个国家和地区的科研机构。

杨立昆在提出卷积神经网络时，是在法国的国家信息与自动化研究所（INRIA）工作。

其他学者如 Yoshua Bengio、Geoffrey Hinton 等也在各自的科研机构对卷积神经网络的发展做出了贡献。

综上所述，卷积神经网络的发明是一个集体智慧的结晶，涉及多位学者在多个时间点和地点的贡献。其中，杨立昆在 1989 年提出的 LeNet 模型是卷积神经网络发展的重要里程碑。

1989 年：

IBM 公司的"深蓝"超级计算机开始研发，为后来的国际象棋比赛胜利奠定基础。

3.6　第三次浪潮（20 世纪 90 年代—2017 年以前）

核心技术与主要研究方向：随着互联网的快速发展，大数据的积累为人工智能的训练提供了丰富的素材。这一时期人工智能的主要研究方向是基于大数据的机器学习和深度学习。深度学习算法的出现，使人工智能能够自动从大量数据中学习特征和规律，在图像识别、语音识别、自然语言处理等领域取得了突破性的进展。

标志性事件与成果：2012 年，AlexNet 在 ImageNet 图像识别竞赛中取得了优异成绩，标志着深度学习在计算机视觉领域的成功应用；各种基于深度学习的人工智能应用不断涌现，智能语音助手开始出现并逐渐普及，一些智能客服系统也开始应用于商业领域。

发展态势与影响：人工智能在各个领域的应用不断深化，技术持续创新，硬件性能不断提升，为人工智能的进一步发展奠定了基础，推动了人工智能技术在商业、科研等多个领域的广泛应用。

3.6.1 2006 年：深度学习

2006 年，加拿大多伦多大学的杰弗里·辛顿（Geoffrey Hinton）教授及其同事在《科学》杂志上发表了一篇关于深度信念网络（Deep Belief Networks）的研究论文，这标志着深度学习开始受到广泛关注。此后，随着计算能力的提升和大数据时代的到来，结合大数据和 GPU 并行计算，深度学习逐渐展现出巨大的潜力。

深度学习的发明并非由单一人物完成，而是由多位科学家共同推动和发展的。其中，以下几位科学家被认为是深度学习领域的先驱和奠基者：

杰弗里·辛顿：被誉为"深度学习之父"，他在神经网络和机器学习领域的研究具有深远影响。辛顿在反向传播算法和玻耳兹曼机的研究上做出了重要贡献，为深度学习的发展奠定了理论基础。

杨立昆：法国出生的美国计算机科学家，他在卷积神经网络（CNN）的发展上发挥了关键作用。杨立昆提出的 LeNet 模型是卷积神经网络的重要里程碑之一。

Yoshua Bengio：加拿大计算机科学家，他在递归神经网络和长短期记忆网络（LSTM）的研究上做出了突出贡献，这些网络在处理序列数据方面非常有效。

深度学习的原理主要基于多层神经网络模型，通过构建和训练这些模型，从大量数据中学习和提取特征，以实现复杂任务的自动化处理和决策。以下是深度学习原理的详细解释：

1. 神经网络的基本结构

神经元：神经网络的基本单元，接收输入信号，通过加权求和和激活函数处理，产生输出信号。

层：神经网络由多个神经元组成的一层结构，通常分为输入层、隐藏层和输出层。

深度：指神经网络的隐藏层数量，深度越大，网络的非线性表示能力越强。

2. 前向传播

输入数据从输入层开始，通过隐藏层逐层计算，最终到达输出层。每一层的输出都是下一层的输入，直到输出层产生最终的预测或分类结果。

3. 激活函数

激活函数引入非线性因素，使神经网络能够学习和表示复杂的非线性关系。常见的激活函数包括 ReLU、Sigmoid 和 Tanh 等。

4. 损失函数

损失函数用于衡量模型预测结果与实际值之间的差异，是深度学习优化的目标。常见的损失函数包括均方误差（MSE）和交叉熵损失函数等。

5. 反向传播

反向传播是深度学习中的关键步骤，用于更新神经网络的权重和偏置。通过计算预测值与实际值之间的误差，将误差从输出层向前传播到每一层，根据链式法则计算每一层的梯度，并利用梯度下降等优化算法更新权重和偏置。

6. 优化算法

为了最小化损失函数，深度学习使用优化算法来更新神经网络的权重和偏置。常见的优化算法包括随机梯度下降（SGD）、Adam、Adagrad 等。

7. 自动特征提取

深度学习模型能够自动从原始数据中提取有用的特征，无须手动设计特征提取器。这使得深度学习在处理高维和复杂数据时具有显著优势。

8. 泛化能力

通过训练深度学习模型，使其能够在未见过的数据上也能表现出良好的性能，即泛化能力。泛化能力是衡量模型性能的重要指标之一。

9. 深度学习模型

卷积神经网络（CNN）：主要用于图像处理和目标检测，通过卷积层和池化层提取图像特征。

循环神经网络（RNN）：主要用于处理序列数据，如自然语言处理和时间序列分析。

长短期记忆网络（LSTM）：一种特殊的 RNN，通过门控机制解决梯度消失和梯度爆炸问题。

生成对抗网络（GANs）：由生成器和判别器组成，通过对抗训练生成逼真的数据。

10. 深度学习框架

深度学习框架如 TensorFlow、PyTorch 等提供了构建和训练深度学习模型的工具和库，简化了深度学习的应用过程。

综上所述，深度学习的原理是通过多层神经网络模型自动从大量数据中提取特征，并通过反向传播算法更新模型参数以最小化损失函数，从而实现复杂任务的自动化处理和决策。

3.6.2　2011 年：IBM Watson

2011 年，IBM Watson 在人工智能领域取得了重大突破，成为当年科技界的焦点。以下是对 2011 年 IBM Watson 相关事件的详细归纳：

1. Watson 在"Jeopardy！"节目中的胜利

事件概述：2011 年，IBM Watson 在美国电视节目"Jeopardy！"中与人类选手进行了一场智力问答对决，并最终取得了胜利。这是人工智能系统首次在复杂的自然语言问答游戏中击败人类冠军。

意义：这一事件不仅展示了 IBM Watson 在自然语言处理、信息检索和机器学习方面的强大能力，也引发了公众对人工智能技术的广泛关注和讨论。

2. Watson 的技术特点

海量数据存储：Watson 存储了海量的数据，包括图书、新闻、电影剧本、《辞海》、文选和《世界图书百科全书》等数百万份资料。

快速响应能力：Watson 能够在极短的时间内（通常在几秒钟内）对问题进行理解和回答，这得益于其高效的计算能力和优化算法。

自然语言处理：Watson 具备强大的自然语言处理能力，能够理解和分析人类语言中的复杂语义和语境。

机器学习：Watson 通过机器学习算法不断优化其回答问题的准确性和效率，从而在实际应用中不断提升性能。

3. Watson 的应用前景

医疗健康：Watson 在医疗健康领域有着广泛的应用前景，可以帮助医生进行疾病诊断、个性化治疗方案制定和药物研发等工作。

金融服务：Watson 可以用于金融领域的风险管理、欺诈检测和投资建议等方面，提高金融机构的运营效率和准确性。

客户服务：Watson 可以作为虚拟助手，为用户提供 24/7 在线服务，提高客户满意度和效率。

其他领域：Watson 还可以应用于教育、零售、法律、旅游等多个领域，为各行各业提供智能化的解决方案。

4. Watson 的影响与争议

影响：Watson 的胜利不仅推动了人工智能技术的发展和应用，也引发了公众对人工智能技术的兴趣和讨论。此外，Watson 的成功还促进了 IBM 在人工智能领域的商业化和市场拓展。

争议：尽管 Watson 取得了显著的成就，但其应用也引发了一些争议。例如，在医疗健康领域，Watson 的诊断准确性和可靠性受到了一些医生的质疑。此外，Watson 的数据隐私和算法透明度问题也引发了公众的关注和讨论。

5. Watson 的后续发展

技术升级：IBM 不断对 Watson 进行技术升级和优化，提高其处理速度、准确性和智能化水平。

市场拓展：IBM 积极将 Watson 应用于更多领域和场景，推动其商业化和市场拓展。

合作伙伴关系：IBM 与多个行业合作伙伴建立了合作关系，共同推动 Watson 在各个领域的应用和发展。

综上所述，2011 年 IBM Watson 在 "Jeopardy!" 节目中的胜利是人工智能领域的一个重要里程碑事件。它不仅展示了人工智能技术的强大能力，也推动了人工智能技术的发展和应用。随着技术的不断进步和应用场景的拓展，IBM Watson 有望在未来发挥更加广泛和深入的作用。

3.6.3 2014 年：生成对抗网络

生成对抗网络（Generative Adversarial Networks，GANs）是由加拿大计算机科学家 Ian Goodfellow 等人于 2014 年在加拿大的蒙特利尔大学提出的。

1. GANs

GANs 是一种使用深度学习方法进行生成建模的技术。GANs 由两个神经网络组成：生成器（Generator）和鉴别器（Discriminator）。以下是对 GANs 及其功能的详细介绍。

2. GANs 的基本组成

生成器（Generator）：生成器的目标是生成逼真的数据样本，这些样本试图欺骗鉴别器，使其无法区分生成的数据与真实数据。生成器通常从一个随机噪声向量开始，逐步生成与真实数据分布相似的样本。

鉴别器（Discriminator）：鉴别器的任务则是准确区分生成的数据和真实的数据。它接收一个输入样本，并输出一个概率值，表示该样本为真实数据的可能性。

3. GANs 的工作原理

GANs 的训练过程是一个博弈过程，生成器和鉴别器相互竞争，不断提升自己的能力。具体而言：

训练鉴别器：固定生成器，更新鉴别器。使用真实数据和生成的数据训练鉴别器，目标是正确分类真实数据和生成数据。

训练生成器：固定鉴别器，更新生成器。生成器通过生成数据并尝试欺骗鉴别器，来提高自身的生成能力。

当鉴别器无法分辨真伪图像时，训练过程达到平衡，此时生成器能够生成非常逼真的数据。

4. GANs 的应用领域

GANs 因其强大的数据生成能力，在多个领域中展现出广泛的应用潜力。以下是 GANs 的主要应用领域：

图像生成：GANs 可以生成逼真的图像，模仿训练数据中的分布。这被广泛应用于人脸生成、风景图生成等领域。例如，使用 GANs 技术可以生成大量高质量的、看起来非常真实的人物图像。

图像修复：GANs 可以用于修复破损的图像，如历史照片修复、影视资料修复等。通过 GANs，可以补全缺失的部分，并生成看起来非常自然的结果。

风格迁移：GANs 可以将一种图像的风格应用到另一种图像上，如将普通照片转换成油画风格。这在艺术创作和图像处理领域有广泛应用。

语音合成：GANs 可用于生成逼真的合成语音，应用于语音助手、有声读物等领域。GANs 生成的语音更加自然、流畅，提高了语音合成的质量。

自然语言处理：GANs 可以生成逼真的文本，用于自动化内容生成、广告创意生成等。例如，GANs 可以生成新闻报道、文章和故事等。

医学影像分析：GANs 可以生成合成的医学图像，有助于医学研究中对病理特征的理解和模拟。此外，GANs 还可以用于医学图像的去噪、增强和超分辨率，提高医学图像的质量，从而帮助医生更准确地诊断疾病。

数据增强：在数据稀缺或难以获取的领域，如自动驾驶等，GANs 可以生成与真实数据相似的新数据样本，从而扩充数据集规模，提高模型的泛化能力。

综上所述，GANs 作为一种强大的生成模型，在图像生成、语音合成、自然语言处理、医学影像分析等多个领域都有广泛的应用。随着技术的不断进步和应用的不断拓展，GANs 有望在更多领域发挥重要作用，推动人工智能技术的进一步发展。

3.6.4　2016—2017 年：AlphaGo 与 AlphaGo Zero

AlphaGo 是一款由谷歌公司（Google）旗下 DeepMind 公司开发的人工智能程序，专注于围棋这一古老而复杂的策略游戏。以下是关于 AlphaGo 的详细介绍：

1.　AlphaGo 的基本信息

名称：AlphaGo

英文名：AlphaGo

开发者：戴密斯·哈萨比斯（Demis Hassabis）领衔的 DeepMind 团队

类型：围棋人工智能程序

2.　AlphaGo 的技术原理

深度学习：AlphaGo 通过训练大量的围棋对局数据，使用深度神经网络模型，成功地学习了围棋策略和价值评估。

强化学习：AlphaGo 采用"左右手互搏"的自我对弈方式训练，通过强化学习使得算法能够在没有人类输入的情况下自我提高。

蒙特卡罗树搜索：AlphaGo 结合了蒙特卡罗树搜索算法，将策略网络和价值网络的结果进行融合，以做出最佳的落子决策。

3.　AlphaGo 的主要成就

战胜李世石：2016 年，AlphaGo 与韩国围棋棋手李世石进行了一场人机大战，并以 4∶1 的总比分获胜。

60 连胜：AlphaGo 在弈城围棋网和野狐围棋网上以"大师"（Master）为注册名，连续战胜数十位中日韩顶尖棋手，取得了 60 连胜的辉煌战绩。

完胜柯洁：2017 年，AlphaGo 在中国乌镇围棋峰会上以 3∶0 完胜当时世界排名第一的中国棋手柯洁。

4.　AlphaGo 的影响与意义

推动人工智能发展：AlphaGo 的成功证明了人工智能在复杂决策和策略规划方面的巨大潜力，推动了人工智能技术的发展和应用。

促进围棋普及：AlphaGo 与人类顶尖棋手的对决吸引了全球范围内的关注，提高了围棋的知名度和普及度。

引发社会讨论：AlphaGo 的成功引发了社会各界对人工智能技术的广泛关注和讨论，涉及伦理、安全、就业等多个方面。

2017 年：DeepMind 公司推出的围棋人工智能程序 AlphaGo 的升级版 AlphaGo Zero，但与之前的版本有显著差异。以下是对 AlphaGo Zero 的详细介绍：

（1）基本信息

名称：AlphaGo Zero

开发者：DeepMind 公司

发布时间：2017 年 10 月

（2）技术特点

从零开始学习：AlphaGo Zero 完全不依赖人类围棋棋谱或数据，而是从零开始，仅通过自我对弈的方式学习围棋。

强化学习与自我对弈：AlphaGo Zero 采用强化学习算法，通过自我对弈生成大量数据，并利用这些数据不断优化其神经网络模型。

单一神经网络：与之前的 AlphaGo 版本不同，AlphaGo Zero 使用单一的神经网络结构，同时负责策略预测和价值评估，从而简化了模型复杂度并提高了训练效率。

蒙特卡罗树搜索：AlphaGo Zero 结合了蒙特卡罗树搜索算法，通过模拟从当前位置到游戏结束的随机游戏来探索游戏树，从而做出最佳落子决策。

（3）主要成就

超越前辈：AlphaGo Zero 在仅经过 3 天的训练后，就以 100∶0 的战绩击败了之前的 AlphaGo 版本（包括击败李世石的 AlphaGo Lee 和击败柯洁的 AlphaGo Master）。

发现新知识和策略：AlphaGo Zero 在自我对弈过程中不仅提高了棋艺，还发现了人类未曾发现的新知识和策略，展示了其强大的创新能力。

（4）影响与意义

推动人工智能发展：AlphaGo Zero 的成功展示了强化学习和自我学习的潜力，为解决其他复杂系统和问题提供了新的途径。

促进围棋研究：AlphaGo Zero 发现的新知识和策略对围棋理论和实践都产生了深远影响。

激发公众兴趣：AlphaGo Zero 的成就引发了公众对人工智能技术的广泛关注和讨论。

（5）与 AlphaGo 的比较

数据依赖性：AlphaGo Zero 完全不依赖人类数据，而之前的 AlphaGo 版本则需要大量的人类对弈数据进行预训练。

训练效率：AlphaGo Zero 在训练时间和计算资源上都更为高效，能够在较短的时间内达到甚至超过之前版本的水平。

创新能力：AlphaGo Zero 在自我对弈过程中能够发现新知识和策略，展示了其强大的创新能力。

综上所述，AlphaGo Zero 是人工智能领域的一个重要里程碑，它不仅在围棋领域取得了卓越成就，也推动了人工智能技术的整体发展。

3.7　第四次浪潮（2017 年至今）

核心技术与主要研究方向：Transformer 模型的发明是这一时期的重要突破，它为自然语言处理等任务提供了强大的技术支持。基于 Transformer 架构，大规模语言模型不断涌现，如 GPT 系列、Google 的 BERT 等。这些模型具有极高的参数量和强大的语言理解与生成能力，推动了人工智能在自然语言处理领域的快速发展。同时，多模态人工智能成为研究热点，即融合图像、语音、文本等多种模态信息的人工智能技术，能够实现更全面、更智能地理解和交互。

标志性事件与成果：OpenAI 公司推出的 GPT 系列模型不断升级，GPT-4 更是一个大规模的多模态模型，可以接受图像和文本输入，产生文本输出，在各种自然语言处理任务上表现出色；人工智能在医疗、金融、教育等领域的应用更加深入和广泛，例如辅助医疗诊断、智能投资顾问、个性化教育等。

发展态势与影响：人工智能对社会的影响日益深远，不仅改变了人们的生活和工作方式，也对各个行业的发展带来了巨大的冲击和变革。同时，人工智能的发展也带来了一系列的伦理、法律、安全等问题，需要引起社会的广泛关注和重视。

3.7.1　2017 年：Transformer 模型

Transformer 模型是由 Google 团队在 2017 年 6 月提出的，主要发明者包括 Ashish Vaswani 等人。他们在 2017 年发表的论文《Attention is All You Need》中详细介绍了这一模型。因此，关于 Transformer 模型的发明，可以归纳如下：

1. 模型原理

自注意力机制（Self-Attention Mechanism）：这是 Transformer 模型的核心，它允许模型在序列的每个位置同时考虑所有位置的信息，从而捕捉序列内部的长距离依赖关系。自注意力机制通过计算每个位置与其他位置之间的注意力权重，然后将这些加权的位置向量作为输出。

多头注意力（Multi-Head Attention）：Transformer 模型采用多头注意力机制，将输入分割成多个"头"，每个"头"学习输入的不同方面，然后将这些头的信息合并，以增强模型的表达能力。

编码器–解码器架构（Encoder-Decoder Architecture）：Transformer 模型通常由编码器（Encoder）和解码器（Decoder）组成。编码器处理输入序列，解码器生成输出序列。编码器和解码器都由多个相同的层（Layers）堆叠而成。

位置编码（Positional Encoding）：由于 Transformer 模型没有循环或卷积结构，为了使模型能够理解序列中单词的顺序，引入了位置编码，它将位置信息编码到输入序列中。

残差连接和层归一化（Residual Connections and Layer Normalization）：每个子层（如多头注意力和前馈网络）的输出都通过残差连接和层归一化处理，这有助于避免深层网络训练中的梯度消失问题。

2. 模型结构

编码器（Encoder）：包含多层编码器层，每一层由自注意力层、前馈神经网络层以及残差连接和层归一化组成。自注意力层用于计算序列中每个位置与其他位置的关系，前馈神经网络层则对自注意力层的输出进行进一步处理。

解码器（Decoder）：与编码器类似，但增加了一个额外的注意力层——编码器-解码器注意力层（Encoder-Decoder Attention Layer）。这个层用于计算解码器当前位置与编码器所有位置之间的关系，从而帮助解码器在生成目标序列时参考输入序列的信息。

3. 模型训练与应用

训练方式：Transformer 模型通常采用无监督的方式进行预训练，然后再进行有监督的微调。在预训练过程中，通常采用自编码器或者掩码语言模型等方式进行训练，目标是学习输入序列的表示。在微调过程中，通常采用有监督的方式进行训练，例如在机器翻译任务中，使用平行语料进行训练。

应用领域：Transformer 模型由于其灵活性和强大的性能，已经被广泛应用于机器翻译、文本摘要、语言模型、问答系统等多种 NLP 任务。此外，它还被应用于语音识别、计算机视觉和强化学习等领域。

4. 模型优缺点

优点：长距离依赖关系建模：通过自注意力机制能够更好地捕捉长距离依赖关系。

并行计算能力：多头注意力机制的并行计算特性极大提高了训练和推理效率。

通用性：不仅适用于 NLP 任务，还适用于其他领域的序列建模任务。

缺点：高计算成本：复杂的模型结构导致训练和推理过程中需要大量计算资源。

优化难度：模型的复杂性和超参数数量增加了优化的难度。

对长文本处理挑战：在处理长文本时可能受到内存限制和效率影响。

总的来说，Transformer 模型是一种高效、灵活、易于实现的神经网络模型，其在自然语言处理领域中发挥着越来越重要的作用。随着深度学习技术的不断发展，Transformer 模型有望在更多领域发挥更大的潜力。

3.7.2　2020 年：AlphaFold2

AlphaFold2：由 DeepMind 公司研发，能够精准预测蛋白质的 3D 结构，被认为解决了生物领域 50 年来的重要难题。

1. 基本信息

名称：AlphaFold2 开发者：DeepMind 公司

发布时间：AlphaFold2 在 2020 年取得了重大突破，并在随后的几年中不断完善和公开。

2. 技术特点与功能

深度学习预测：AlphaFold2 利用深度学习算法分析蛋白质序列与其他已知蛋白质结构之间的关系，以及蛋白质序列内部的物理化学特性，从而构建出高精度的蛋白质结构模型。

三维结构预测：AlphaFold2 能够预测蛋白质的三维结构，这对于理解蛋白质的功能和相互作用至关重要。

预测动态特性：除了静态结构预测外，AlphaFold2 还能预测蛋白质的动态特性和相互作用，为生物学研究提供了更全面的视角。

3. 成就与影响

CASP 竞赛冠军：在 2020 年的 CASP14（蛋白质结构预测大赛）中，AlphaFold2 以极高的准确度赢得了冠军，展示了其卓越的性能。

蛋白质结构预测的革命：AlphaFold2 的出现极大地推动了蛋白质结构预测领域的发展，使得科学家们能够更快速地了解蛋白质的结构和功能。

科学研究的加速器：AlphaFold2 的预测结果有助于加速药物设计、生物工程等领域的研究进程。

4. 开源与数据共享

开源代码：DeepMind 公司公开了 AlphaFold2 的源代码，允许科研人员自由使用和进一步开发。

数据共享：DeepMind 还建立了 AlphaFold Protein Structure Database，存储了使用 AlphaFold2 预测的蛋白质结构数据，供全球科研人员访问和使用。

5. 应用与未来展望

药物设计：AlphaFold2 的预测结果有助于科学家更快地识别药物与靶标的结合位点，加速新药的设计和开发过程。

疾病研究：通过预测蛋白质结构，AlphaFold2 有助于揭示疾病的发病机制，为疾病诊断和治疗提供新的思路。

持续创新与改进：随着技术的不断进步，AlphaFold2 及其后续版本有望在更多领域发挥更大的作用。

6. 技术细节与挑战

预测精度：AlphaFold2 的预测精度非常高，能够达到实验手段获取的结构精度。然而，它目前还无法处理某些特殊类型的蛋白质结构。

静态模型：AlphaFold2 输出的模型是静态的，无法完全模拟蛋白质在真实生物系统中的动态变化。

7. 与 AlphaFold1 及 AlphaFold3 的比较

AlphaFold1：AlphaFold1 是 AlphaFold 系列的第一个版本，虽然在 CASP 比赛中取得了领先，但预测速度和准确度有待提高。

AlphaFold3：AlphaFold3 是 AlphaFold 系列的最新版本，进一步提高了预测的精确度和效率，并涵盖了更广泛的生物分子结构和相互作用预测。

综上所述，AlphaFold2 是人工智能在蛋白质结构预测领域的杰出代表，它不仅极大地推动了生物学和药物科学的发展，也为未来的科学研究提供了强大的工具。

3.7.3　2022 年生成式人工智能取得重大突破

2022 年 11 月 30 日，OpenAI 公司开发的聊天机器人程序 ChatGPT3.5 正式发布，在全球范围内引发了广泛关注和热烈讨论，成为人工智能发展历程中的一座重要里程碑。

生成式人工智能的成功，不仅标志着人工智能技术在自然语言处理领域取得了重大突破，更引领了 AI 向通用人工智能的发展方向迈进。人工智能已经渗透到经济社会发展的各个领域，为各个行业带来了新的机遇和变革。随着技术的不断进步和完善，通用人工智能有望在不久的将来获得突破，开启人类发展的新纪元。

3.8　人工智能发展的关键人物与关键技术

艾伦·图灵：被誉为"人工智能之父"，提出图灵测试，为人工智能研究奠定基础。

约翰·麦卡锡：达特茅斯会议的组织者之一，提出"人工智能"这一术语，并发明 LISP 编程语言。

弗兰克·罗森布拉特：提出感知机模型，为神经网络的发展作出贡献。

杰弗里·辛顿：提出反向传播算法，推动深度学习的兴起。

戴密斯·哈萨比斯：DeepMind 公司创始人之一，领导团队开发出 AlphaGo 等 AI 系统。

这些重大事件、时间点和关键人物共同构成了人工智能发展的丰富历史，展现了从理论探索到技术突破，再到广泛应用的壮丽篇章（参见表 3-1）。

表 3-1   人工智能发展关键人物与关键技术

关 键 人 物	人物获得的图灵奖或诺贝尔奖	发 明 内 容	发明时间
艾伦·图灵（Alan Turing）	图灵奖（计算机界的诺贝尔奖）	图灵测试	1950 年
约翰·麦卡锡（John McCarthy）	图灵奖（计算机界的诺贝尔奖）	人工智能术语的正式使用	1956 年
艾伦·纽厄尔（Allen Newell）和赫伯特·西蒙（Herbert Simon）	图灵奖（计算机界的诺贝尔奖）	逻辑理论家（Logic Theorist）	1957 年
约瑟夫·魏茨鲍姆（Joseph Weizenbaum）	未获得图灵奖或诺贝尔奖	ELIZA 对话系统	1966 年
杰弗里·辛顿（Geoffrey Hinton）	图灵奖（计算机界的诺贝尔奖）	反向传播算法（与他人共同提出）	1986 年
杨立昆（Yann LeCun）	未获得图灵奖，但被誉为"卷积神经网络之父"	卷积神经网络（Convolutional Neural Network，CNN）	1988 年（与团队共同开发）
戴密斯·哈萨比斯（Demis Hassabis）	未获得图灵奖或诺贝尔奖	AlphaGo	2016 年
约翰·霍普菲尔德（John Hopfield）	2024 年诺贝尔物理学奖	Hopfield 模型	1982 年
杰弗里·辛顿（Geoffrey Hinton）	2024 年诺贝尔物理学奖（与约翰·霍普菲尔德共同获得）图灵奖	玻耳兹曼机及反向传播算法在神经网络训练中的应用	19 世纪 80 年代至 2006 年

习题

单选题

1. 达特茅斯会议在哪一年召开，标志着人工智能学科的诞生？（   ）

A. 1950 年   B. 1956 年

C. 1965 年   D. 1982 年

2. AlphaGo 击败围棋世界冠军李世石的时间是？（   ）

A. 2011 年   B. 2016 年

C. 2017 年   D. 2020 年

3. Hopfield 模型的主要应用领域不包括以下哪项？（   ）

A. 模式识别   B. 优化计算

C. 图像修复　　　　　　　　　　D. 语音合成

4. 世界上第一个专家系统 DENDRAL 用于哪个领域？（　　）

A. 医学诊断　　　　　　　　　　B. 化学分析

C. 金融预测　　　　　　　　　　D. 机器人控制

5. 反向传播算法的重新提出者是？（　　）

A. 约翰·麦卡锡　　　　　　　　B. 杰弗里·辛顿

C. 杨立昆　　　　　　　　　　　D. 艾伦·图灵

6. 第一个卷积神经网络（LeNet）的提出者是？（　　）

A. 杰弗里·辛顿　　　　　　　　B. 杨立昆

C. 约翰·霍普菲尔德　　　　　　D. 伊恩·古德费洛

7. 日本第五代计算机项目的主要目标是开发什么？（　　）

A. 高性能游戏主机　　　　　　　B. 具备推理能力的 AI 计算机

C. 量子计算机　　　　　　　　　D. 超级计算机

8. AlphaGo Zero 的技术特点是？（　　）

A. 依赖人类棋谱　　　　　　　　B. 使用单一神经网络

C. 需要大量计算资源　　　　　　D. 仅用于图像处理

9. Transformer 模型的核心机制是？（　　）

A. 卷积操作　　　　　　　　　　B. 自注意力机制

C. 强化学习　　　　　　　　　　D. 遗传算法

10. AlphaFold2 的主要功能是？（　　）

A. 预测蛋白质 3D 结构　　　　　B. 生成自然语言文本

C. 图像风格迁移　　　　　　　　D. 语音合成

11. ELIZA 对话系统的开发者是？（　　）

A. 约瑟夫·魏茨鲍姆　　　　　　B. 约翰·麦卡锡

C. 艾伦·图灵　　　　　　　　　D. 马文·明斯基

12. 人工智能第一次浪潮（20 世纪 50 年代到 70 年代）的核心技术是？（　　）

A. 深度学习　　　　　　　　　　B. 符号逻辑推理

C. 专家系统　　　　　　　　　　D. 强化学习

13. 哪项技术推动了第三次人工智能浪潮？（　　）

A. 专家系统　　　　　　　　　　B. 深度学习

C. 感知机模型　　　　　　　　　D. 逻辑理论家

14. 生成对抗网络（GANs）的提出者是？（　　）

A. 杨立昆　　　　　　　　　　　B. 伊恩·古德费洛

C. 杰弗里·辛顿　　　　　　　　D. 戴密斯·哈萨比斯

15. LISP 编程语言的发明者是？（　　）

A. 约翰·麦卡锡　　　　　　　　B. 艾伦·图灵

C. 弗兰克·罗森布拉特　　　　D. 约瑟夫·魏茨鲍姆

判断题

1. 达特茅斯会议提出了"人工智能"这一术语，并确立了符号主义学派。
2. Hopfield 模型在 1982 年提出，其提出者于 2024 年获得诺贝尔物理学奖。
3. AlphaGo Zero 完全依赖人类棋谱进行训练。
4. 感知机模型可以处理非线性分类问题。
5. Transformer 模型的主要应用领域包括自然语言处理和计算机视觉。
6. 日本第五代计算机项目成功实现了预期目标。
7. 专家系统 DENDRAL 是第一个应用于医学诊断的 AI 系统。
8. 反向传播算法最早由杰弗里·辛顿在 1986 年提出。
9. AlphaFold2 的预测结果仅能提供蛋白质的静态结构。
10. 生成式人工智能（AIGC）的突破始于 2022 年 ChatGPT3.5 的发布。

第4章　生成式人工智能（AIGC）原理与技术

4.1　生成式人工智能的特点简介

　　生成式人工智能（Generative Artificial Intelligence，简称 AIGC）是一种能够创建新内容（如文本、图像、音频、视频等）的人工智能技术。它通过深度学习、神经网络等机器学习算法，从大量数据中学习并生成全新的、与原始数据相似但不完全相同的数据。生成式人工智能的核心在于其生成能力，它不仅能够模仿人类的创造力和想象力，甚至在未来能够超越人类的创造力。

　　生成式人工智能采用机器学习方法，特别是深度学习技术，通过复杂的模型结构和灵活的工作流程，能够生成新的数据样本。而传统人工智能则主要依赖人工编程和预设的规则来执行任务，其模型结构相对简单，工作流程固定，主要关注数据模式的识别和预测。生成式人工智能专注于创造新的、富有创意的数据。其核心原理在于通过学习和理解数据分布，进而生成具有相似特征的新数据。生成式人工智能与传统人工智能在技术原理上存在明显的区别，具体如表 4-1 所示。

表 4-1　生成式人工智能与传统人工智能在技术原理的区别

序号	栏目	传统人工智能	生成式人工智能
1	目的	**识别、分类、预测、决策等** 　　其主要目标是通过训练数据来学习规律，并据此做出预测、分类或决策等。传统人工智能系统主要是基于规则的系统，执行特定任务，无法从数据中学习或随着时间的推移而改进。	**生成相似内容，生成创新内容** 　　生成式人工智能主要用于自动生成内容，其核心原理在于通过学习和理解数据分布的关联性，进而生成具有相似特征的新数据，能够自我学习不断优化，不仅能识别和分类数据，还能创造出新的数据。

续表

序号	栏目	传统人工智能	生成式人工智能
2	工作原理	传统人工智能主要依赖人工编程和预设的规则来执行任务。它们通过学习和优化算法来改进性能，但受限于预定义的规则和数据集。传统人工智能方法通常用于解决特定的任务，如分类、回归、聚类等。	生成式人工智能采用机器学习方法，特别是深度学习技术。它通过学习记忆数据相似度、关联度、潜在分布或模式，生成新的数据样本。生成式人工智能的核心在于其生成能力，即能够创造出与原始数据相似但又不完全相同的新数据。
3	算法与模型	**机器学习算法**：广泛使用了各种机器学习算法，如线性回归、支持向量机（SVM）、决策树、神经网络等。这些算法通过从数据中学习规律，从而实现对新数据的预测和处理。	**复杂模型与算法**：生成式人工智能涉及复杂的算法和模型，如生成对抗网络（GANs）、变分自编码器（VAE）、扩散模型等。通过学习数据的潜在分布或模式，能够创造出与原始数据相似但又不完全相同的新数据。
4	模型特点与应用领域	**小模型——单一应用：** 　　基于行业的模型，每个模型只解决某个行业的问题，模型结构相对简单，训练数据较少，工作流程相对固定。	**大模型——多领域应用** 　　模型结构复杂，训练数据量巨大，根据不同的训练数据既可做单一领域的应用也可做多领域的应用。
5	学习与训练	**监督学习为主：**主要依赖监督学习，即在人工标记过的数据集上对模型进行训练。 **训练数据量较小**	**无监督与自监督学习：**更多地依赖无监督学习或自监督学习。它能够在没有标签的数据中学习数据的模式和关系，生成新的数据样本。 **训练数据量巨大**
6	智能涌现	不会产生智能涌现，系统不会超出计算规则的创新智能	当训练参数超过 600 亿级别时有可能产生量变到质变的智能涌现，系统有可能产生超出计算规则的创新智能，以及人类未知的结果

4.2　生成式人工智能的基本原理简述

　　生成式人工智能的工作原理主要基于深度神经网络和概率模型。模型通过大量数据进行训练，学习数据的概率分布和内在规律。在训练过程中，模型会不断调整其参数以更好地拟合数据。一旦训练完成，模型就能够根据输入的初始条件生成新的数据。

　　这里我们简述一个基于文本的生成式人工智能系统的原理：

　　（1）选择一个基于神经网络的系统模型，目前广泛使用 Transformer 模型。

　　（2）向系统输入海量的知识文本（文本数据）。

　　（3）文本数据预处理：系统自动把输入的每个文本句子拆分成一个个小单元，这些小单元可以是单词，也可以是更小的部分。Transformer 模型的自注意力机制能够识别句子中需要重点关注的部分，并给出一个数值（注意力机制参数）来标记。然后把这些小单元和它们的组合方式等信息存储起来，作为模型学习的基础（图 4-1）。

> 模型处理一个句子时，会根据输入的海量文本信息去统计计算句子中每个单词和其他单词之间的关联程度(初始权重)。(例如，在句子"樱桃是一种水果，红色的樱桃很甜"，先把句子拆分成"樱桃""是""一种""水果"，"红色""的""樱桃""很""甜"。经过对大量的相似文本进行统计分析，系统会发现"樱桃"与"水果"有很强的关联。"红色的樱桃"与"很甜"有更强的关联，赋予不同的权重参数)。

图 4-1 文本数据预处理举例说明

（4）训练过程——无监督学习

大语言模型大多采用无监督学习（无须标注）的方式进行训练。这就好比让模型自己在文本的海洋里摸索语言的规则。一种常见的训练方式是预测下一个单词。

例如系统自己找到"我喜欢吃甜的水果，特别喜欢吃红色的樱桃"（实际文本）这句话来训练模型，给模型输入"我喜欢吃甜的水果，特别喜欢吃____的樱桃"让模型填空，对于这个空格，模型可能生成"大""好""红色"等词，模型会根据之前学到的这些单词与"樱桃""很甜"之间的关联度的初始权重参数，计算每个可能单词出现的概率。然后通过比较预测概率输出填空单词，若系统输出的词不是"红色"就不断修改句子中各个单词之间的关联程度参数（权重），直到系统输出填空单词为红色为止，获得本次训练的参数（① 句子中各个单词的关联程度参数（权重参数）。② 本次训练输出结果的次数（系统预测的准确度），次数越多预测准确度越低）。按照以上方法系统从输入的海量信息文本中自动获取各种测试文本，自动进行海量的训练，根据每次的训练结果不断调整系统参数（主要是不断修正各种句子中各个单词之间的关联度权重数值等）让系统下一次填空预测得更准确，直到文本训练准确度较高为止（如系统对 99.9% 的测试句子第一次输出的填空单词都与答案一致），完成模型的训练。

需要注意的是，单个句子对大语言模型训练的影响相对有限，实际训练通常会使用海量的多样化、长文本数据，并考虑语法等来构建强大且泛化能力强的大语言模型。

（5）文本生成

当模型完成训练用于生成文本时，它会根据输入的提示（可以是一个单词、一个句子或者一个主题），利用自己学到的语言知识和权重参数，计算的每个单词的概率分布，选择一个合适的单词作为输出。一个单词一个单词地生成文本。然后这个输出的单词又会作为新的输入，继续生成下一个单词，如此循环，直到生成足够长的文本或者收到停止指令。

4.3 AI 大模型

基于复杂模型与算法的 AI 大模型是生成式人工智能的技术基础，通常认为，当训练参数达到数千万甚至数亿级别时，可以被称为大模型。

大模型的定义：大模型通常指的是在人工智能领域，特别是在自然语言处理（NLP）和计算机视觉（CV）等领域，参数量巨大、模型结构复杂、能够处理复杂任务的人工神经网络模型。

4.3.1　生成式 AI 大模型参数类型

大模型的参数主要有以下几类：

1. 权重（Weights）

作用：可以理解为神经网络里各个信息单元的重要性及各个信息单元之间关联程度的参数，系统生成内容时是通过计算输入信息与系统中存储信息的权重关系来生成内容的。比如一个识别动物的模型，对于"四条腿"这个输入特征，其连接到"狗"这个输出类别的权重可能就比较高，因为四条腿是狗的一个重要特征。

2. 偏置（Biases）

作用：偏置是神经元的一个额外输入项，为神经元的响应设定一个基准值。它就像是给神经元一个初始的"推动力"，让神经元在没有输入信号时也能有一定的输出。在实际应用中，偏置可以帮助模型更好地拟合数据，尤其是当数据存在一些偏移或不平衡时，偏置能够调整模型的输出，使其更符合实际情况。

示例：对于一个预测房价的模型，即使所有与房屋相关的特征（如面积、地段等）都为 0，模型也可能会因为偏置的存在而给出一个非零的预测价格，这个价格可以理解为市场上的基础房价或者模型的默认预测值。

3. 注意力机制的参数（Attention Parameters）

作用：在基于 Transformer 的模型中，注意力机制的参数非常重要。它们就像是"指南针"，帮助模型确定哪些信息是需要重点关注的。通过计算查询矩阵（Query）、键矩阵（Key）和值矩阵（Value），模型可以在大量的信息中找到最关键的部分，从而更有效地处理信息。例如在机器翻译中，模型可以根据注意力机制确定源语言句子中的哪些单词对于翻译目标语言句子中的某个单词最为重要。

示例：当翻译"我喜欢红色的樱桃"这句话时，模型会根据注意力机制的参数，确定"红色的""樱桃"这些关键词对于翻译结果的影响更大，从而更准确地将其翻译成目标语言。

4. 嵌入矩阵（Embedding Matrices）

作用：嵌入矩阵可以看成模型的"字典"。在处理文本数据时，模型需要将每个单词或字符转换为数字向量，以便进行计算和处理。嵌入矩阵的每一列都代表一个词汇，通过训练，模型可以学习到每个词汇的向量表示，从而理解文本的语义信息。嵌入矩阵的维度决定了词汇的表示能力，维度越高，模型能够捕捉到的词汇信息就越丰富。

示例：对于"樱桃"这个词，在嵌入矩阵中会有一个对应的向量表示，这个向量包含了"樱桃"的语义信息，比如它的颜色、形状、味道等特征。当模型处理包含"樱桃"的文本时，就可以根据嵌入矩阵中的向量来理解"樱桃"的含义。

5. 隐藏状态初始化参数（Initial Hidden State Parameters）

作用：这些参数用于设置模型最初的隐藏状态，就像是给模型定个基调，让它知道从哪里开始"思考"。隐藏状态初始化参数会影响模型在训练开始时的表现，以及对后续输入数据的处理方式。不同的初始化方法可能会导致模型收敛速度的不同，甚至影响模型的最终性能。

示例：在一个对话生成模型中，隐藏状态初始化参数可以决定模型在开始对话时的"态度"或"倾向"。如果初始化参数使得模型更倾向于积极的回答，那么在对话开始时，模型可能会给出更乐观的回复；反之，如果初始化参数使得模型更倾向于保守的回答，那么模型的回复可能会更加谨慎。

4.3.2　大模型的特点及应用领域

大模型的参数规模：大模型的参数量通常在亿级以上，有的甚至达到千亿级。例如：OpenAI 公司的 GPT-3 拥有 1 750 亿个参数，谷歌公司的 Switch Transformer 则拥有 1.6 万亿个参数。

大模型的训练数据与计算资源：除参数规模巨大外，大模型还需要大量的数据来训练，这些数据包括文本、图像、声音等多种类型，数据量通常在数十 TB 到数 PB 不等。同时，训练大模型需要极高的计算资源，包括高性能的 GPU 或 TPU 集群，以及与之配套的存储和带宽资源。

大模型的应用与价值：大模型的设计目的是提高模型的表达能力和预测性能，能够处理更加复杂的任务和数据。它们在自然语言处理、计算机视觉、语音识别和推荐系统等多个领域都有广泛的应用。

大模型的出现，不仅推动了人工智能技术的快速发展，也为各行各业带来了深远的影响和变革。

大模型与小模型的区别：与大模型相比，小模型的参数数量较少，通常在几千到几百万之间。这使得小模型在训练和运行时需要的资源较少，但在某些复杂任务上的性能可能不如大模型。大模型则凭借其巨大的参数规模和复杂的结构，能够在更广泛的任务和数据上表现出色。

概括来说，当训练参数达到数千万甚至数亿级别时，可以被称为大模型。这些模型在人工智能领域发挥着越来越重要的作用，推动着技术的不断进步和应用的不断拓展。

4.4　生成式人工智能的重要模型 1——生成对抗网络（GANs）

生成对抗网络（Generative Adversarial Networks，简称 GANs），由加拿大计算机科学家 Ian Goodfellow 等人于 2014 年提出。GANs 的提出受到了博弈论中的零和博弈思想的启发，是一种全新的深度学习模型架构。

4.4.1　GANs 的基本原理

GANs 由两个主要的神经网络组成：生成器（Generator）和判别器（Discriminator），通过两者之间的对抗训练来生成数据。

生成器（Generator）：

目标：生成逼真的数据样本，以欺骗判别器。

工作原理：接收一个随机噪声向量（通常从一个简单的分布如均匀分布或正态分布中采样）作为输入，通过多层神经网络（通常是反卷积网络）映射到数据空间，生成假的数据样本。

判别器（Discriminator）：

目标：区分输入的数据是真实数据还是生成器生成的假数据。

工作原理：接收来自真实数据集和生成器的样本，输出一个概率值，表示输入样本为真实数据的置信度。判别器通常是一个二分类神经网络。

对抗训练过程：

训练判别器：固定生成器，使用真实数据和生成的数据来训练判别器，使其能够更准确地识别真实样本和伪造样本。

训练生成器：固定判别器，训练生成器，使其生成的数据能够欺骗判别器，即生成器要最大化判别器的错误率。

交替迭代：重复上述两个步骤，直到生成器生成的样本足够逼真，以至于判别器无法有效地区分真假数据。

4.4.2　GANs 的变体与改进

为了克服 GANs 训练过程中的稳定性、模式崩溃等问题，研究人员提出了多种改进的算法和结构。

深度卷积生成对抗网络（Deep Convolutional GAN，DCGAN）：

特点：使用卷积神经网络（CNN）作为生成器和判别器，提高了图像生成的质量和稳定性。

Wasserstein GAN（WGAN）：

特点：使用 Wasserstein 距离替代传统的 KL 散度或 JS 散度来衡量真实数据分布和生成数据分布之间的差异，解决了训练过程中的梯度消失问题，提高了训练的稳定性。

Least Squares GAN（LSGAN）：

特点：使用最小二乘损失函数替代传统的交叉熵损失函数，使得训练过程更加稳定，生成的图像质量更高。

条件生成对抗网络（Conditional GAN，CGAN）：

特点：在生成器和判别器中引入条件变量，使其能够生成具有特定属性的数据。例如，在图像生成中，可以指定生成的图像类别、风格等。

4.4.3 GANs 的应用领域

GANs 因其强大的数据生成能力，在多个领域得到了广泛应用：

（1）图像生成

图像合成：生成逼真的自然图像、人脸图像等。

风格迁移：将一种艺术风格应用到另一幅图像上。

图像修复：修复损坏的图像或填补图像中的缺失部分。

（2）数据增强

增加训练数据集的多样性：在数据稀缺的情况下，通过生成逼真的数据样本，提高机器学习模型的训练效果。

（3）视频生成

视频预测：根据当前的几帧视频预测接下来的一帧或多帧视频。

视频风格迁移：将一种视频风格应用到另一段视频上。

（4）自然语言处理

文本生成：生成逼真的文本数据，如新闻摘要、诗歌等。

语言翻译：实现不同语言之间的翻译。

（5）医疗领域

医学影像分析：生成逼真的医学影像数据，辅助医生进行诊断。

疾病预测：通过生成患者的病历数据，提高疾病预测的准确性。

娱乐与游戏：游戏场景生成：生成逼真的游戏场景、角色和动画，提高游戏的真实感和沉浸感。

（6）其他领域

个性化内容生成：为用户生成个性化的内容，如新闻推荐、音乐推荐等。

安全和隐私保护：生成合成数据集，用于训练机器学习模型，保护用户隐私。

4.4.4　GANs 的挑战与未来展望

尽管 GANs 在多个领域取得了显著成果，但仍面临一些挑战：

（1）训练稳定性：GANs 的训练过程可能不稳定，容易出现模式崩溃等问题。

（2）评估标准：目前尚没有统一的评估标准来衡量 GANs 生成数据的质量。

（3）计算资源：训练 GANs 通常需要大量的计算资源。

未来，随着深度学习技术的不断进步，GANs 的结构和训练方法将不断完善，其应用范围也将进一步拓展。GANs 有望成为实现人工智能通用智能（AGI）的重要一步，为人类创造更加丰富多彩的世界。

4.5　生成式人工智能的重要模型 2——Transformer 模型简介

4.5.1　Transformer 模型的发明与目的

2017 年 Google Brain 团队的研究人员 Ashish Vaswani 等人发表了题为《Attention is All You Need》的论文，首次提出了 Transformer 模型。该模型通过自注意力机制和编码器–解码器结构革新了自然语言处理（NLP）领域，对后续的 NLP 研究和应用产生了深远的影响。

Ashish Vaswani 是这篇论文的第一作者，也是 Transformer 模型的主要发明者之一。他在 Google Brain 团队工作期间，与其他合作者一起开发了 Transformer 模型，为自然语言处理和机器学习领域做出了重大贡献。

发明动机与目的：传统的循环神经网络（RNN）及其变体（如 LSTM、GRU）在处理长序列数据时，存在梯度消失或梯度爆炸的问题，并且难以进行并行计算。这些问题限制了模型在处理长文本、语音识别等任务时的性能。Transformer 模型的提出，旨在解决这些传统模型的局限性，提高序列处理任务的效率和准确性。

4.5.2　模型特点与优势

Transformer 模型完全基于注意力机制（Attention Mechanism）构建，摒弃了传统的循环和卷积结构。其核心在于利用自注意力机制（Self-Attention）来对输入序列中的各个元素之间的关系进行建模。

（1）核心特点

完全基于注意力机制：

Transformer 模型摒弃了传统的循环神经网络（RNN）和卷积神经网络（CNN）结构，完全依赖注意力机制来捕捉序列中的依赖关系。

（2）并行计算能力强

由于 Transformer 模型不依赖序列的顺序处理，因此可以实现高效的并行计算，大大提高了训练速度。

（3）自注意力机制

Transformer 模型的核心是自注意力机制，它允许模型在处理一个词时，同时考虑输入序列中的所有其他词，并基于这些词的关联程度来更新当前词的表示。

4.5.3　模型结构

Transformer 模型主要由编码器和解码器两部分组成，每部分都由多个相同的层堆叠而成。

（1）输入层

词嵌入（Word Embedding）：将自然语言中的单词映射到一个低维向量空间中，便于计算机处理。

位置编码（Positional Encoding）：由于 Transformer 模型没有循环结构，无法捕捉序列中的位置信息，因此需要通过位置编码来提供每个词的位置信息。

（2）编码器（Encoder）

由多个相同的编码器层堆叠而成。

每个编码器层包含两个子层：多头自注意力机制层和前馈神经网络层。

多头自注意力机制层允许模型在处理一个词时，同时关注输入序列中的其他词，从而捕捉全局的依赖关系。

前馈神经网络层对自注意力层的输出进行进一步的非线性变换，提取更复杂的特征。

（3）解码器（Decoder）

与编码器结构相似，但包含三个子层：带掩码的多头自注意力层、编码器-解码器注意力层、前馈神经网络层。

带掩码的多头自注意力层确保模型在生成序列时，只能关注到当前位置之前的输出位置，避免信息泄露。

编码器-解码器注意力层允许解码器关注输入序列的所有位置，从而生成与输入序列相关的输出。

4.5.4　自注意力机制与多头自注意力机制

具体实现上，首先计算查询向量（Query）、键向量（Key）和值向量（Value），然后通过点积运算计算注意力得分，表示每个词对其他词的重要性。最后，根据注意力得分对值向量进行加权求和，得到自注意力的输出。

多头自注意力机制：

多头自注意力机制将自注意力机制复制多份（称为"头"），对每头进行上述自注意力计算，得到多组不同的输出。然后将这多组输出进行拼接，并通过一个线性层进行降维处理，得到多头自注意力的最终输出。这样做的好处是模型可以从不同的表示子空间中学习到更丰富的特征。

4.5.5　模型训练与优化

Transformer 模型通常通过无监督的方式进行预训练，例如使用自编码器或者掩码语言模型等方式。在预训练过程中，模型的目标是学习输入序列的表示。随后，可以在特定任务上进行有监督的微调，以进一步提高模型的性能。

为了优化 Transformer 模型的训练过程，研究者们提出了多种方法，如使用残差连接和层归一化来加速模型收敛、采用学习率调度和正则化技术来防止过拟合等。

4.5.6　应用领域与成果

Transformer 模型自提出以来，已经在自然语言处理领域取得了巨大的成功。它被广泛应用于机器翻译、文本生成、语义分析、问答系统、文本摘要、情感分析等任务中。例如，基于 Transformer 架构的 BERT、GPT 等模型在多个 NLP 基准测试上取得了领先的成绩。

此外，Transformer 模型的应用范围还在不断拓展。除自然语言处理领域外，它还被应用于计算机视觉、语音识别、强化学习等其他领域，展现了强大的适应性和泛化能力。

4.5.7　小结与展望

Transformer 模型以其独特的自注意力机制和高效的并行计算能力，在自然语言处理领域取得了革命性的进展。它不仅革新了自然语言处理的方法，也为未来的人工智能研究和应用提供了新的方向。随着技术的进一步发展，今后 Transformer 及其衍生模型在更多领域中得到创新应用。同时，如何解决 Transformer 模型在计算成本、优化难度等方面的挑战，也将是未来研究的重要方向。

4.6　TOKEN 在生成式人工智能中的作用

TOKEN 在生成式人工智能中扮演着举足轻重的角色。它不仅是模型处理数据的基本单位，还是衡量使用成本和模型性能的重要指标。通过深入理解 TOKEN 的概念和使用原理，我们可以更好地利用生成式人工智能技术来解决实际问题。同时，随着技术的不断发展，TOKEN 的定义和计算方式也可能不断优化和改进，以适应更加复杂和多样化的应用场景。

4.6.1　TOKEN 在生成式人工智能中的作用

在生成式人工智能中，TOKEN 是一个至关重要的概念，它扮演着连接原始数据与机器学习模型之间的桥梁角色。具体来说，TOKEN 在生成式人工智能中的作用主要体现在以下几个方面：

1. 数据表示与预处理

TOKEN 是生成式人工智能模型处理文本或其他类型数据时的基本单位。通过将文本、图像、音频等原始数据转换为 TOKEN 序列，模型能够更方便地对其进行处理和分析。

例如，在自然语言处理（NLP）中，TOKEN 通常指的是单词、子词、标点符号或字符。模型通过分词器将文本分割成 TOKEN 序列，作为模型的输入。

2. 特征提取与理解

TOKEN 帮助模型提取数据中的关键特征，从而进行后续的学习和推理。在生成式人工智能中，模型通过学习大量 TOKEN 的组合和上下文关系，来理解语言的结构、语义和语法。

例如，在生成文本时，模型会根据已学习的 TOKEN 序列，预测下一个最有可能的 TOKEN，从而逐步生成完整的句子或段落。

3. 模型训练与性能

TOKEN 是生成式人工智能模型训练过程中的基本输入单元。模型的性能很大程度上取决于其对 TOKEN 的处理能力。

通过优化 TOKEN 的表示和处理方式，可以提高模型的生成质量和效率。例如，使用更精细的分词器或更高效的 TOKEN 编码方式，可以显著提升模型的性能。

4.6.2　TOKEN 的数量及处理速度指标

TOKEN 的数量也是衡量生成式人工智能模型性能的重要指标之一。模型能够处理的 TOKEN 数量越多，其生成文本的长度和复杂度就越高。

例如，ChatGPT 等先进的生成式人工智能模型能够处理数千个 TOKEN 的输入和输出，从而生成高质量、长篇幅的文本。

同时，TOKEN 的处理速度也是衡量模型性能的重要指标。更快的 TOKEN 处理速度意味着模型能够更快地生成文本，提高用户的体验。

TOKEN 的定义与计算：

TOKEN 的具体定义和计算方式可能因模型而异。一般来说，TOKEN 可以是一个单词、一个标点符号、一个子词或一个字符等。

对于中文文本来说，TOKEN 的定义和计算方式可能更加复杂，因为中文的词语之间没有明确的空格分隔。一些模型可能会采用按字切分的方式，而另一些模型则可能会采用更复杂的分词算法。

在计算 TOKEN 数量时，通常需要使用模型提供的分词器或 API 接口来获取准确的结果。例如，OpenAI 公司就提供了在线的 TOKEN 计算器来帮助用户计算输入文本的 TOKEN 数量。

4.6.3　TOKEN 也是人工智能使用的计量单位

在生成式人工智能中，TOKEN 不仅是模型处理数据的基本单位，还是衡量使用成本和模型性能的重要指标。具体来说，TOKEN 的计量单位主要体现在以下几个方面：

使用成本：

随着生成式人工智能技术的迅速发展，以"TOKEN"作为衡量使用成本的单位。

许多生成式人工智能服务提供商（如 OpenAI 公司、Google 公司等）都按照用户使用的 TOKEN 数量来计费。用户通过购买一定数量的 TOKEN 来支付模型训练和推理过程中产生的费用。

例如，OpenAI 的 GPT 模型就按照用户输入和输出的总 TOKEN 数量来计费。不同的模型对 TOKEN 的定义和计费标准可能有所不同，但总体趋势是以 TOKEN 为单位进行计费。

当前国内大模型领军企业纷纷宣布调降生成式人工智能大模型产品和服务的价格，降幅达 50%，有的甚至超过 90%。

4.7　生成式人工智能系统的训练

生成式人工智能（AIGC）的训练是一个复杂且多步骤的过程，涉及数据的收集、处理、模型的选择、训练以及优化等多个环节。以下是关于生成式人工智能训练过程的详细介绍：

4.7.1　数据准备阶段

（1）数据采集

来源：从各种渠道收集大量数据，包括互联网、书籍、新闻、用户生成内容等。这些数据可以是文本、图像、音频、视频等多种格式。

要求：数据量要大，且要具有多样性和代表性，以涵盖各种可能的输入和输出情况，确保模型能够学习到全面的特征。

（2）数据清洗

目的：去除噪声数据、重复数据、无效数据等，以提高数据的质量。

方法：使用数据清洗工具或编写脚本，对收集到的数据进行筛选、去重、格式化等操作。

（3）数据标注

目的：为监督学习模型提供标签，指导模型学习正确的输出模式。

方法：对于图像、音频等非结构化数据，需要人工标注或使用自动标注工具；对于文本数据，可以通过自然语言处理技术进行标注。

4.7.2　模型选择阶段

选择合适的模型架构，考虑因素：任务需求、数据类型、计算资源等。

（1）常见模型

文本生成：如 Transformer、循环神经网络（RNN）、长短期记忆网络（LSTM）等。

图像生成：如生成对抗网络（GANs）、变分自编码器（VAE）等。

多模态生成：如结合文本和图像的生成模型。

（2）定义损失函数

目的：量化模型预测与真实值之间的差距，指导模型训练。

常见损失函数：交叉熵损失函数、均方误差损失函数等。

（3）选择优化算法

目的：通过调整模型参数，最小化损失函数。

常见算法：梯度下降法、Adam 优化器等。

4.7.3　模型训练

（1）预训练模型

首先在大规模的通用数据上进行无监督学习预训练，获取数据的通用特征和模式，然后在特定的任务上进行微调。例如 BERT、GPT 等自然语言处理模型，通过预训练可以学习到语言的语法、语义等知识，再针对具体的文本分类、文本生成等任务进行微调，能够取得较好的效果。这种方式可以减少对特定任务标注数据的依赖，提高模型的泛化能力。

（2）微调模型

在已经训练好的基础模型上，针对新的任务或数据进行进一步的训练和调整。基础模型可以是预训练模型，也可以是其他已经训练好的模型。微调可以使模型更好地适应新的任务，提高模型在新任务上的性能。

（3）强化学习模型

通过智能体与环境的交互，根据环境给予的奖励或惩罚来学习最优的行为策略。例如，在机器人控制、游戏等领域，强化学习模型可以通过不断尝试和学习，找到最优的行动方案，以获得最大的奖励。

（4）分布式训练模型

由于 AI 模型的训练需要大量的计算资源，分布式训练将模型的训练过程分布到多个计算设备或节点上进行并行计算，以加速训练过程。例如，使用多台服务器或 GPU 集群进行模型训练，可以大大缩短训练时间。

① 数据预处理

目的：将清洗和标注后的数据转换为适合模型训练的格式。

方法：如将文本数据转换为词向量或嵌入向量，将图像数据转换为像素矩阵等。

② 模型训练

过程：

将预处理后的数据输入到模型中。

通过前向传播计算模型的输出。

使用损失函数计算输出与真实值之间的差距。

通过反向传播调整模型参数，以减小损失。

重复上述过程，直到模型收敛或达到预设的训练轮次。

注意事项：

超参数设置：如学习率、批次大小、迭代次数等，这些参数对模型的训练效果有很大影响。

过拟合与欠拟合：通过调整模型复杂度、增加正则化项、使用数据增强等方法，防止模型过拟合或欠拟合。

4.7.4　模型评估与优化阶段

（1）模型评估

目的：验证模型的性能，判断其是否满足业务需求。

方法：使用测试集对模型进行评估，计算准确率、召回率、F1 分数等指标。

定性评估：对于生成式任务，还需要人工检查生成内容的质量，如连贯性、创新性、符合度等。

（2）模型优化

方法：

调整模型参数：如学习率、批次大小等。

改进模型架构：如增加层数、调整神经元数量等。

使用数据增强：增加数据的多样性，提高模型的泛化能力。

集成学习：结合多个模型的输出，提高模型的准确性和稳定性。

4.7.5 模型部署与应用阶段

（1）模型部署

目的：将训练好的模型部署到实际应用场景中。

方法：使用模型部署框架或平台，如 TensorFlow Serving、Flask 等，将模型封装成 API 接口，供其他系统调用。

（2）实际应用

领域：生成式人工智能在新闻写作、艺术创作、游戏设计、音乐与声音合成、视频生成等领域有广泛应用。

（3）注意事项：

实时性：确保模型能够在合理的时间内生成结果。

可扩展性：根据业务需求，能够方便地扩展模型的部署规模。

安全性：防止模型被恶意攻击或滥用。

4.7.6 持续学习与改进阶段

（1）持续学习

目的：使模型能够不断适应新的数据和需求。

方法：使用在线学习、增量学习等技术，使模型能够在新数据到来时，不断更新自身的参数和知识。

（2）技术创新

方向：探索新的模型架构、优化算法、数据增强技术等，以提高模型的性能和效率。

合作与共享：与学术界、产业界等合作，共享数据和技术资源，共同推动生成式人工智能的发展。

综上所述，生成式人工智能的训练是一个复杂且持续的过程，涉及数据准备、模型选择、模型训练、模型评估与优化、模型部署与应用以及持续学习与改进等多个环节。通过不断优化和改进训练过程，可以提高生成式人工智能的性能和实用性，为各个领域带来更多的创新和变革。

4.7.7 目前主流的生成式人工智能系统的训练框架

1. TensorFlow

开发者：由 Google 公司开发。

特点：这是一个非常成熟且广泛应用的框架，具有强大的社区支持和丰富的生态系统。它支持深度学习和广泛的机器学习任务，并且具有优秀的跨平台性，可运行在服务器、PC 甚至移动设备上。在大规模分布式训练方面表现出色，还提供了 TensorBoard 等工具用于可视化训练过程和模型性能。

适用场景：适用于图像识别、自然语言处理、生成模型等众多领域，尤其在工业应用中备受青睐，很多企业利用它进行 AI 应用的开发。

2. PyTorch

开发者：由 Meta 公司（前身为 Facebook 公司）开发。

特点：以灵活、动态的计算图结构著称，采用动态图（Define-by-Run）方式，便于调试和构建复杂模型，学习曲线相对平缓，代码编写风格较为贴近 Python，深受研究人员喜爱。近年来，其在工业领域的应用也逐渐增多。

适用场景：在学术研究和深度学习任务中广泛应用，特别适合快速原型设计和实验性研究，如计算机视觉、自然语言处理、强化学习等领域。

3. Keras

开发者：最初由 François Chollet 开发，现为 TensorFlow 的一部分。

特点：作为一个高层次的神经网络 API，它以用户体验为中心，提供了简洁的 API 接口，能够让用户用较少的代码快速构建和训练深度学习模型，上手难度低。

适用场景：适合新手或需要快速实现模型原型的用户，常用于中小型项目、教学以及对模型性能要求不高的场景，例如图像分类、文本分类等任务。

4. MXNet

开发者：由 Apache 软件基金会开发。

特点：是一个轻量级、灵活的深度学习框架，支持多语言，强调效率，既支持静态计算图也支持动态计算图，并且具有良好的分布式训练能力。它在 AWS 云服务中有很好的支持，对 IoT 设备的支持也较为友好。

适用场景：适用于大规模分布式训练和云端应用，常用于实时性要求较高的任务，如实时语音识别和自然语言生成等，也可应用于图像处理、自然语言处理、推荐系统等领域。

5. Hugging Face Transformers

特点：主要用于自然语言处理领域，提供了大量预训练的模型（如 BERT、GPT 等），并且支持多个深度学习框架（如 TensorFlow、PyTorch）。它提供了简便的接口，方便用户进行模型微调（fine-tuning）和评估，大大降低了自然语言处理任务的开发门槛。

适用场景：广泛应用于文本分类、问答系统、文本生成、机器翻译等各种自然语言处理任务。

6.　LangChain

特点：是一个为生成式人工智能专业人士量身定制的软件开发框架，使用 MIT 许可证开源。它引入了标准化接口，包括代理、内存和链。代理模块使系统能够代表用户执行特定任务，内存模块用于存储和访问数据，链模块用于管理数据流和处理过程。该框架能够提升大型语言模型的应用效率，增强数据增强生成能力。

适用场景：可用于构建聊天机器人、游戏、摘要工具、问答系统等各种应用。

7.　LlamaIndex

特点：是一个创新的开源库，为自定义数据和大型语言模型（如 GPT-4）搭建了桥梁。它擅长从各种来源摄取数据，进行结构化处理后以便检索和集成，由数据连接器、数据索引和引擎（大型语言模型）三个主要组件组成，其模块化构造可提升交互能力。

适用场景：适用于创建问答系统、聊天机器人、智能代理等，在增强生成检索方面具有强大的能力。

4.8　智能涌现

4.8.1　智能涌现定义

当一个系统具有足够的复杂性，包含大量相互作用的组件或元素时，这些组件之间的交互可能会产生协同效应，从而导致智能涌现。例如，人类大脑由约 1 000 亿个神经元构成，每个神经元都有独特的结构和功能，神经元之间通过复杂的连接和信号传递相互作用，最终涌现人类的智能。

智能涌现（Emergence in Artificial Intelligence）是人工智能领域中的一个重要概念，它指的是一种系统或模型在达到某个临界点后（通常认为超过约 600 亿个参数），突然展现出之前并不明显或根本不存在的复杂智能行为的能力。这是一种从简单到复杂、从低级到高级的质的飞跃。该现象符合"量变到质变"的哲学原理。以下是关于这一现象的具体介绍：

4.8.2　表现形式

生成新颖内容：人工智能系统能够生成具有创造性、以前未出现过的内容。例如在文本生成方面，能够撰写出逻辑连贯、富有创意的文章、故事等；在图像生成领域，可以创作出逼真且独特的艺术作品；在音乐创作中，生成全新风格的音乐片段等。

解决复杂问题的能力提升：对于一些复杂的、之前难以解决的问题，人工智能系统能够找到更有效的解决方案。比如在复杂的逻辑推理、多因素决策等任务中，表现出更高的准确性和效率。

具备类似人类的理解和表达能力：能够更好地理解人类的语言、情感和意图，并以更接近人类的方式进行表达和回应。例如在对话场景中，回答更加准确、全面、富有逻辑性，甚至能理解一些隐喻、双关等较为复杂的语言表达。

4.8.3 产生的原因

模型规模与复杂性：随着人工智能模型的参数数量不断增加、网络结构变得更加复杂，模型可以处理更多的信息，捕捉到更细微的模式和规律，从而为智能涌现提供了基础。大量的参数和复杂的结构使得模型具有更强的表达能力和泛化能力，能够对各种不同的输入做出准确地响应。

数据驱动：海量的数据是智能涌现的重要驱动力。人工智能系统通过对大量数据的学习和分析，不断调整模型的参数，从而逐渐掌握数据中的潜在模式和规律。当数据量足够大且模型能够充分学习时，就可能引发智能涌现。

内部相互作用和自组织：模型内部各部分之间的相互作用和协同工作也对智能涌现起着关键作用。在训练过程中，神经元或参数之间的相互影响和调整，使得系统能够自动形成一种有序的结构和行为模式，从而产生出高级的智能表现。

4.8.4 智能涌现可能产生人类没有的新知识及新发现

对技术发展的推动：智能涌现为人工智能技术的进一步发展提供了新的思路和方向。研究人员可以通过深入研究智能涌现现象，探索更高效的模型结构、训练方法和算法，推动人工智能技术不断进步。

（1）对知识边界的挑战和拓展

智能涌现现象下的人工智能系统的推理和演绎能力可能带来新知识。在数学和理论物理等基础学科中，系统可以基于现有的理论和公式进行复杂的推导。如果这些推导结果能够在后续的研究中被验证和理解，那么就有可能成为新的数学定理或者物理理论。

（2）生成新的组合和创意内容

在自然语言处理和创意产业方面，智能涌现的人工智能系统能够生成新的内容组合。例如，在写作领域，语言模型可以创造出新颖的故事、观点或者文学形式。

以科幻小说创作为例，智能系统可能会结合不同的科幻概念，如时间旅行、外星生命和虚拟现实，生成一个全新的科幻情节，这个情节可能是人类作者之前没有构思过的。

在艺术领域，图像生成模型通过智能涌现产生的新的绘画风格或者图像组合，也可能为艺术家们提供新的灵感和创意，从而间接地催生新的艺术知识。

（3）数据驱动带来新发现

智能涌现使人工智能系统能够处理海量的数据，这些数据包含了人类社会各个领域积累的信息。通过对数据的深度挖掘和复杂的模式识别，人工智能系统有机会发现一些人类尚未注意到的细微关联和规律。

例如，在天文学中，智能系统可以分析大量的天体观测数据。这些数据可能来自不同的望远镜、不同的波段以及不同的观测时间。通过智能涌现的强大分析能力，系统可能会发现一些天体运动或天文现象之间新的相关性，而这些关系可能是人类在之前的研究中由于数据量过大或者分析手段有限而没有发现的。

在基因学领域，人工智能可以对大量的基因序列和表达数据进行分析。由于基因数据的复杂性和规模巨大，智能涌现可能帮助发现新的基因之间的相互作用模式，或者某些基因变异与疾病之间的潜在联系，这对生物医学研究是非常有价值的新知识。

不过，需要注意的是，目前人工智能系统产生新知识的过程仍然是基于人类已有的知识体系和数据基础。虽然看起来像是产生了新的知识，但这些成果更像是对人类知识的深度挖掘和重新组合。而且，对于这些所谓"新知识"的验证、理解和应用，仍然需要人类的智慧和判断力。

（4）对人类认知的挑战

智能涌现现象也引发了人们对人工智能的思考和讨论，包括人工智能的安全性、伦理道德、人类与人工智能的关系等问题。人类需要重新审视人工智能的发展，确保其对人类社会的发展是有益的。

4.8.5　智能涌现和智能是两个密切相关但有所区别的概念

表 4-2 是对两者的详细比较：

表 4-2　智能涌现和智能的区别

	智能涌现	智能
定义	在复杂系统中，由大量简单个体相互作用产生的不可预测的、新的模式或行为。这些新特性是系统整体的属性，而非单个个体所具有。在人工智能领域，智能涌现通常指 AI 模型在达到一定规模后，展现出预先未被明确编程的能力或行为。	智能是智慧和能力的合称，涵盖既往获得的知识和经验的广度，以及运用这些知识和经验来解决新问题、形成新概念、调节和适应新环境的能力。智能是系统本身所具备的一种能力，可以通过学习和经验积累来提高。
产生机制	智能涌现强调系统整体的涌现特性，这种特性是由大量简单个体相互作用产生的，具有不可预测性。在人工智能中，这通常与模型的规模、复杂度、数据量以及算法设计等因素密切相关。	智能是系统内在的能力，可以通过算法设计、数据训练等方式进行培养和提高。智能的提升依赖系统对外部环境的感知、学习和适应能力。

续表

	智 能 涌 现	智 能
表现形式	智能涌现表现为系统突然出现的新能力或行为，这些能力或行为在系统设计之初并未被明确编程或预期。例如，大型语言模型在训练后能够展现出创作诗歌、编写文章等能力。	智能表现为系统能够感知、理解、推理、学习和决策，从而适应环境并实现目标。这种能力可以在多种场景下得到体现，如自动驾驶、智能客服等。
研究视角	智能涌现更多从系统整体和涌现现象的角度来研究人工智能的发展。它关注系统如何通过简单规则产生复杂行为，以及这种行为如何超越系统设计之初的预期。	智能则更关注系统本身的能力和特性，以及如何通过技术手段提高这些能力。它涉及算法设计、数据训练、模型评估等多个方面。
应用领域	智能涌现为人工智能领域带来了新的研究方向和应用前景。例如，大型语言模型的涌现能力推动了自然语言处理领域的发展。	智能广泛应用于各个领域，如自动驾驶、智能制造、智能医疗等。在这些领域中，智能技术发挥着重要作用，提高了生产效率和生活质量。
关系	智能涌现是智能在复杂系统中表现出来的一种特殊现象。它揭示了系统整体与部分之间的复杂关系，以及如何通过简单规则产生复杂行为。	智能作为系统本身所具备的一种能力，是智能涌现的基础和前提。没有智能的存在，就无法产生智能涌现的现象。

总结：

智能涌现和智能是两个既有联系又有区别的概念。智能涌现是智能在复杂系统中表现出来的一种特殊现象，它揭示了系统整体与部分之间的复杂关系。而智能作为系统本身所具备的一种能力，是智能涌现的基础和前提。在人工智能领域，智能涌现为研究者提供了新的研究方向和应用前景，而智能则是推动人工智能技术发展的关键力量。

4.9　生成式人工智能的分类

按生成内容类型分类：

文本生成

代表技术：GPT 系列（如 GPT-4）、BERT 等语言模型。

应用场景：自动创作（如小说、新闻文章、电影剧本）、个性化推荐（如商品推荐、新闻推荐）、机器翻译等。

图像生成

代表技术：生成对抗网络（GANs）、变分自编码器（VAE）、DALL-E 等。

应用场景：艺术创作、图像修复、虚拟人物生成、深度伪造检测等。

视频生成

代表技术：基于 GANs 或 Transformer 的视频生成模型。

应用场景：动画制作、视频编辑、虚拟场景生成等。

音频生成

代表技术：WaveNet、AudioLM 等。

应用场景：音乐创作、语音合成、声音效果生成等。

代码生成

代表技术：基于 Transformer 的代码生成模型。

应用场景：自动化编程、代码优化、辅助开发等。

4.10　大语言模型的发展与重要性

4.10.1　语言文字是人类文明发展的承载工具

语言文字在人类文明发展中的重要性体现在多个方面。

1. 知识的传承与积累

语言文字是记录人类思想、经验和智慧的有效工具。通过文字，前人的知识得以保存，并传递给后代，形成了连续的知识体系。

这种传承不仅限于科学知识，还包括历史、文化、哲学、艺术等各个领域的智慧，为人类文明的进步提供了坚实的基础。

2. 文化的传播与交流

语言文字是文化传播的主要载体。不同的文化通过语言文字进行交流和融合，促进了文化的多样性和丰富性。

通过学习和使用其他语言，人们能够更深入地了解其他文化的价值观、习俗和思维方式，增进了不同文化之间的理解和尊重。

3. 社会组织的维系与发展

语言文字在社会组织中起着至关重要的作用。法律、政策、规章制度等社会规范都通过语言文字来表达和传达，确保了社会的有序运行。

同时，语言文字也是社会协商、决策和合作的重要工具，推动了社会的进步和发展。

4. 个体思维与表达能力的提升

语言文字是个体思维和表达的重要工具。通过学习语言文字，人们能够更清晰地表达自己的想法和观点，与他人进行有效沟通。

语言文字还促进了个体思维的发展，提高了人们的逻辑思维、批判性思维和创造性思维能力。

5. 推动科技创新与进步

语言文字在科技创新中发挥着重要作用。科学家和工程师通过语言文字来交流思想、分享研究成果和合作开展项目。

语言文字还是科技文献和专利的主要载体，保护了创新成果的知识产权，促进了科技的进步和发展。

综上所述，语言文字在人类文明发展中扮演着至关重要的角色。它不仅是知识的传承者和文化的传播者，还是社会组织的维系者、个体思维与表达能力的提升者以及科技创新的推动者。因此，我们应该高度重视语言文字的重要性和价值，不断推动其发展和创新，为人类文明的进步做出更大的贡献。

4.10.2　语言文字是人类智能发展重要支撑

语言文字作为人类交流思想、传递信息的工具，是人类智能发展的重要支撑。

1. 语言文字促进思维与认知的发展

抽象思维的形成：语言文字使人类能够描述和讨论抽象的概念、思想和理论，如数学、哲学、科学等。这种抽象思维的能力是人类智能的重要组成部分，它使我们能够理解和解决复杂的问题。

认知结构的构建：通过语言文字，人类能够组织和整理自己的知识，形成系统的认知结构。这种结构化的知识有助于我们更好地理解和记忆信息，提高学习效率。

2. 语言文字推动文化与知识的传承

文化的传承：语言文字是文化传承的重要载体。通过文字记录，人类能够将历史、文化、传统等宝贵信息传递给后代，使文化得以延续和发展。

知识的积累与传播：语言文字使知识能够跨越时间和空间进行传播。书籍、文章、论文等文字形式的知识载体，使人类能够站在前人的肩膀上，不断积累和创新知识。

3. 语言文字增强社会交流与合作

沟通与交流：语言文字是人类最基本的沟通工具。通过语言，我们能够表达自己的想法和感受，理解他人的观点和意图，从而建立有效的人际关系。

合作与协作：在团队合作或社会协作中，语言文字是协调行动、分享信息和解决问题的重要手段。通过明确的沟通和协作，人类能够共同完成复杂的任务和目标。

4.　语言文字激发创造力与想象力

创造力的激发：语言文字能够激发人类的创造力。通过文字描述，我们能够想象出未曾见过的景象，构思出新颖的想法和解决方案。

想象力的拓展：语言文字为人类的想象力提供了无限的空间。通过阅读文学作品、观看影视作品等，我们能够进入不同的世界和情境，拓展自己的视野和想象力。

综上所述，语言文字在人类智能的发展过程中起着至关重要的支撑作用。它促进了思维与认知的发展，推动了文化与知识的传承，增强了社会交流与合作，并激发了创造力与想象力。

4.10.3　大语言模型（LLM）对人工智能发展的重要性

大语言模型（Large Language Model，LLM）作为人工智能领域的重要分支，近年来取得了显著的进展，是生成式人工智能取得突破性发展的重要标志，对自然语言处理、机器翻译、人机交互乃至通用人工智能的发展产生了深远影响。

大语言模型通过机器学习和自然语言处理技术的结合，模拟了人类的语言认知生成过程。其核心在于通过大规模的无监督训练学习自然语言的模式和结构，从而生成具有自然语言风格的文本或回答自然语言的问题。随着技术的不断进步和应用场景的不断拓展，大语言模型将在更多领域展现其潜力，为人类提供更加智能化和个性化的服务。

4.10.4　大语言模型的发展历程

大语言模型的发展历程可以大致分为以下几个阶段：

1.　早期阶段（20 世纪 50 年代—20 世纪 90 年代）

语言模型的概念最初源于 20 世纪 50 年代的信息论与概率论的融合，主要用于统计语言的规律。早期的工作主要集中在 n-gram 模型上，这是一种基于统计的方法，通过计算单词序列的概率来进行语言建模。

2.　统计语言模型阶段（20 世纪 70 年代—21 世纪 00 年代）

随着计算能力的提升和数据集的扩大，研究者开始尝试使用更复杂的模型，如隐马尔可夫模型（HMM）和条件随机场（CRF）。这一时期，机器翻译、语音识别等领域开始利用神经网络，但受限于当时的硬件和算法，效果有限。

3.　神经网络语言模型阶段（21 世纪 00 年代至今）

2013 年左右，随着深度学习技术尤其是循环神经网络（RNN）和长短时记忆网络

（LSTM）的成功，自然语言处理（NLP）领域迎来重大突破。研究者开始训练更大规模的模型来处理自然语言任务，如词嵌入（Word2Vec，GloVe）的出现大幅提高了模型理解语义的能力。

2017 年，Vaswani 等人提出了 Transformer 架构，在机器翻译任务上取得了突破性进展。这一架构的提出，为大语言模型的发展奠定了坚实的基础。

2018 年，BERT（Bidirectional Encoder Representations from Transformers）的提出标志着预训练语言模型时代的到来。BERT 通过在大量文本上预训练，然后在特定任务上微调，显著提高了多项 NLP 任务的性能。此后，一系列大型预训练模型如 GPT 系列（Generative Pre-trained Transformer）、T5（Text-to-Text Transfer Transformer）、RoBERTa、XLNet、AL-BERT 等相继问世，参数量从几亿迅速增加到几十亿甚至上千亿。

2020 年，OpenAI 公司发布了 GPT-3，其参数规模达到了 1 750 亿，将大语言模型的发展推向了新的高度。GPT-3 展示了模型在没有特定任务训练的情况下仍然具有完成多种复杂任务的潜能。

2022 年，ChatGPT 的发布引起了全球关注。ChatGPT 通过一个简单的对话框，利用大语言模型实现了问题回答、文稿撰写、代码生成、数学解题等多种功能。ChatGPT 的成功，进一步推动了大语言模型在各个领域的应用和发展。

2023 年，GPT-4 发布，相较于 ChatGPT 有了非常明显的进步，并具备了多模态理解能力。GPT-4 在多种基准考试测试上的得分高于 88% 的应试者，展示了大语言模型在处理复杂任务方面的强大能力。

2024 年，大语言模型的发展继续加速。各大公司和研究机构纷纷推出新的大语言模型，如百度的文心一言、科大讯飞的星火大模型等。同时，大语言模型在智能体（Agent）的搭建、个人化大语言模型智能体的开发以及文本视频生成技术等方面也取得了新的进展。

4.11　国外生成式人工智能通用 AI 模型介绍

4.11.1　GPT 系列（OpenAI）

概述：GPT 系列模型是由 OpenAI 公司开发的一系列具有革命性的自然语言处理（NLP）模型。其核心在于采用了多层 Transformer 结构，通过在大规模文本语料库中进行预训练，学习语言的通用模式和结构，从而生成自然、连贯的文本。

应用：广泛应用于对话系统、自动翻译、语音识别、文本生成和语义分析等领域。例如，GPT-4 在理解和生成人类语言方面展现出了卓越的能力，可用于聊天机器人、内容创建和编程辅助等场景。

4.11.2 Gemini 系列（Google）

概述：Gemini 是由谷歌母公司 Alphabet 旗下的人工智能研究部门 DeepMind 开发的下一代多模态大型语言模型（LLM）。

特点：以其多模态处理能力著称，支持文本、代码、音频、图像及视频等多种数据类型。具备长上下文理解能力，支持多语言，并可在多种智能设备上实现实时交互。

应用：在 NLP、图像识别、视频生成等领域展现卓越性能。

4.11.3 Claude 系列（Anthropic）

概述：Claude 是由美国人工智能初创公司 Anthropic 倾力打造的大型语言模型。

特点：注重可解释性和用户控制力的提升，力求通过先进的对齐技术，有效降低模型生成有害或不准确内容的风险。在开发过程中采用了独特的训练方法，并融入了"宪法AI"的先进理念。

应用：能够轻松应对自然语言理解、内容生成以及对话系统等多种任务，适用于多种应用场景。

4.11.4 LLaMA（Meta AI）

概述：LLaMA（Large Language Model Meta AI）大模型是由 Meta AI 公司（前身为Facebook 公司）开发的一种大规模语言模型。

特点：在模型结构上进行了多项创新，如使用 RMSNorm 归一化函数、SwiGLU 激活函数和旋转位置编码 RoPE 等，以提升模型性能和稳定性。其开源特性使得 LLaMA 易于被广大开发者使用和改进。

应用：广泛应用于智能客服、内容推荐、文本创作等多个领域。

4.11.5 Copilot（GitHub、Microsoft、OpenAI）

概述：Copilot 模型是一款基于人工智能技术的智能辅助工具，旨在提高编程和办公效率。该模型由 GitHub 与 OpenAI 公司合作开发，并在 Microsoft 365 等平台上得到广泛应用。

特点：能够更准确地理解开发者的意图并生成符合项目需求的代码。同时，集成了GPT-4 Turbo 等先进的大型语言模型，为用户提供了跨应用程序的智能辅助体验，支持Word、Excel、PowerPoint 等多个办公软件。

应用：帮助开发者提高编程效率，减少重复劳动；帮助办公人员提升工作效率，实现智能化办公。

4.12　国内生成式人工智能通用 AI 模型介绍

国内生成式人工智能通用 AI 模型近年来发展迅速，涌现出多款具有创新性和实用性的模型。这些模型基于深度学习技术，利用大型语言模型、复杂算法和神经网络来生成原始文本、音频、图像等内容，广泛应用于各个领域，推动了技术创新和产业变革。以下是对国内几款具有代表性的生成式人工智能通用 AI 模型的介绍：

4.12.1　文心一言

文心一言是百度公司推出的人工智能大语言模型，具备跨模态、跨语言的深度语义理解与生成能力。自 2023 年 3 月发布以来，文心一言经过不断升级优化，功能日益强大。

核心能力：

文学创作：能够撰写诗歌、散文、小说等多种体裁的文学作品。

商业文案创作：为企业和个人提供广告文案、产品描述等创意写作服务。

数理逻辑推算：支持数学运算、逻辑推理等任务。

中文理解：对中文语言有深入的理解能力，能够准确回答中文问题。

多模态生成：不仅能生成文本，还能生成图像、音频等多种模态的内容。

应用场景：

学术研究：帮助研究人员快速获取相关领域的知识信息，梳理研究思路，分析文献资料。

企业服务：应用于客服系统，快速解答客户问题，提高服务效率和质量，降低人工客服成本。

智能办公：作为智能助手，协助用户撰写工作报告、策划方案等文档，提高工作效率。

技术特点：

多任务学习能力：能够同时处理多种语言任务，满足不同场景下的需求。

知识增强：基于百度的大规模知识图谱，具备丰富的知识储备。

对话增强：通过对话形式与用户交互，提供更自然、流畅的交流体验。

4.12.2　智谱清言

智谱清言是由智谱 AI 自主研发的中英双语对话模型，具备强大的语言生成能力。

核心能力：

通用问答：能够回答广泛领域的问题，涵盖科学、历史、文化等多个方面。

多轮对话：支持连续对话，理解上下文语境，提供更准确的回答。

创意写作：能够生成富有创意的文本内容，如故事、剧本等。

代码生成：辅助程序员编写代码，提供代码编写、优化以及错误检测等服务。

虚拟对话：创建虚拟角色，与用户进行互动对话。

应用场景：

教育：辅助学生学习，解答难题，提供学习方法建议。

娱乐：作为聊天机器人，与用户进行趣味互动，提供娱乐内容。

内容创作：为作家、编辑等提供创作辅助，提升创作效率。

技术特点：

多层次编码器-解码器框架：更好地理解和生成复杂的语言结构。

预训练与微调技术：经过万亿字符的文本与代码预训练，采用有监督微调技术，提升模型性能。

4.12.3 Kimi

Kimi 是一款由月之暗面科技有限公司开发的多语言对话智能助手，专注于自然语言处理领域。

核心能力：

情感分析：准确捕捉文本中的细微情感和主题。

文本分类：对文本内容进行自动分类，如新闻分类、情感倾向判断等。

文件解析：能够阅读和理解文件内容，提取关键信息。

多语言对话：支持多种语言的对话交流，满足不同用户的语言需求。

应用场景：

办公辅助：协助用户撰写各类文档、分析数据，提升工作效率。

学习助手：帮助学生解答难题，提供学习资源和学习方法建议。

创意激发：为创作者提供灵感，检查错别字，提升创作质量。

技术特点：

特殊注意力机制：在处理自然语言任务时，能够更准确地关注关键信息。

免费使用策略：以免费使用策略吸引用户，降低使用门槛。

4.12.4 通义千问

通义千问是阿里巴巴公司推出的人工智能问答系统，专注于提供准确、高效的问答服务。

核心能力：

知识检索：能够快速从海量数据中找到相关信息，回答用户问题。

广泛主题覆盖：涵盖科学、技术、文化、娱乐等多个领域的问题。

应用场景：

客户服务：为企业提供在线客服支持，快速解答用户疑问。

信息检索：作为搜索引擎的补充，提供更精准的信息检索服务。

教育辅助：为学生提供学习支持，解答学术问题。

技术特点：

预训练与微调技术：通过预训练和微调，提升模型在问答任务上的表现。

高效性：能够快速响应用户问题，提供即时的答案。

4.12.5　豆包 AI

豆包 AI 是字节跳动公司基于云雀模型开发的智能工具，具备聊天机器人、写作助手和英语学习助手等功能。

核心能力：

文本创作：能够撰写故事、文章、诗歌等多种体裁的作品。

聊天机器人：以对话形式回答用户问题，提供娱乐和实用信息。

英语学习助手：为英语学习者提供语法检查、文本润色等服务。

应用场景：

个人助手：作为智能助手，协助用户处理日常事务，提供个性化建议。

学习辅助：帮助学生提高英语写作能力，提供学习资源和学习方法建议。

内容创作：为创作者提供创作辅助，提升创作效率和质量。

技术特点：

多方言支持：提供多种方言的语音识别和文本生成服务。

个性化 AI 智能体：用户可以定制属于自己的 AI 智能体，选择不同的说话风格和技能。

4.12.6　讯飞星火

讯飞星火是科大讯飞公司推出的语音识别和语音合成系统，具备强大的语音交互能力。

核心能力：

语音识别：在噪声环境下也能准确识别语音内容。

语音合成：能够生成自然流畅的语音输出，模拟真人发音。

应用场景：

智能语音助手：作为智能语音助手，协助用户完成各种任务，如设置提醒、查询信息等。

会议记录：准确识别会议发言内容，自动生成会议纪要。

语音交互系统：为智能家居、车载系统等提供语音交互支持。

技术特点：

先进的声学模型：采用先进的声学模型，提高语音识别的准确率和鲁棒性。

语音合成技术：通过深度学习和神经网络技术，生成高质量的语音输出。

4.12.7　DeepSeek-V3

DeepSeek 公司（私募公司幻方量化旗下的人工智能公司深度求索）于 2024 年 12 月 26 日推出新一代大模型 DeepSeek-V3，该模型在多个方面展现出卓越的性能和创新性。以下是对 DeepSeek-V3 的详细介绍：

1. 核心参数与架构

参数规模：DeepSeek-V3 拥有 6 710 亿个参数，是一个大型的专家混合（MoE）语言模型。在运行时，每个词元（Token）会激活 370 亿个参数，这种设计既保证了模型的性能，又提高了推理效率。

模型架构：DeepSeek-V3 基于 Transformer 架构，并采用了 DeepSeek 公司自研的多头潜在注意力（MLA）和 DeepSeekMoE 模块。MLA 架构通过降低推理过程中的 KV 缓存开销，提高了推理效率；而 DeepSeekMoE 则实现了更高效的专家并行训练和负载均衡。

2. 技术创新与优化

无辅助损失的负载均衡策略：DeepSeek-V3 率先采用了无辅助损失的负载均衡策略，通过为每个专家引入一个可学习的偏置项，动态调整路由决策，从而避免了使用辅助损失可能带来的性能下降问题。

多 Token 预测训练目标：DeepSeek-V3 引入了多 Token 预测训练目标，通过预测多个未来 Token 来增强模型的预测能力，并可用于推理加速的投机解码。

高效的训练框架：DeepSeek-V3 采用了 FP8 混合精度训练框架和 DualPipe 算法，通过算法、框架和硬件的协同设计，显著提高了训练效率，降低了训练成本。据估算，Deep-Seek-V3 的完整训练成本仅为约 557 万美元，远低于同类模型的训练成本。

知识蒸馏：DeepSeek-V3 还将 DeepSeek R1 系列模型中的长链推理能力蒸馏到自身，显著提升了其推理性能，同时保持了对输出风格和长度的控制。

3. 性能表现

百科知识任务：DeepSeek-V3 在 MMLU、MMLU-Pro、GPQA、SimpleQA 等百科知识类任务上的表现显著提升，接近当前表现最好的模型 Claude-3.5-Sonnet-1022。

长文本测评：在 DROP、FRAMES 和 LongBench v2 等长文本测评基准上，DeepSeek-V3 的平均表现超越其他模型。

代码能力：DeepSeek-V3 在算法类代码场景（如 Codeforces）上，远远领先于市面上已有的全部非 OpenAI o1 类模型；在工程类代码场景（如 SWE-Bench Verified）上，也逼近了 Claude-3. 5-Sonnet-1022。

数学能力：DeepSeek-V3 在美国数学竞赛（AIME 2024，MATH）和全国高中数学联赛（CNMO 2024）等数学相关基准测试中的表现尤为突出，大幅超过了所有开源和闭源模型。

中文能力：DeepSeek-V3 在中文能力上表现优异，与阿里云的 Qwen2. 5-72B 模型在教育类测评 C-Eval 和代词消歧等评测集上表现相近，但在事实知识 C-SimpleQA 上更为领先。

生成速度：DeepSeek-V3 的生成吐字速度从 20 TPS 大幅提高至 60 TPS，相比前代模型 V2. 5 实现了 3 倍的提升，能够带来更加流畅的使用体验。

4. 应用与开源

应用场景：DeepSeek-V3 具备广泛的应用场景，可以应用于知识问答、代码生成、文学创作、对话聊天等多个领域，为用户提供高效、智能的服务。

开源策略：DeepSeek-V3 在发布时即同步开源，用户可以在 GitHub 等平台上获取模型代码和数据集，促进了 AI 技术的共享和进步。

5. 市场影响

推动价格竞争：DeepSeek-V3 以其卓越的性能和低廉的成本，引发了国内大模型市场的价格竞争，降低了用户的使用成本。

提升行业影响力：DeepSeek-V3 的成功发布，展示了 DeepSeek 公司在 AI 领域的创新能力和技术实力，提升了公司在行业内的知名度和影响力。

概括而言，DeepSeek-V3 是一款性能卓越、创新性强的大模型，其在多个方面的表现均达到或超越了同类模型的先进水平。通过开源和低价策略，DeepSeek-V3 有望推动 AI 技术的普及和应用，为社会经济的持续发展贡献力量。

4. 12. 8　其他模型

除上述模型外，国内还有许多其他优秀的生成式人工智能通用 AI 模型，如腾讯混元、天工 AI、秘塔等。这些模型在各自的领域和应用场景中发挥着重要作用，推动了 AI 技术的不断创新和发展。

腾讯混元：由腾讯研发的大语言模型，具备强大的中文创作能力和复杂语境下的逻辑推理能力。

天工 AI：基于强化学习，具有自我学习和优化能力，在特定任务上表现出色。

秘塔：在保护用户隐私方面表现出色，擅长处理敏感数据，确保用户信息安全。

总结：国内生成式人工智能通用 AI 模型在技术创新和应用场景拓展方面取得了显著

成果。这些模型不仅具备强大的语言生成和理解能力，还在多模态生成、知识检索、情感分析等方面展现出独特的优势。随着技术的不断进步和应用场景的不断拓展，生成式人工智能将在更多领域发挥重要作用，推动社会经济的持续发展。

4.13　生成式人工智能的发展趋势

生成式人工智能（Generative AI）是近年来人工智能领域发展最为迅速的方向之一，其发展趋势呈现多样化和深度化的特点。以下是生成式人工智能的主要发展趋势：

4.13.1　技术创新与性能提升

算法优化与模型升级：

随着 Transformer 等深度学习架构的广泛应用，生成式 AI 的算法不断优化，模型参数量不断增大，生成内容的质量和多样性显著提升。

新一代生成式 AI 模型如 GPT-4、Claude、DeepSeek-V3 等，在知识问答、代码生成、文本创作、图像生成等多个领域表现出色。

4.13.2　多模态生成能力

生成式 AI 正逐渐从单一模态（如文本、图像）向多模态发展，能够同时处理和理解来自文本、图像、音频、视频等多种信息源的数据。

多模态生成式 AI 能够创造更加自然、互动性更强的复合内容，如文生图、文生视频等，为用户提供更加丰富的体验。

4.13.3　推理与决策能力增强

生成式 AI 在逻辑推理、决策制定等方面的能力不断增强，能够更好地理解复杂问题，并给出合理的解决方案。

新一代生成式 AI 模型如 OpenAI 公司的 O 系列，在数学、编程、科学问答等复杂问题上表现出超越部分人类专家的水平。

4.13.4　应用场景拓展

内容创作与营销：

生成式 AI 在新闻写作、广告文案、创意写作、产品设计等领域得到广泛应用，能够大幅提高内容创作的效率和质量。

企业可以利用生成式 AI 快速生成定制化的营销内容，提高市场响应速度，降低营销成本。

个性化服务：

生成式 AI 能够根据用户的偏好和行为习惯，提供个性化的服务体验。在电子商务、在线教育、娱乐等领域，生成式 AI 通过个性化推荐和定制内容，增强了用户的参与度和满意度。

科学研究与技术创新：

生成式 AI 在科学研究中扮演着重要角色，能够加速新理论的发现和新技术的创新。

通过处理和分析大量数据，生成式 AI 能够揭示数据中的隐藏模式和规律，为科学研究提供新的思路和方法。

智能制造与工业 4.0：

生成式 AI 在智能制造领域的应用日益广泛，能够优化生产流程、提高生产效率、降低生产成本。

通过与物联网、机器人等技术的融合，生成式 AI 将推动工业 4.0 的发展，实现智能制造的转型升级。

4.13.5　技术融合与跨界发展

与量子计算的结合：

量子计算具有强大的并行计算能力，能够为生成式 AI 提供新的计算资源，推动其进一步发展。

量子计算与生成式 AI 的结合将在复杂问题求解、大规模数据处理等领域发挥重要作用。

与边缘计算的结合：

边缘计算将计算资源和服务部署在网络边缘，接近数据源，能够减少延迟和带宽使用。

生成式 AI 与边缘计算的结合将推动其在实时性要求高的应用场景中的发展，如自动驾驶、远程医疗等。

跨领域应用：

生成式 AI 正逐渐从单一领域向跨领域应用发展，能够解决更加复杂和多样化的问题。

在医疗、金融、农业、教育等多个领域，生成式 AI 的应用将不断拓展和深化。

4.13.6　监管与标准化建设

（1）监管政策制定

随着生成式 AI 技术的广泛应用，各国政府和企业开始关注其带来的伦理、隐私和安全问题。

制定和完善生成式 AI 的监管政策，确保其合法、合规使用，是保障技术健康发展的关键。

（2）标准化建设

建立生成式 AI 的标准体系，规范其技术要求和应用场景，有助于推动技术的普及和应用。

通过标准化建设，能够提高生成式 AI 的可互操作性和可复用性，降低其开发和应用成本。

概括而言，生成式人工智能的发展趋势呈现技术创新与性能提升、应用场景拓展、技术融合与跨界发展等特点。同时，随着技术的不断发展，其伦理、隐私与安全挑战也日益凸显。加强监管与标准化建设，确保技术的健康发展和合法使用，是保障生成式人工智能持续发展的重要举措。

习题

单选题

1. 生成式人工智能（AIGC）的核心能力是什么？（   ）

A. 数据分类   B. 预测结果

C. 生成新内容   D. 规则执行

2. 生成对抗网络（GANs）由哪两个主要组件构成？（   ）

A. 编码器与解码器   B. 生成器与判别器

C. 输入层与输出层   D. 卷积层与池化层

3. Transformer 模型的核心机制是？（   ）

A. 循环神经网络   B. 卷积操作

C. 自注意力机制   D. 遗传算法

4. 大语言模型（LLM）的参数量通常达到什么级别？（   ）

A. 百万级   B. 千万级

C. 亿级及以上   D. 十亿级以下

5. 以下哪项是生成式 AI 与传统 AI 的主要区别？（   ）

A. 依赖人工编程规则   B. 专注于生成新数据

C. 仅用于分类任务   D. 数据量需求小

6. 智能涌现现象通常发生在模型参数量超过多少时？（   ）

A. 1 亿   B. 100 亿

C. 600 亿   D. 1 000 亿

7. DeepSeek-V3 的显著技术创新是什么？（　　　）

A. 仅支持单模态生成 　　　B. 采用无辅助损失的负载均衡策略

C. 依赖传统 RNN 架构 　　　D. 参数规模低于 1 亿

8. 以下哪项是生成式 AI 在医疗领域的应用？（　　　）

A. 自动驾驶 　　　B. 医学影像合成

C. 语音助手 　　　D. 游戏场景生成

9. TensorFlow 和 PyTorch 的主要区别在于？（　　　）

A. PyTorch 仅支持静态计算图 　　　B. TensorFlow 采用动态计算图

C. PyTorch 更灵活且支持动态图 　　　D. TensorFlow 仅用于自然语言处理

10. GPT-4 的多模态能力体现在？（　　　）

A. 仅生成文本 　　　B. 支持图像和文本输入

C. 仅处理音频 　　　D. 依赖规则编程

11. 国内模型"文心一言"的核心能力包括？（　　　）

A. 仅英文问答 　　　B. 多模态生成与中文理解

C. 仅图像修复 　　　D. 无逻辑推理能力

12. 生成式 AI 的未来趋势之一是？（　　　）

A. 仅限单一模态应用 　　　B. 与量子计算结合提升算力

C. 完全取代人类创造力 　　　D. 无须数据训练

判断题

1. 生成对抗网络（GANs）的生成器目标是生成逼真数据以欺骗判别器。

2. Transformer 模型因依赖循环结构无法并行计算。

3. 智能涌现现象要求模型参数量必须达到千亿级别。

4. 大语言模型（LLM）的训练仅需少量标注数据。

5. Hugging Face Transformers 主要用于计算机视觉任务。

6. 生成式 AI 在智能制造中可优化生产流程。

第5章 人工智能伦理

5.1 人工智能涉及的法律、伦理和版权问题

人工智能技术的迅速发展给各行各业带来了巨大的变革，但也伴随着一系列法律、伦理和版权问题。这些问题不仅影响到技术的应用，还可能对社会、经济和文化产生深远影响。为了确保人工智能的健康发展，需要针对其可能带来的法律风险、伦理争议和版权挑战进行系统研究和有效应对。

第 5 章 数字资源

5.1.1 人工智能的潜在危害

尽管人工智能具有广泛的应用潜力，但其滥用可能带来一系列潜在危害，影响社会的各个层面。主要危害包括：

虚假信息与深度伪造（Deepfake）：AIGC 能够生成高度逼真的虚假信息，包括伪造的图片、音频和视频。这种技术可能被用于传播虚假新闻、恶意操控舆论，甚至进行政治宣传，带来信息安全和社会信任的危机。

隐私泄露：AIGC 生成的内容可能会无意中包含个人敏感信息或侵犯个人隐私。尤其在使用基于大量数据训练的模型时，可能会泄露用户的私人数据或行为模式。

算法偏见与歧视：由于 AI 系统的训练数据可能包含偏见，生成式 AI 在应用中可能会放大这些偏见，产生性别、种族、文化等方面的歧视性内容。这不仅对受害群体产生不公正影响，还可能加剧社会的不平等。

知识产权争议：AIGC 生成的内容可能与现有的版权作品高度相似，导致版权归属不明确，出现侵犯原创作品版权的风险。

劳动市场冲击：人工智能的广泛应用可能导致某些职业的自动化，取代人类劳动者的工作岗位，尤其是在内容创作、客户服务、数据分析等领域，可能加剧社会失业和收入不平等。

5.1.2   人工智能相关法律

随着生成式人工智能的应用范围不断扩大，法律体系的适应性面临着巨大的挑战。当前主要涉及的法律问题包括：

版权法：AI 生成的内容是否应当赋予版权？目前的版权法通常要求创作主体为"自然人"，而 AI 作为工具进行创作的情况下，版权归属尚无统一的法律解释。在没有人类创作者的情况下，AI 生成内容的版权归属成为法律空白区域。

数据隐私与保护：生成式 AI 在训练和生成内容时，需要大量的数据，尤其是个人数据和敏感信息。如何确保这些数据的合法性、用户的知情同意，以及数据使用的合理性，成了重要的法律问题。例如，欧盟的《通用数据保护条例》（GDPR）在保护个人隐私方面提供了某些规定，但如何在生成式 AI 应用中实施这些规定，仍然存在法律挑战。

责任归属：当人工智能系统生成的内容引发法律纠纷时，责任应由谁承担？是 AI 的开发者、使用者还是 AI 本身？这种模糊的责任界定可能导致受害方难以寻求法律救济。

合规与监管：针对人工智能的合规性和监管框架，各国正在积极探讨相应的法律制度。如何平衡技术创新与法规滞后的问题，确保 AI 的发展在可控范围内，避免技术滥用和社会不安，是未来法律制定的重点。

5.1.3   人工智能的伦理和版权挑战

生成式人工智能在内容创作方面面临着一系列伦理和版权挑战，主要包括：

原创性与版权归属：AI 生成的内容是否具备"原创性"？当前的版权法规定，只有人类创作者可以拥有版权，但 AI 并不具备法律意义上的创作者身份。因此，AI 生成的内容是否应当归人类创作者所有，或是属于 AI 开发者、使用者，仍存在很大的争议。

版权侵权风险：AI 在生成内容时，可能借鉴或模仿了现有的创作，这引发了版权侵权的风险。例如，AI 生成的图像或文字可能与已有的艺术作品或文献有高度相似性，如何判断是否构成侵权，如何界定创作与抄袭之间的界限，仍然是未解的法律难题。

伦理责任：即使 AI 生成的内容不侵犯版权，是否就意味着其完全符合伦理标准？一些 AI 生成的内容可能包含暴力、色情或仇恨言论，如何界定 AI 创作的"伦理底线"，并确保其不对社会带来负面影响，仍然需要伦理学家、法律专家和开发者的共同努力。

AI 创作与人类创作的边界：随着 AIGC 技术的不断进步，AI 生成的内容在质量和创意上越来越接近人类创作，甚至在某些领域超过了人类的创作能力。这引发了一个问题：如果 AI 创作的作品具有高度艺术性，是否应该像人类艺术家一样，享有法律上的保护和社会认同？这种关于 AI 与人类创作边界的伦理思考，也为社会文化的认知提出了挑战。

5.2　人工智能工程的伦理原则

生成式人工智能（AIGC）在推动技术进步和社会变革的同时，也带来了诸多伦理挑战。为了确保 AIGC 技术的健康发展，避免对社会和个人权益造成负面影响，遵循一定的伦理原则至关重要。这些伦理原则不仅有助于规范技术的开发和应用，还能够保障技术的公平性、透明性和可持续性。

5.2.1　公平性与无歧视

生成式人工智能系统在训练过程中，往往依赖大量的历史数据。如果这些数据中存在偏见或不公正的表现，AI 模型可能会继承并放大这些偏见。为了避免技术加剧社会不平等或歧视，必须确保 AI 系统的公平性和无歧视性。

避免偏见：开发和使用 AIGC 时，要特别注意数据来源的多样性与代表性，确保模型不会无意中对某一群体或个体产生歧视。尤其是在涉及性别、种族、年龄、社会地位等敏感问题时，AI 应避免做出带有偏见的判断。

公正性保障：在应用 AIGC 技术时，应该设计公平的标准和程序，避免因技术偏差导致的机会不均等，确保各个群体平等受益。

5.2.2　透明性与可解释性

生成式人工智能系统的"黑箱效应"一直是技术伦理讨论的焦点。透明性要求 AI 的决策过程可被理解和追溯，而可解释性则确保用户能够理解 AI 如何得出某一结论或生成某一内容。

可解释性：AI 生成的内容应具有明确的可解释性，即使在复杂的神经网络模型中，也需要通过简化的方式向用户解释生成过程和决策逻辑。特别是在涉及重要决策（如医疗诊断、法律咨询）时，AI 系统的决策过程需要清晰明了，便于人类用户理解和审查。

系统透明性：开发者应对 AI 系统的工作原理、训练数据、算法设计等方面保持透明，确保外部监管与审查机制的有效性，防止 AI 被用于不当目的。

5.2.3　隐私保护

生成式人工智能在处理和生成数据时，可能涉及大量的个人隐私信息和敏感数据。为了防止隐私泄露和滥用，必须在 AIGC 的设计与应用中确保严格的数据保护措施。

数据匿名化：在训练 AI 模型时，应尽量避免使用包含个人身份信息的数据集，或者采取数据匿名化、加密等技术手段保护个人隐私。

用户知情同意：AI 技术的使用者应明确了解其数据的使用范围和目的，确保用户对数据收集和使用有充分的知情权，并获得必要的同意。

数据安全性：保障数据存储和传输过程中的安全性，防止敏感数据在 AI 处理过程中遭遇泄露或滥用。

5.2.4　责任与问责

当生成式人工智能技术产生错误或产生有害内容时，如何追责成为了一个复杂的伦理问题。需要明确 AI 开发者、使用者和其他相关方的责任，以确保技术应用过程中的可追溯性和问责机制。

开发者责任：AI 开发者应对技术的设计和应用负有一定的伦理责任，确保技术不会被用于恶意目的，同时在开发阶段就充分考虑到伦理、法律和社会影响。

使用者责任：使用 AIGC 技术的个人和企业应当确保其使用不违反伦理规范，且确保所生成的内容符合社会道德标准。如果 AI 生成的内容对他人造成损害，使用者应承担一定的法律和道德责任。

多方问责机制：在生成式 AI 的应用中，建立透明的责任追究机制至关重要。技术开发者、使用者、平台运营方等各方应对 AI 生成内容的合法性、道德性和社会影响承担相应责任。

5.2.5　可持续性与社会影响

随着生成式人工智能的广泛应用，必须考虑其对社会和环境的长期影响，确保技术的可持续发展。

环境影响：AI 模型尤其是大规模生成式模型的训练过程需要大量的计算资源，消耗大量能源，可能对环境造成压力。因此，必须注重 AI 技术的节能优化，推动绿色 AI 的发展，降低技术对环境的负担。

社会影响：AIGC 的应用可能会改变传统行业的就业结构，取代一些重复性劳动岗位，导致社会失业问题的加剧。技术开发者和政策制定者应考虑如何通过社会保障体系、教育培训等方式，帮助受影响的群体适应新经济形态。

5.2.6　用户控制与自主权

随着 AIGC 技术的广泛普及，确保用户在使用 AI 时具有一定的控制权和自主权，避免技术的过度干预，是保护用户权利的重要原则。

用户控制：用户应有权对 AI 生成的内容进行修改、删除、选择性使用等操作，确保 AI 的生成结果符合用户的需求和期望。

自主性保障：AI 系统不应强制用户接受不需要的生成内容，或无权干预用户的决定。用户应始终保持对 AI 生成内容的主导地位。

5.3　人工智能的规范与标准

随着人工智能（AI）技术，特别是生成式人工智能（AIGC）的迅猛发展，相关的规范与标准化建设显得尤为重要。制定统一的规范和标准能够确保 AI 技术的安全、可靠和高效应用，推动技术的创新与协同发展，并为全球范围内的行业应用提供明确的指导框架。特别是在 AIGC 应用中，内容生成、数据处理、版权保护等问题都亟须通过规范来解决，以确保技术的伦理性、法律性和社会责任。

5.3.1　人工智能规范与标准

AI 技术涉及内容创作、数据处理、隐私保护等多个领域，因此需要专门的规范和标准来指导其开发与应用。主要规范可分为以下几类：

数据使用与隐私保护：人工智能的训练和生成过程依赖大量数据，特别是涉及个人信息和敏感数据时，必须遵循严格的数据保护法律法规（如 GDPR）。相关标准应包括数据的收集、存储、处理、分享及删除等环节，确保数据隐私得到充分保护。

内容生成与版权管理：人工智能技术生成的内容涉及版权归属和知识产权保护。规范应明确 AI 生成内容的版权归属问题，防止侵犯他人知识产权。同时，还需制定关于生成内容的质量标准和审查机制，防止生成恶意、违法或不符合伦理的内容。

透明性与可解释性：为了增强人工智能的可审计性和可信度，标准应规定生成模型的透明度要求，确保生成内容的过程和依据可以追溯和解释。特别是在高风险领域（如医疗、法律等），AI 的生成内容需要明确的解释和依据。

伦理与合规性：人工智能应用的伦理性是标准化的重要方面。规范应确保 AI 生成内容不带有歧视性、不传播虚假信息、不侵犯用户隐私，并遵循社会普遍接受的道德标准。

5.3.2　人工智能标准体系结构

为了全面规范人工智能技术的应用，需要构建一个完善的标准体系。标准体系可以分为以下几个层次：

技术层标准：涉及 AI 的核心算法、模型设计、数据处理和系统架构。标准应规定如何设计高效、安全的生成模型，如何对数据进行预处理与清洗，如何保障 AI 生成内容的真实性和可靠性。

应用层标准：针对人工智能技术在各行业中的具体应用，制定行业专用标准。例如，医疗行业的 AI 诊断报告、金融行业的 AI 投资顾问等，都应有符合行业法规和伦理要求的标准，确保 AI 系统的合法合规性。

伦理与合规层标准：这一层的标准关注 AIGC 应用中的伦理性、合规性、社会责任等问题。标准应规定如何确保 AI 系统的公平性、无歧视性，如何保护用户隐私，如何防止算法偏见，确保技术应用的透明性和可控性。

5.3.3   人工智能标准化的现状和发展趋势

目前，人工智能的标准化工作仍处于初期阶段，但已经有不少国际组织、行业协会和政府机构开始着手制定相关标准。当前的主要标准化进展包括：

国际标准化组织（ISO）和国际电工委员会（IEC）：这些国际标准化机构已经开始制定人工智能相关的通用标准，尤其是关于 AI 透明性、公平性、安全性等方面的基础规范。例如，ISO/IEC 42001 等标准针对 AI 的伦理和合规性问题提供了初步的框架。

行业协会与政府机构：欧美等地区的政府和行业协会也在积极推动 AI 标准的制定。例如，欧盟在 2021 年发布了《人工智能法案》，其重点是加强对高风险 AI 应用的监管，同时提出了一些对 AIGC 应用的具体要求。

AI 企业和研发机构：许多大型 AI 企业（如 OpenAI、Google、微软）也在推动 AIGC 技术的标准化工作，这些企业不仅在技术开发上制定了自己的技术标准，也在内容审核、版权保护等方面提出了规范建议。未来，AI 企业可能会与政府和国际标准化机构展开更多合作，推动标准化进程。

未来的标准化发展趋势可能会集中在以下几个方面：

全球互操作性：随着 AIGC 技术在全球范围内的普及，技术的标准化将促进不同国家、地区间的互操作性。尤其是在跨国数据流动和全球平台应用中，统一的标准能够减少技术壁垒，促进全球合作。

行业应用的标准化：随着 AI 应用场景的不断扩展，特别是 AIGC 在医疗、教育、金融等领域的深入应用，行业专属的标准将成为趋势。各行业的监管机构可能会推出针对 AIGC 技术的行业标准，以确保技术的合法合规使用。

伦理和可持续性：AIGC 技术对社会的影响不仅仅是技术层面的，还涉及社会伦理、环境可持续性等问题。标准化工作将逐渐注重技术的社会责任和环境影响，推动 AIGC 技术在绿色发展和可持续性方面的应用。

5.3.4　AI 生成与版权保护

AI 生成的内容，尤其是在创作领域（如文字、图像、音频、视频等）涉及版权保护时，面临诸多挑战。现有的版权法通常认为创作主体是自然人，但 AI 作为工具进行创作的情况下，版权归属变得模糊。如何解决这些问题，已经成为 AI 技术发展的一个重要课题。

版权归属： 目前，AI 生成内容的版权归属尚不明确。在很多情况下，AI 仅作为工具，生成内容的真正创作来源于人类的指导或提示。因此，标准应明确 AI 生成内容的版权归属问题，界定开发者、使用者与 AI 之间的权利与责任。

原创性判断： AI 生成内容的原创性与人类创作的原创性相比有所不同，传统的版权法往往依据作品的"独创性"进行判断。如何在 AI 生成内容的情境下判断作品的原创性，并给予适当的版权保护，是亟待解决的问题。

版权管理与授权： 为了解决 AI 生成内容的版权问题，AI 平台和开发者应建立完善的版权管理和授权机制。例如，采用数字版权管理（DRM）技术，对 AI 生成内容进行标识和追踪，确保作品的版权得到有效保护。此外，应为 AI 生成内容设立明确的授权与使用规则，避免产生侵权纠纷。

习题

单选题

1. 生成式人工智能（AIGC）可能引发的潜在危害不包括以下哪项？（　　）

A. 虚假信息传播　　　　　　　　B. 隐私泄露

C. 提高就业率　　　　　　　　　D. 算法偏见

2. AI 生成内容的版权归属问题目前主要争议点在于？（　　）

A. AI 是否具有法律主体资格　　　B. 数据存储的安全性

C. 用户知情同意　　　　　　　　D. 模型训练速度

3. 以下哪项是 AI 伦理原则中的"透明性"要求？（　　）

A. 生成内容必须包含暴力元素　　B. 用户可理解 AI 的决策逻辑

C. 完全隐藏训练数据来源　　　　D. 仅开发者能查看模型参数

4. 欧盟《通用数据保护条例》（GDPR）主要针对哪方面？（　　）

A. 提升 AI 生成速度　　　　　　B. 保护个人隐私数据

C. 规范算法偏见　　　　　　　　D. 推动量子计算发展

5. AI 生成内容可能侵犯版权的根本原因是? (   )

A. 生成速度过快   B. 模仿现有作品的相似性

C. 用户控制权不足   D. 模型参数量过大

6. 生成式 AI 的"可解释性"要求主要应用于以下哪种场景? (   )

A. 游戏娱乐   B. 医疗诊断

C. 社交媒体广告   D. 音乐生成

7. 以下哪项属于 AI 伦理原则中的"责任与问责"范畴? (   )

A. 模型训练效率   B. 开发者需承担技术滥用责任

C. 数据匿名化技术   D. 用户界面设计

8. AI 标准化趋势中"全球互操作性"的目标是? (   )

A. 限制跨国数据流动   B. 统一技术规范以降低壁垒

C. 增加算法复杂度   D. 仅支持单一行业应用

9. AI 生成内容的伦理责任争议主要涉及? (   )

A. 硬件成本   B. 生成内容的暴力或歧视性

C. 模型训练时间   D. 用户界面美观度

10. "绿色 AI"强调的核心理念是? (   )

A. 使用高能耗硬件   B. 减少计算资源消耗

C. 增加数据存储量   D. 仅支持单模态生成

判断题

1. 深度伪造(Deepfake)技术仅用于娱乐目的,无社会危害。

2. AI 生成内容的版权默认归属于 AI 开发者。

3. 透明性标准要求 AI 系统完全隐藏其训练数据来源。

4. 伦理原则中的"公平性"要求 AI 避免放大数据中的偏见。

5. AI 标准化仅需关注技术性能,无须考虑环境影响。

第6章 AIGC应用模式及国内外知名平台简介

6.1 当前 AIGC 的主要应用模式

AIGC 的主要应用模式涵盖了 AI 问答、AI 文件阅读、AI 文件生成、AI 逻辑推理、AI 图像生成、AI 音乐生成、AI 视频生成、AI 数字人、AI 知识库和 Agent 等多个领域。这些应用模式不仅提高了工作效率、降低了成本，还为用户提供了更加个性化、智能化的服务体验。随着技术的不断发展，AIGC 的应用模式将更加丰富多样，为各行业带来更多创新机遇。

6.1.1 AI 问答

定义：AI 问答是利用自然语言处理技术，让 AI 模型理解用户的问题并给出准确回答。

应用场景：智能客服、在线教育答疑、智能助手等。

优势：

24/7 在线：随时响应用户问题，无须人工值守。

快速响应：在极短时间内给出答案，提升用户体验。

成本降低：减少人工客服需求，降低企业运营成本。

示例：电商平台智能客服解答用户关于商品信息、订单状态等问题。

6.1.2 AI 文件阅读

定义：AI 文件阅读指 AI 模型对各类文件（如文档、表格、PDF 等）进行内容提取、分析和理解。

应用场景：文档自动化处理、信息检索、数据分析等。

优势：

高效处理：快速阅读大量文件，提取关键信息。

精准分析：准确理解文件内容，提供深度分析。

自动化流程：实现文件处理自动化，减少人工干预。

示例：企业合同管理系统利用 AI 文件阅读技术自动提取合同关键条款。

6.1.3　AI 文件生成

定义：AI 文件生成是 AI 模型根据用户输入或预设模板生成各类文件，如报告、合同、邮件等。

应用场景：办公自动化、内容创作、数据分析报告生成等。

优势：

快速生成：短时间内生成高质量文件，提高工作效率。

个性化定制：根据用户需求定制文件内容，满足多样化需求。

减少错误：降低人为错误，提升文件准确性。

示例：新闻媒体利用 AI 文件生成技术快速撰写新闻稿件。

6.1.4　AI 逻辑推理

定义：AI 逻辑推理是 AI 模型根据已有信息和规则进行推理，得出新结论或预测。

应用场景：智能决策支持、风险评估、数据分析等。

优势：

精准决策：基于大量数据和规则进行推理，提高决策准确性。

风险预警：提前发现潜在风险，提供预警和应对措施。

效率提升：自动化推理过程，减少人工分析时间。

示例：金融机构利用 AI 逻辑推理技术评估贷款风险。

6.1.5　AI 图像生成

定义：AI 图像生成是 AI 模型根据文本描述或输入图像生成新的图像。

应用场景：广告设计、游戏开发、影视制作等。

优势：

创意无限：根据文本描述生成独特图像，激发创意灵感。

高效制作：快速生成大量图像，满足项目需求。

降低成本：减少人工设计成本，提高制作效率。

示例：广告公司利用 AI 图像生成技术快速制作广告海报。

6.1.6　音乐生成

定义：AI 音乐生成是 AI 模型根据音乐理论、风格和用户输入生成新的音乐作品。

应用场景：音乐创作、影视配乐、游戏音效等。

优势：

音乐创新：生成独特音乐风格，满足多样化需求。

快速创作：短时间内创作出高质量音乐作品。

版权保护：避免版权纠纷，提供原创音乐资源。

示例：影视制作公司利用 AI 音乐生成技术为影片创作配乐。

6.1.7　AI 视频生成

定义：AI 视频生成是 AI 模型根据文本描述、图像或视频片段生成新的视频内容。

应用场景：短视频创作、影视特效、广告制作等。

优势：

内容创新：生成独特视频内容，吸引观众眼球。

高效制作：快速制作出高质量视频作品，提升制作效率。

降低成本：减少人工拍摄和制作成本。

示例：短视频创作者利用 AI 视频生成技术快速制作创意视频。

6.1.8　AI 数字人

定义：AI 数字人是利用计算机图形学、语音合成、自然语言处理等技术创建的虚拟人物。

应用场景：虚拟主播、智能客服、在线教育等。

优势：

形象多样：可创建不同形象、性格的数字人，满足多样化需求。

交互性强：实现与用户的自然交互，提升用户体验。

降低成本：减少人工主播和客服需求，降低运营成本。

示例：电商平台利用 AI 数字人作为虚拟主播进行直播带货。

6.1.9　AI 知识库

定义：AI 知识库是利用 AI 技术构建的知识管理系统，用于存储、检索和管理知识。

应用场景：企业知识管理、学术研究、智能问答系统等。

优势：

知识整合：整合企业或学术领域的知识资源，便于查询和使用。

智能检索：利用 AI 技术实现快速、准确的知识检索。

知识更新：实时更新知识库内容，保持知识的时效性。

示例：企业利用 AI 知识库管理产品手册、技术文档等知识资源。

6.1.10　智能体（Agent）

定义：Agent 是能够感知环境、进行决策并执行动作的智能实体，可自主完成任务。

应用场景：智能家居、自动驾驶、智能物流等。

优势：

自主决策：根据环境变化自主做出决策，提高任务执行效率。

适应性强：能够适应不同环境和任务需求，具有灵活性。

协同工作：多个 Agent 可协同工作，完成复杂任务。

6.1.11　基于 AIGC 的编程辅助

AIGC 技术在编程领域的应用主要体现在代码自动生成、代码补全、错误检测和优化等方面。通过 AIGC，开发者能够大幅提高编程效率，减少烦琐的重复性任务。

应用场景：代码自动化生成、代码补全、代码修复、API 调用建议等。

国际平台：GitHub Copilot、Tabnine、Codex 等，利用 AI 自动生成和优化代码。

中国平台：华为云的 IDE 开发平台（图 6-1），通过 AI 辅助编程，提供代码生成、语法检查等功能；阿里云的云原生开发平台，为开发者提供了 AI 代码生成和调试功能，提升开发效率。

图 6-1　华为云的 IDE 开发平台

6.2　国外知名 AIGC 平台简介

目前 AIGC 平台可分为综合类（文件处理、逻辑推理及部分多模态功能）、多模态（图像生成类、音乐生成类、视频生成）。

相关平台网址及介绍（参见图 6-2 和表 6-1）：

图 6-2　国外知名 AIGC 平台简介

表 6-1　国外知名 AIGC 平台

排名	平台名称	类别	特　点	优　势
1	OpenAI	综合	旗下拥有 GPT 系列语言模型、DALL·E 图像生成模型等，覆盖文本、图像、视频、代码等多领域创作，能实现自然语言交互、复杂内容生成，在 AI 研究与应用上不断创新	技术实力顶尖，研发投入巨大，生态完善，模型全球影响力广泛，引领 AIGC 技术发展潮流

续表

排名	平台名称	类别	特　　点	优　　势
2	Anthropic（Claude 模型）	综合	专注开发安全可靠、可解释和可控的 AI 系统，Claude 模型在文本处理、对话交互上表现出色，能处理复杂文本任务，输出高质量内容	强调 AI 安全性与可控性，在处理敏感信息和复杂业务场景中表现卓越，赢得企业级用户信赖
3	Google Gemini	综合	谷歌推出的多模态大模型，支持文本、图像、音频、视频等多类型数据处理，具备强大的理解、推理和生成能力，可应用于多场景	依托谷歌公司庞大的数据资源和先进技术，通用性强，在跨领域任务处理上优势明显，与谷歌生态紧密结合
4	xAI Grok	综合	基于马斯克创立的 xAI 公司，具备快速理解用户需求的能力，在知识问答、创意生成、逻辑推理等任务中表现优异，语言风格较为幽默、接地气	拥有独特的训练算法和数据，在处理复杂问题时分析透彻，能提供富有洞察力的回答
5	Midjourney	图片	用户输入文本指令，即可快速生成高质量、风格多样的图像，涵盖艺术、写实、科幻等多种风格，细节丰富，画面精美	图像生成效果惊艳，对创意表达的还原度高，社区活跃，用户可获取灵感与反馈，在艺术创作、设计领域应用广泛
6	StableDiffusion	图片	开源的文本生成图像模型，支持本地部署，用户可通过调整参数自定义生成图像，可拓展性强，社区衍生出大量插件与工具	开源特性使开发者和用户能自由定制，模型灵活性高，资源消耗低，降低图像生成门槛，促进技术普及
7	DALL·E3	图片	OpenAI 研发的图像生成模型，能精准理解复杂文本描述，生成具有创意和细节的图像，在图像逻辑、场景还原上表现出色	背靠 OpenAI 生态，与 GPT 等模型协同，图像生成的创新性和准确性领先，在专业设计和创意领域备受青睐
8	Suno	音乐	支持用户通过文本描述生成原创音乐，可选择作词作曲或仅作曲，提供不同音乐风格和时长选项，生成音乐适配多种场景	操作简单便捷，降低音乐创作门槛，让普通人也能参与音乐创作，为内容创作者提供丰富音乐素材
9	Mubert	音乐	拥有庞大的音乐素材数据库，基于 AI 算法为用户生成个性化音乐，提供免版税音乐素材，适用于视频、播客、游戏等多种场景	音乐生成服务多样化，满足不同用户需求，免版税特性降低创作成本，在商业和个人创作领域应用广泛
10	Runway Gen-4	视频	集图像生成视频、视频编辑、特效制作等功能于一体，能快速生成高质量、多种风格的视频内容，操作简便，支持多格式输出	视频生成效率与质量兼备，功能全面，对创意工作者友好，在影视制作、广告宣传、内容创作等领域优势显著

续表

排名	平台名称	类别	特　点	优　势
11	Sora	视频	OpenAI 推出的 AI 文本到视频生成模型，能根据用户输入的文本描述或图片、视频等文件，生成长达 60 秒以上的高质量视频内容，视频画面精细，具有丰富的场景、影视级的画面色彩、生动的角色表情、自然流畅的动作，以及前后连贯的故事镜头	依托 OpenAI 的技术实力，视频生成质量高，在场景构建、画面表现等方面具有优势，代表了 AIGC 视频生成领域的先进水平

6.3　国内知名 AIGC 平台

以下是 10 个国内知名综合类 AIGC 平台的相关信息。

相关平台网址及介绍（参见图 6-3 和表 6-2）：

图 6-3　国内知名 AIGC 平台

表 6-2　国内知名 AIGC 平台

排名	平台名称	文本、推理、图片、音乐、视频生成能力	特　点	优　势
1	文心一言	文本生成可助力多种应用场景，如 AI 润色、专业创作等；推理能力不断提升；图片生成有特色；音乐、视频生成能力相对不足	百度全新一代知识增强大语言模型，有丰富知识图谱支持	百度公司在人工智能领域研究久，技术和数据积累多，中文语境下理解和生成有优势，品牌知名度高
2	豆包	文本生成能力强，能回答各种问题、进行对话、创作文章等；推理能力优秀，可处理复杂逻辑问题；图片生成可根据描述生成多种风格图片；音乐生成暂未突出；视频生成有一定探索	功能全面，涵盖智能对话、文本生成、图片生成、文档处理等；支持多平台使用	依托字节跳动公司的技术和数据，语言理解和生成出色，图片生成质量高，能满足多样需求

续表

排名	平台名称	文本、推理、图片、音乐、视频生成能力	特　点	优　势
3	通义千问	可结合文件内容生成关键词、摘要等 AI 分析内容，有一定文本推理能力；图片生成有探索；音乐、视频生成功能未重点体现	阿里云推出的超大规模语言模型，是 MaaS 底座	阿里云技术支持，模型训练和优化有保障，自然语言处理和多语言处理有优势
4	讯飞星火	文本生成涵盖多种办公场景，推理能力强大，能处理数学、编程等复杂任务；能生成图片，可按要求生成 PPT；音乐、视频生成能力未强调	基于深度学习技术，拥有庞大语料库和先进算法，全语音交互功能便捷	科大讯飞公司在智能语音领域技术领先，星火大模型不断迭代优化，语言处理和多模态交互表现好
5	腾讯混元	文本方面具有强大的中文理解与创作能力、逻辑推理能力，以及可靠的任务执行能力；在图片生成上有一定能力；音乐生成方面未突出；视频生成有"主角不崩"等特色技术	腾讯全链路自研的通用大语言模型，超千亿参数规模，预训练语料超 2 万亿 Tokens	腾讯公司技术实力雄厚，生态资源丰富，在多模态视频生成等方面有技术优势，能提供全面便捷的 AI 服务
6	360 智脑	具备生成创作、多轮对话、逻辑推理等十大核心能力，能处理各种文本任务；可生成图片；音乐、视频生成能力相对较弱	360 公司自研认知型通用大模型，依托 360 公司多年积累的大算力、大数据、工程化等关键优势	360 公司在安全领域有优势，模型安全性和可靠性较高，功能全面，能满足用户多种需求
7	智谱清言	基于智谱 AI 自主研发的中英双语对话模型 ChatGLM2，文本生成和推理能力较好；有 AI 绘画功能；音乐、视频生成能力未突出	以通用对话形式为用户提供智能化服务，专注于做大模型的中国创新	在学术和专业领域有深入知识储备，AI 绘画有特色，能满足学习和工作中的多种需求
8	Kimi	擅长长文本处理，文本生成和推理能力强，可处理专业学术论文翻译、法律问题分析等复杂任务；图片、音乐、视频生成能力不突出	全球首个支持输入 200 万汉字的智能助手产品，支持多平台交互，能实时搜索信息	在长文本处理和专业领域应用有独特优势，技术创新能力强，能满足专业用户需求
9	天工 AI	具备文本写作辅助功能，可进行封面创作、图片生成及 PPT 制作等；推理能力可满足一般语义理解需求；音乐、视频生成能力有限	昆仑万维自研的双千亿级大语言模型，可满足文案创作、知识问答等需求	在创意生成和文本处理方面有特色，模型规模大，能处理复杂任务
10	百川大模型	在知识问答、文本创作领域表现突出，文本生成质量较高，推理能力较好；图片、音乐、视频生成能力有待进一步发展	以帮助大众轻松、普惠地获取世界知识和专业服务为使命，融合意图理解、信息检索以及强化学习技术	致力于构建中国优秀的大模型底座，在知识类文本处理上有优势，发展潜力较大

6.4　AIGC 的部分行业应用简介

生成式人工智能（AIGC）技术在各行各业的广泛应用，不仅推动了行业创新，也极大地提高了生产效率和服务质量。随着 AIGC 技术的发展，越来越多的行业开始利用其生成内容、自动化分析和优化决策的能力，以下是 AIGC 在不同行业中的典型应用。

6.4.1　教育行业

在教育领域，AIGC 的应用主要体现在个性化学习、教育资源自动生成、智能教学助手等方面。AI 能够根据学生的学习进度和兴趣，为每个学生量身定制学习计划，同时生成个性化的学习内容和测验，辅助教师进行教学和评估。

应用场景：

智能辅导：基于 AI 的个性化学习系统可以为学生提供定制化的学习计划和内容，帮助学生在特定科目上进行强化训练。

自动化教学内容生成：教师可以通过 AIGC 技术快速生成教案、试题、课件等教学资源，节省时间和精力。

智能测评与反馈：AI 可以根据学生的表现自动生成测试题，并提供即时反馈，帮助教师更好地了解学生的学习情况。

国内外平台：

国际平台：可汗学院（Khan Academy，通过 AI 为学生提供个性化学习建议），Coursera（利用 AI 进行课程推荐和个性化学习路径设计）。

中国平台（图 6-4）：作业帮（AI 辅助学习、个性化答疑），猿辅导（AI 智能学习平台，为学生提供实时辅导和学习支持），网易云课堂（利用 AI 提供智能课程推荐）。

图 6-4　中国教育行业 AIGC 应用

6.4.2　医疗行业

AIGC 在医疗行业的应用正在不断拓展，特别是在医学影像分析、疾病预测、智能诊断、个性化治疗方案等方面，AI 的强大推理和生成能力为医生提供了有力支持，提升了医疗服务的效率和精准度（图 6-5）。

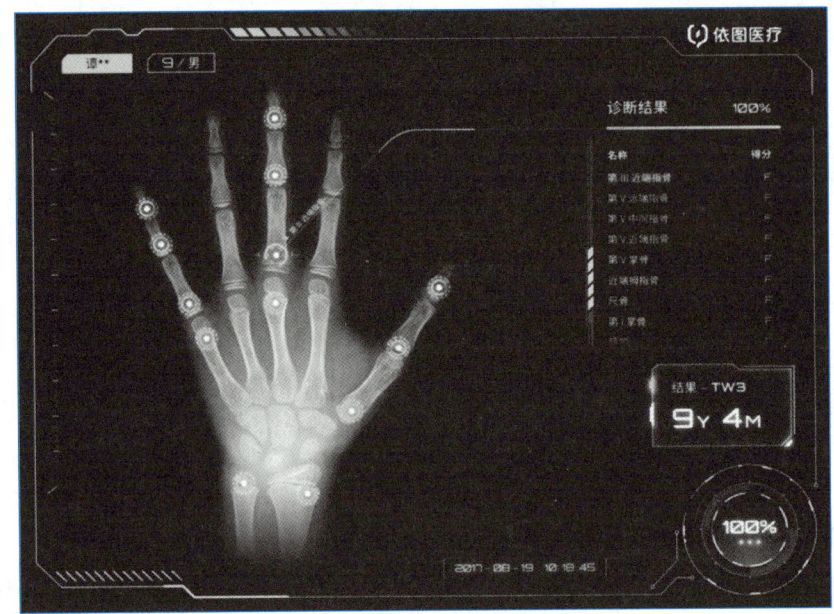

图 6-5   AIGC 在医疗行业的应用

应用场景：

医学影像分析：AI 可以自动分析 X 射线、CT、MRI 等医学影像，辅助医生快速诊断疾病，特别是癌症、心血管病等疾病的早期诊断。

智能诊断：基于患者的病史和症状，AI 可以帮助医生提出可能的诊断建议，甚至生成个性化治疗方案。

药物研发：AI 可以通过对大量生物医学数据的分析，帮助药物研发公司发现潜在的药物分子，缩短研发周期。

国内外平台：

国际平台：IBM 的 Watson for Oncology（用于癌症诊断和治疗建议），Google Health 的 AI 医疗影像分析（用于疾病检测和预测）。

中国平台：依图医疗（AI 医疗影像分析），腾讯云医疗 AI（包括影像识别、疾病预测、智能诊断等应用），阿里健康（提供 AI 辅助的健康管理和远程诊疗服务）。

6.4.3　金融行业

在金融领域，AIGC 的应用主要体现在风险控制、智能投资、客户服务、金融报告生成等方面。AI 通过对大量历史数据和实时市场信息的分析，帮助金融机构优化决策，提升风险控制能力，提供个性化的金融产品和服务（图 6-6）。

图 6-6　AIGC 在金融行业的应用

应用场景：

智能投资顾问：基于 AIGC 的智能投资平台能够根据用户的投资偏好、风险承受能力等信息，生成个性化的投资建议和资产配置方案。

金融报告自动生成：AI 可以根据公司财务数据、市场情况和行业趋势，自动生成财务报告、分析报告等，大大节省分析师的工作量。

风险评估与反欺诈：AI 能够实时分析交易数据，识别潜在的欺诈行为和异常交易，帮助银行和金融机构降低风险。

国内外平台：

国际平台：JP Morgan 公司的 Coin（合同分析工具），Goldman Sachs 公司的 Marcus（基于 AI 的智能财务顾问平台）。

中国平台：蚂蚁金服的智能风控系统，平安科技的金融 AI 平台，通过 AI 技术在贷款审批、信用评估等环节中提供智能决策支持。

6.4.4　法律行业

在法律领域，AIGC 能够帮助律师和法律机构提高工作效率，尤其是在合同审查、案件分析、法律咨询等方面。AI 可以通过自动化处理大量法律文献、合同和判例，为法律专业人员提供支持，降低人工成本并提高准确度（图 6-7）。

应用场景：

合同自动化审查：AI 可以快速审查合同中的条款，识别潜在的法律风险或不公平条款，辅助律师在合同审查中提高效率。

法律文献检索与案例分析：AIGC 可以通过法律文献数据库和判例库，帮助律师查找相关案例，提供法律分析和建议。

智能法律咨询：AI 能够提供初步的法律咨询服务，帮助用户了解基本的法律知识，降低法律服务的门槛。

国内外平台：

国际平台：ROSS Intelligence（AI 律师助理，提供法律文献检索、案件分析等服务），Luminance（用于合同审查的 AI 平台）。

中国平台：法大大（AI 合同审查平台，能够识别法律风险），律师助手（提供法律咨询与文书生成服务）等。

图 6-7   AIGC 在法律行业的应用

6.4.5   媒体与广告行业

在媒体和广告领域，AIGC 的应用主要体现在内容生成、广告创作、数据分析和个性化推荐等方面（图 6-8）。AI 可以帮助企业生成定制化的广告内容，优化广告投放策略，提高营销效率和 ROI（投资回报率）。

应用场景：

广告文案与创意生成：AIGC 可以根据品牌要求、产品特点和目标受众，自动生成广告文案、海报、视频等内容。

个性化内容推荐：AI 可以分析用户行为和偏好，提供个性化的新闻、文章、广告推荐。

社交媒体内容生成与分析：AI 可以自动生成社交媒体帖子，分析社交媒体数据，帮助品牌优化其社交媒体营销策略。

图 6-8　AIGC 在媒体与广告行业的应用

国内外平台：

国际平台：OpenAI 公司的 GPT 系列（用于广告文案和创意内容生成），copy.ai（提供自动化的广告文案生成服务）（图 6-9）。

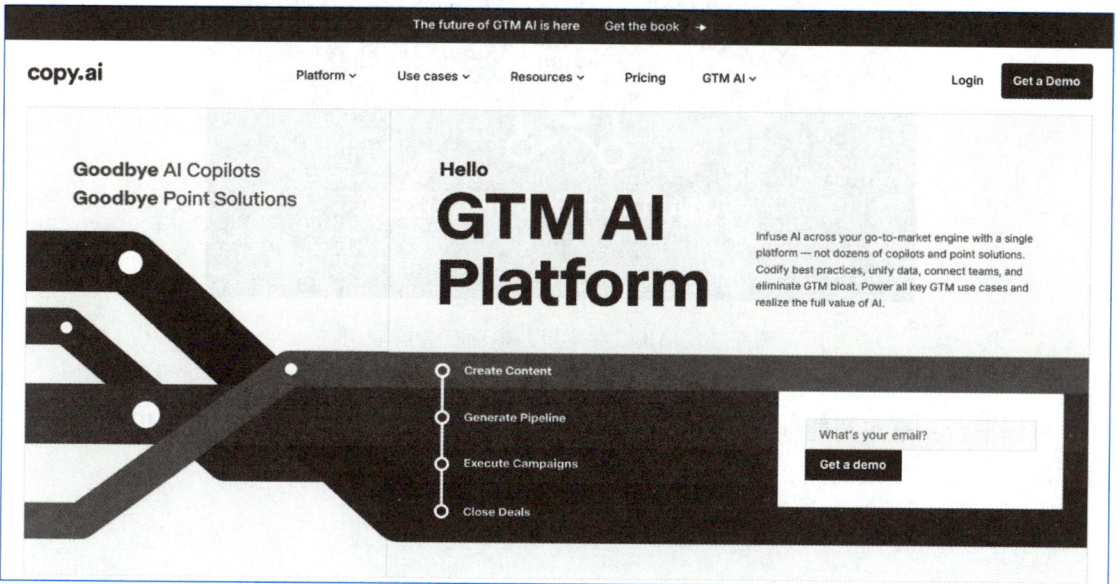

图 6-9　AIGC 在媒体与广告行业的应用

中国平台：字节跳动公司的广告平台，利用 AI 生成个性化广告内容并进行精准投放；腾讯广告（通过 AI 优化广告效果，提升品牌传播效果）。

6.4.6　零售与电商行业

AIGC 在零售与电商行业的应用，主要体现在个性化推荐、虚拟购物助手、产品描述生成等方面。通过 AI 对用户行为和购买数据的分析，商家可以实现更精准的产品推荐和营销策略，提升客户体验和销售额。

应用场景：

个性化商品推荐：AI 可以根据用户的购买历史、浏览习惯和兴趣爱好，生成个性化的商品推荐，提升转化率。

虚拟购物助手：通过 AIGC 技术，电商平台可以提供智能客服，帮助消费者解答问题、推荐产品、进行购物指导。

自动化商品描述生成：AI 能够根据产品图片和特征自动生成商品描述，提升电商平台的内容生成效率。

国内外平台：

国际平台：Amazon Personalize（个性化推荐服务，图 6-10），Shopify（利用 AI 生成商品描述和营销内容）。

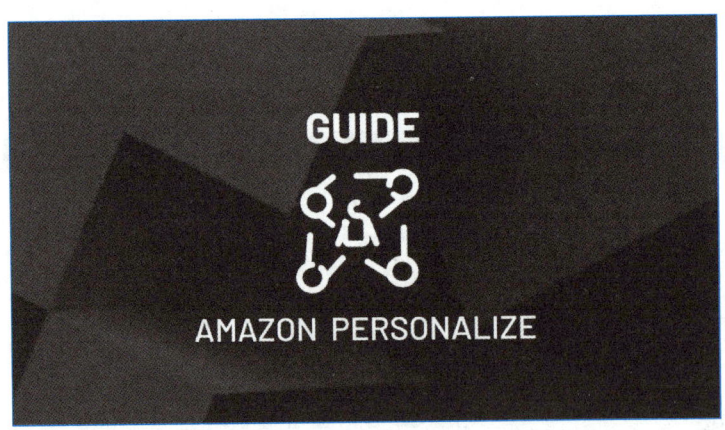

图 6-10　AIGC 在零售与电商行业的应用

中国平台：京东智能推荐系统（根据用户行为进行个性化推荐），阿里巴巴的淘宝 AI 写作助手（自动生成商品，图 6-11）。

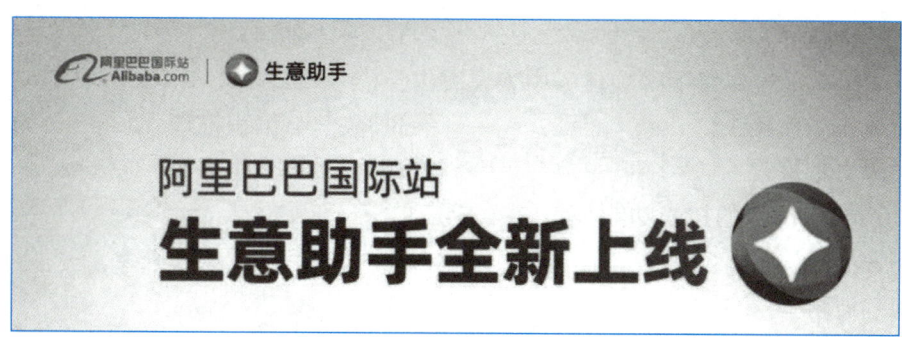

图 6-11　AIGC 在零售与电商行业的应用

 习题

单选题

1. 以下哪项是 AIGC 在教育行业的主要应用场景？（　　　）

A. 医学影像分析 　　　　　　　　　B. 个性化学习计划生成

C. 金融风险评估 　　　　　　　　　D. 法律合同审查

2. Midjourney 平台的核心功能是？（　　　）

A. 音乐生成 　　　　　　　　　　　B. 文本到图像生成

C. 视频编辑 　　　　　　　　　　　D. 代码补全

3. 国内平台"文心一言"的主要优势体现在？（　　　）

A. 多语言视频生成 　　　　　　　　B. 中文语境理解与知识图谱支持

C. 医疗影像分析 　　　　　　　　　D. 金融反欺诈技术

4. Sora 是哪个公司推出的视频生成模型？（　　　）

A. Google 　　　　　　　　　　　　B. OpenAI

C. 腾讯 　　　　　　　　　　　　　D. 阿里巴巴

5. 以下哪项是 AIGC 在医疗行业的典型应用？（　　　）

A. 广告文案生成 　　　　　　　　　B. 医学影像辅助诊断

C. 法律合同审查 　　　　　　　　　D. 音乐创作

6. "豆包"平台的核心优势包括？（　　　）

A. 支持多平台交互与高质量图片生成 　B. 专注于量子计算研究

C. 仅用于金融风险评估 　　　　　　D. 仅生成英文内容

7. Runway Gen-4 的主要应用领域是？（　　　）

A. 音乐合成 　　　　　　　　　　　B. 视频生成与特效制作

C. 医学诊断　　　　　　　　　　　　　　D. 法律咨询

8. 讯飞星火平台在以下哪项任务中表现突出？（　　　）

A. 生成音乐作品　　　　　　　　　　　B. 数学与编程推理

C. 法律文献检索　　　　　　　　　　　D. 金融报告生成

9. GitHub Copilot 的核心功能是？（　　　）

A. 图像生成　　　　　　　　　　　　　B. 代码自动生成与补全

C. 视频剪辑　　　　　　　　　　　　　D. 音乐合成

10. Mubert 平台的主要特点是？（　　　）

A. 生成个性化免版税音乐　　　　　　　B. 提供法律咨询服务

C. 自动化合同审查　　　　　　　　　　D. 医学影像分析

11. 国内平台 "Kimi" 的独特优势是？（　　　）

A. 支持 200 万汉字长文本处理　　　　　B. 生成高质量视频内容

C. 医疗影像诊断　　　　　　　　　　　D. 金融反欺诈

12. AIGC 在零售行业的主要应用是？（　　　）

A. 法律合同审查　　　　　　　　　　　B. 个性化商品推荐

C. 医学诊断　　　　　　　　　　　　　D. 音乐创作

判断题

1. Midjourney 生成的图像仅支持写实风格。

2. "通义千问" 是阿里巴巴推出的多模态大语言模型。

3. Suno 平台专注于生成个性化视频内容。

4. "腾讯混元" 在视频生成领域具备 "主角不崩" 技术。

5. AIGC 在法律行业仅用于自动化合同审查。

6. "智谱清言" 的 AI 绘画功能是其核心优势。

7. Runway Gen-4 不支持多格式视频输出。

8. "天工 AI" 在音乐和视频生成领域表现突出。

第7章 Prompt提示词应用与实践

第7章 数字资源

7.1 Prompt 提示词的概念

提示词（Prompt）是用户向人工智能下达的指令或提供的信息，用于引导模型生成符合需求的内容。它可以是问题、描述、关键词等形式，明确表达任务目标、内容方向、风格要求等。比如，写文案时告知产品特点、目标受众、风格；写故事时说明主题、角色、情节框架等。提示词越清晰、具体、准确，模型输出的内容就越贴合预期。优质提示词是与 AI 高效沟通的关键，能充分发挥其功能，提升交互效果。

提示词可用于问答咨询，多模态内容生成（文本、文件、图像、语音、视频），面向特定输入信息与条件的问答与内容生成、智能体（Agent）设计等多种场景。

7.2 通用的提示词内容架构

7.2.1 通用的提示词内容架构

通用的提示词内容架构：**角色设定，任务目标，任务内容**（在括号内简述相关内容要求：如文章风格……），**上传自有资料**（上传用户自己收集的任务相关资料，如单位介绍，行业报告等），**输出结果要求**（在括号内简述输出结果要求：如字数 1 000~2 000、格式规范、质量标准等要求）。

提示词核心要素解释

（1）角色设定：明确 AI 扮演的身份，让其输出更具专业性和针对性。例如在文案创作中设定"你是擅长撰写　情感类文案的广告策划师";在学术研究辅助时设定"你是该领域的资深研究员"。

（2）任务目标：清晰阐述需要 AI 完成的具体任务，避免模糊表述。如"撰写一篇关于新能源汽车市场趋势的分析报告""设计一个儿童益智玩具的创意方案"。

（3）内容要求：详细说明输出内容应涵盖的要素，如在旅游攻略撰写中，要求"包含每日行程安排、特色美食推荐、交通方式、住宿建议";在产品介绍中，需"包含产品功能、使用场景、竞争优势"。

（4）格式规范：指定输出格式，方便使用和阅读。常见格式有 Word、PDF、Markdown 表格、Excel、柱状图和折线图、项目符号列表、学术论文格式、邮件格式等。例如"以 PPT 大纲形式呈现，使用分级标题""用 JSON 格式输出数据"等。

（5）质量标准：提出对内容质量的要求，如语言风格（正式书面语、活泼口语化）、字数范围、原创性（要求内容原创，避免抄袭）。

7.2.2　常见组合架构模式

（1）基础型架构

结构：角色设定+任务指令+内容要求

特点：简洁高效，适用于对内容要求相对简单的场景。

示例：你是健身教练，任务是制定一份居家健身计划，内容需包含针对上肢、下肢、核心的训练动作，每个部位至少 3 个动作。

（2）完整型架构

结构：角色设定+任务指令+内容要求+格式规范+质量标准

特点：全面细致，能产出高质量、符合特定要求的内容。

示例：你是时尚杂志编辑，任务是撰写一篇秋季穿搭指南文章。内容要包含不同场合（职场、休闲、聚会）的穿搭推荐，搭配色彩搭配原理和流行元素分析。格式采用杂志专栏文章形式，分版块配图，每部分插入高清穿搭实拍图。文章语言时尚生动，融入时尚圈最新热梗，字数控制在 2 000~2 500，保证内容原创且具有较强的实用性和指导性。

（3）问题解决型架构

结构：背景描述+角色设定+任务指令+解决方案要求

特点：聚焦问题，通过分析背景来针对性地提出解决方案。

示例：某实体店近期客流量减少，你是商业运营顾问，任务是分析客流量下降的原因并制定提升方案。解决方案要求包含短期引流活动策划（如限时折扣、主题活动）、长期客户留存策略（如会员体系优化、社群运营），并对方案的可行性和预期效果进行评估。

（4）创意激发型架构

结构：主题引导+角色设定+风格要求+内容拓展方向

特点：鼓励创新，适合广告创意、艺术创作等场景。

示例：以"未来城市"为主题，你是科幻概念设计师，风格要求充满科技感与梦幻色彩，内容拓展方向包括城市建筑形态、交通系统、能源设施等，需描绘出具有前瞻性和想象力的设计草图说明。

（5）信息整合型架构

结构：资料提供+任务指令+整合要求+输出形式

特点：适用于整合大量信息，输出结构化内容。

示例：这里有 10 篇关于人工智能伦理问题的论文资料，你是学术研究员，任务是将这些资料进行梳理整合，整合要求提取核心观点、对比不同研究结论、分析争议焦点。输出形式为思维导图，清晰呈现各观点间的逻辑关系。

7.3 常见提示词框架

提示词框架是生成高质量输出的结构化工具，通过明确目标、组织信息来引导 AI 理解需求。表 7-1 是常见的提示词框架模型：

表 7-1　常见的提示词框架模型

APE 框架：行动、目的、期望	TAG 框架：任务、行动、目标	RTF 框架：角色、任务、格式
行动：定义要完成的工作或活动 目的：讨论意图或目标 期望：说明期望的结果	任务：定义具体任务 行动：描述需要做什么 目标：解释最终目标	角色：指定大语言模型的角色 任务：定义具体任务 格式：定义您想要的答案的方式
CARE 框架：语境、行动、结果、示例	SAGE 框架：情况、行动、目标、日期	SPAR 框架：场景、问题、行动、结果
背景：设置讨论的舞台或背景 行动：描述您想要做什么 结果：描述期望的结果 示例：举例说明观点	情况：描述背景或情况 行动：描述需要做什么 目标：解释最终目标 期望：描述期望结果	场景：描述背景或情况 问题：解释问题 行动：概述要采取的行动 结果：描述期望的结果
TRACE 框架：任务、请求、操作、语境、示例	ROSES 框架：角色、目标、场景、预期解决方案、步骤	SCOPE 框架：场景、并发症、目标、计划、评估
任务：定义具体任务 请求：描述您的请求 行动：说明您需要采取的行动 语境：提供背景或情况 示例：举例说明观点	角色：指定 ChatGPT 的角色 目标：说明目的或目标 场景：描述情况 解决方案：定义期望的结果 步骤：询问达成解决方案所需的行动	场景：描述情况 并发症：讨论任何潜在的问题 目标：陈述预期结果 计划：详细说明实现目标的步骤 评估：如何评估成功

提示词框架在不同行业或领域中存在一定差异，主要体现在以下几个方面：

7.3.1　科研领域

注重准确性和专业性：提示词框架会强调对研究问题的精确表述，要求使用专业术语和规范的学术语言。例如，在物理学中，可能会这样构建提示词框架："基于［具体理论或模型］，研究［物理现象或问题］，分析［相关变量或参数］之间的关系，采用［实验方法或计算手段］进行验证，以得出具有科学依据的结论。"

强调研究方法和过程：需要详细说明研究的方法、步骤以及数据来源等，以确保研究的可重复性和可靠性。比如在医学研究中，提示词框架可能包括"在［研究对象群体］中，通过［具体的实验设计或调查方法］，收集［相关数据类型］，运用［统计分析方法］进行处理，探讨［疾病与因素之间的关联］。"

7.3.2　教育领域

以教学目标为导向：根据不同的教学阶段和学生的认知水平，设计符合教学大纲要求的提示词框架。例如，在小学数学教学中，可能是"以［具体数学概念或知识点］为基础，通过［生活实例或数学游戏］引入，引导学生理解［概念的内涵和外延］，掌握［相关的计算方法或解题技巧］，并能够运用所学知识解决［实际问题］。"

注重引导和启发：提示词框架会注重引导学生思考，激发学生的学习兴趣和主动性。如在语文写作教学中，可能会是"给定［作文题目或主题］，引导学生从［不同角度或方面］进行观察和思考，鼓励学生运用［所学的修辞手法或写作技巧］，表达自己的［真情实感或独特见解］，培养学生的［写作能力和创造力］。"

7.3.3　商业领域

关注市场和客户需求：提示词框架往往围绕市场调研、产品定位、营销策略等方面展开，以满足客户需求和实现商业目标为核心。例如，在产品营销策划中，可能会是"针对［目标市场和客户群体］，分析［市场趋势和竞争对手情况］，明确［产品的独特卖点和价值主张］，制定［具体的营销渠道和推广活动］，以提高［产品的市场占有率和销售额］。"

强调结果和效益：更注重实际效果和经济效益，提示词框架会涉及对成本、利润、投资回报率等指标的关注。比如在商业计划书的撰写中，可能会有"基于［市场分析和商业机会］，提出［具体的商业模式和运营策略］，预计［启动资金和成本投入］，分析

［收入来源和盈利预测］，评估［项目的风险和可行性］，以吸引［投资者或合作伙伴］。"

7.3.4　艺术领域

强调创意和情感表达：提示词框架会给予创作者较大的发挥空间，鼓励创新和独特的表达方式。例如，在绘画创作中，可能是"以［某种情感或主题］为灵感来源，运用［特定的绘画风格或技法］，通过［色彩、线条、构图等元素］的组合与运用，表达出［个人的情感体验或艺术观点］，创作出具有［艺术感染力和审美价值］的作品。"

注重审美和风格特点：不同的艺术形式有各自独特的审美标准和风格要求，提示词框架会体现这些特点。如在音乐创作中，可能会是"结合［音乐风格流派］的特点，运用［特定的音乐元素如旋律和声、节奏等］，创作出具有［独特音乐风格和情感氛围］的作品，以引起［听众的情感共鸣和审美享受］。"

7.4　提示词常见应用场景及相关设计

7.4.1　一般问答与咨询

使用大模型进行问答与咨询是生成式人工智能最常见的应用，在生成式人工智能大模型的输入框，填入需要回答的问题即可获得回答内容，AIGC 是基于大模型的知识进行回答，对于同一个问题，每次回答的内容含义基本相同，但是文字表述有可能每次都不一样（除必须一致的内容，如数学公式等）

（1）简要问答：提示词格式：问题内容（字数限定）

（2）引导问答：提示词格式：问题内容（引导回答内容的方向，字数等）

例子 1：查询"跨境电子商务的定义"

提示词（图 7-1）：跨境电子商务的定义（200 字以内）。

例子 2：简单了解跨境电子商务知识

提示词（图 7-2）：跨境电子商务知识（定义、应用等，1 000 字以内）

获得结果如图 7-3 所示：

跨境电子商务的定义（200字以内）

跨境电子商务是指分属不同关境的交易主体，通过电商平台达成交易、进行电子支付结算，并通过跨境物流送达商品、完成交易的一种国际商业活动。它突破了传统贸易的地域限制，使企业和消费者能够更便捷地参与全球市场，实现商品和服务的跨境流通，涉及到国际贸易、电子支付、物流配送、海关监管等多个领域，是推动全球贸易数字化转型的重要力量。

◁)   ⧉   ⟳   ⌀ 编辑   ⤴ 分享   … | 👍   👎

跨境电子商务和国内电子商务的区别有哪些？ →

跨境电子商务的发展现状和趋势如何？ →

如何开展跨境电子商务业务？ →

跨境电子商务的定义（200字以内）|

⊘   ⚙ 深度思考   🎛 技能   ✂   🎤   ↑

图 7-1   提示词：跨境电子商务的定义（200 字以内）

◁)   ⧉   ⟳   ⌀ 编辑   ⤴ 分享   … | 👍   👎

跨境电子商务知识（定义、应用等，1000字以内）

⊘   ⚙ 深度思考   🎛 技能   ✂   🎤   ↑

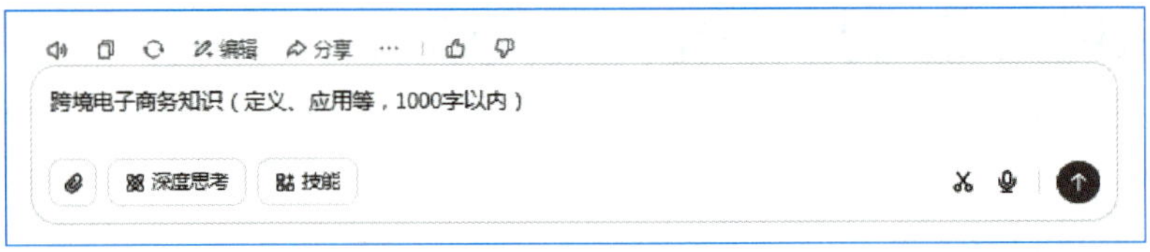

图 7-2   提示词：跨境电子商务知识（定义、应用等，1 000 字以内）

跨境电子商务是指分属不同关境的交易主体，通过电子商务平台达成交易、进行电子支付结算，并通过跨境物流送达商品、完成交易的一种国际商业活动.
以下是关于它的一些知识：
1. **主要分类** 按交易模式：可分为 B2B（企业对企业）、B2C（企业对消费者）、C2C（消费者对消费者）跨境电商和跨境电商 O2O（线上到线下）。 按商品流向：可分为进口跨境电商和出口跨境电商。
2. **特征**：全球性：打破时空限制，通过网络可实现国家间直接贸易。
复杂性：涉及国际（地区间）贸易体系、规则等，业务环节多，需经过海关通关、进出口征税等。
无形性：大部分交易通过数字化形式完成，以计算机数据代码为媒介。
即时性：减少进出口中间商环节，节约交易成本，但也存在法律风险，如税收监管时效等问题。
3. **应用**：拓展市场：企业借助跨境电商平台，能将产品和服务推向全球市场，接触到更多潜在客户，打破传统贸易的地域限制，增加销售机会，提升品牌国际知名度。如中国的一些中小制造企业通过亚马逊等平台，将产品销往全球多个国家和地区。
优化供应链：跨境电商使企业能更高效地整合全球资源，寻找优质供应商，降低采购成本。同时，通过大数据分析等技术，精准预测市场需求，优化库存管理，提高供应链的灵活性和响应速度。 创新营销方式：利用社交媒体、搜索引擎优化等线上营销手段，针对不同国家和地区的消费者开展个性化营销活动6。比如，根据目标市场的文化特点和消费习惯，制作有针对性的广告内容，提高营销效果，吸引消费者购买。 提升消费者体验：消费者能通过跨境电商平台购买到来自全球的丰富商品和服务，享受更加便捷的购物体验，如在家中就能浏览并购买国外的特色产品，且商品通常能快速送达3。同时，消费者还能获取更多产品信息和用户评价，做出更明智的购买决策。 跨境电子商务作为推动经济一体化、贸易全球化的技术基础，正在成为拉动全球贸易增长的新动能

图 7-3   提示词输出结果

7.4.2　短文章生成的提示词设计

短文章生成的提示词设计

角色（你的角色），需要生成文章内容标题或者方向，文章风格（诙谐、辛辣、批判、理性分析……），字数等。

示例：（1）以"AI 智能体（Agent）开始渗透日常办公软件"这个趋势性话题为例，效率革命（乐观展望型）。

提示词设计：你是一位专注于职场效率提升的知名博主，读者主要是企业中层管理者和追求高效工作的白领。撰写一篇鼓舞人心的文章，重点阐述 AI 智能体如何彻底改变传统办公模式，带来生产力跃升。语调积极、充满热情和前瞻性，500 字生成文章如图 7-4 所示：

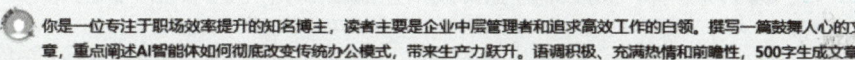

图 7-4　提示词输出结果

示例：（2）以"AI 智能体（Agent）开始渗透日常办公软件"这个趋势性话题为例，伦理边界（深度探讨型，面向政策研究者/科技伦理学者）。

提示词设计：你是一位科技伦理研究机构的资深研究员，长期关注人工智能的社会影响。撰写一篇具有思想深度的评论文章，批判性审视办公 AI 智能体广泛应用带来的新型伦理困境与治理挑战。语调审慎、批判性、富有哲理，500 字。生成文章如图 7-5 所示：

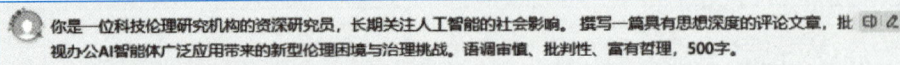

图 7-5　提示词输出结果

7.4.3　长文章生成的提示词设计

长文章生成的提示词设计：

（1）角色（你的角色，可以不要）

（2）需要生成文章内容标题或者方向

（3）文章类型（教材、营销、研究报告……）

（4）关键词（你关注的关键词）

（5）输出格式：文章目录，按目录章节生成内容

示例：2025 年云南省建筑市场的研究报告

提示词设计： 我是一名建筑企业管理人员，2025 年云南省建筑市场的研究报告，文章类型（研究报告），关键词（云南省建筑市场需求分析，2025 年云南省大型基建项目信息列表，建筑行业新技术介绍等），输出格式：文章目录，按目录章节生成内容，全文不超过 20 000 字。

在百度创意写作，选择深度写作，填入提示词即可生成长篇研究报告（图 7-6）。

图 7-6　提示词输出结果

7.5　基于素材资料的提示词应用与设计

在人工智能创作领域，基于素材资料设计提示词能显著提升生成内容的质量与相关性，是 AIGC 行业应用的重要方法。

（1）应用目的：用户需要生成某个行业，某个方向的内容，或者是对某个行业，某件事情进行多维度的分析研究。

（2）素材与资料：用户根据需求自行准备的各种参考资料，可以是各种文本文件，也可以是网页（输入网址），可以是单个文件也可以是一系列的各种文件资料。

（3）提示词设计：根据用户需要，设计相关的提示词、关键字向 AI 大模型发出指令依托素材与资料获得需要的结果。

7.5.1　阅读分析

文档阅读、论文精读论文综述摘要、论文综述、研究问题和分析、研报快速摘要、数据整理、市场数据整理、业务分析（市场情况分析）、会议纪要整理（整理会议纪要）、日报整理（日常工作总结）、简历评估（批量对比简历）、文档总结（快速梳理文档）等。

（1）提示词设计

任务目标，内容要求，上传相关资料，内容类型及相关要求（如需要关注的关键词等），输出结果要求［如包含：文件格式（如研究报告、表格、SWOT 分析、数据分析等）］

（2）相关工作

素材资料分析：设计提示词前，需全面剖析素材。若素材为新闻报道，要明确其主题、核心事件、关键人物、时间地点等要素；若为学术文献，则需把握研究背景、目的、方法、结论等关键信息。通过细致分析，精准提炼素材要点，为提示词构建提供坚实基础。

核心要点提取：从素材资料中提取核心要点融入提示词。比如针对一篇关于环保科技应用的素材，可提取"新型污水处理技术""某地区试点应用""效果评估"等要点，将其转化为"以新型污水处理技术在某地区试点应用及效果评估为主题，创作一篇科普文章"的提示词。

内容结构与风格设定：依据素材特点和创作需求，在提示词中设定内容结构与风格。若素材是项目策划书，可要求生成内容按"项目背景—目标—实施步骤—预期效果"的结构呈现；若素材是文学作品片段，可指定浪漫主义、现实主义等风格，如"以浪漫主义风格，围绕素材中爱情主题创作短篇小说"。

优化与迭代：生成内容后，根据实际效果对提示词优化与迭代。若生成内容偏离主题，调整提示词中关键要素的权重或表述方式；若风格不符，进一步明确风格要求。通过不断优化，使提示词更贴合素材资料，生成更优质的内容。

7.5.2　基于素材资料的内容创作与生成

基于素材资料设计提示词能显著提升生成内容的质量与相关性，是 AIGC 行业应用的重要方法。具体方法如下：

（1）收集组织相关资料与素材（可是 Word、PDF、PPT、网页等资料）

（2）上传到 AIGC 平台

（3）生成的提示词设计：根据需要设计提示词

① 角色（你的角色，可以不要）

② 需要生成文章内容标题或者方向

③ 文章类型（教材、营销、研究报告……）

④ 部分重点目录及章节

⑤ 重点关注的关键词

⑥ 输出格式：文章目录，按目录章节生成内容，文件格式（如研究报告、表格、SWOT 分析、数据分析等）

7.5.3 应用示例

上传:《海南自贸港旅游零售白皮书》

提示词设计:根据我上传的研报,生成一份研报摘要,包括行业概述、市场规模与增长趋势、技术发展、SWOT 分析等。

7.6 图像生成的提示词设计

7.6.1 图像生成的提示词设计

提示词设计是图像生成过程中的关键环节,它直接影响着生成图像的质量和与用户期望的契合度。以下是关于图像生成提示词设计的简述:

1. 明确主题与核心元素

首先要清晰确定想要生成图像的主题,如"夏日海滩""奇幻森林"等,然后明确主题相关的核心元素,如夏日海滩的沙滩、海浪、遮阳伞,奇幻森林的神秘树木、精灵、魔法光芒等,将这些核心元素融入提示词中,让模型能抓住关键特征进行图像生成。

2. 描述细节与特征

对图像的细节和特征进行细致描述,如在描述"古老城堡"时,可提及城堡的建筑风格是哥特式还是巴洛克式,城墙是斑驳的还是光滑的,城堡上的旗帜是什么颜色和图案等,越详细的描述越能让模型生成出符合期望的图像。

3. 设定风格与氛围

风格和氛围对图像的整体感觉至关重要,提示词中需明确风格,如写实、卡通、油画、水彩等,同时设定氛围,如欢快、宁静、恐怖、温馨等,例如"以卡通风格生成一幅表现欢乐生日派对的图像"。

4. 考虑视角与构图

可以在提示词中指定图像的视角,如平视、俯视、仰视等,以及构图方式,如中心构图、三分法构图、对称构图等,像"以仰视视角生成一个站在城市高楼前的超级英雄,采用中心构图"。

5. 合理使用修饰词与限定词

运用适当的修饰词和限定词来进一步精准描述图像，如"明亮的""柔和的""巨大的""微小的"等，比如"生成一幅有柔和月光的宁静夜晚森林图像"。

6. 参考与借鉴

可以参考一些优秀的图像作品、摄影作品或相关的艺术风格，将其特点融入提示词中，例如"参考凡·高的绘画风格，生成一幅充满梦幻色彩的星空夜景图"。

7. 反复实验与调整

提示词的设计往往需要多次实验和调整，若生成的图像不符合预期，分析差异并修改提示词，不断优化以得到满意的结果。

7.6.2　图像生成提示词示例

例子：CCD 风格照片

提示词："年轻女孩，长直发自然蓬松，穿浅灰色修身长袖 T 恤和深蓝色牛仔裤，坐在木质桌前，手持金属杯子用吸管喝饮料，佩戴银色戒指，姿势慵懒自然，眼神直视镜头，表情轻松，背景是简约暖色墙面和木质靠背，墙上有照片装饰，室内昏暗光线，使用 CCD 相机（Sony DSC-W630）拍摄，开启闪光灯，人物明亮，背景微暗，颗粒感，真实自然，生活化，复古随拍风格。"

解析：详细描述了人物的外貌、穿着、动作、场景以及相机型号等元素，生动地呈现 CCD 相机拍摄的复古随拍风格照片，具有颗粒感和特定的色调氛围（图 7-7）。

图 7-7　图像生成提示词输出结果（AI 生成）

7.7　音乐生成的提示词设计

7.7.1　音乐生成的提示词设计要点

音乐生成的提示词设计需要综合考虑多个要素，包括音乐风格、情感表达、乐器使用、节奏特点等，以下是一些设计要点及示例：

设计要点

（1）明确音乐风格：指定具体的音乐风格，如古典、流行、摇滚、爵士、民谣、电子等，让生成模型有清晰的风格方向。

（2）描述情感氛围：通过词汇描述期望音乐传达的情感，如欢快、悲伤、舒缓、激昂、神秘等，帮助模型塑造音乐的情感基调。

（3）指定乐器组合：说明使用的乐器，如钢琴、吉他、小提琴、鼓、贝斯等，不同的乐器组合会产生不同的音乐效果。

（4）设定节奏特点：包括节奏的快慢、强弱规律等，如快节奏的舞曲风格、慢节奏的抒情风格，或具有特定节奏型的音乐。

（5）添加细节描述：可以提及一些特殊的音乐元素或效果，如和声、琶音、滑音、回声等，增强音乐的丰富度。

7.7.2　音乐生成的提示词设计示例

（1）欢快的流行歌曲

提示词："一首节奏明快的流行歌曲，以电吉他和鼓为主要乐器，搭配轻快的贝斯线条。歌曲充满活力，旋律简单易记，有强烈的副歌部分，让人听了忍不住跟着节奏摇摆。整体氛围欢快愉悦，适合在派对或运动时播放。"

（2）悲伤的古典音乐

提示词："创作一首悲伤的古典音乐，以钢琴和小提琴为主奏乐器。缓慢的节奏，深沉的和声，旋律中充满了哀怨和忧伤的情感。可以运用一些琶音和滑音来增强音乐的情感表达，仿佛在诉说一个悲伤的故事。"

（3）神秘的电子音乐

提示词："生成一段神秘氛围的电子音乐，使用合成器营造出空灵的音效，搭配有节奏的鼓点和低沉的贝斯。音乐中融入一些特殊的音效，如回声、混响等，营造出一种虚幻、神秘的感觉，仿佛带领听众进入一个未知的世界。"

（4）激昂的摇滚歌曲

提示词："一首激昂的摇滚歌曲，强烈的鼓点和失真的电吉他是主要特色。快速的节奏和高亢的主唱声音，表达出激情和力量。歌曲中可以有一些精彩的吉他独奏段落，展现出摇滚音乐的魅力和激情。"

（5）舒缓的民谣音乐

提示词："以一把木吉他为主要伴奏乐器，弹奏出简单而温暖的和弦。歌手用温柔、略带沙哑的嗓音演唱，歌曲节奏缓慢，歌词富有诗意，讲述着生活中的故事和情感。整体氛围舒缓、宁静，让人在聆听中感受到内心的平静。"

（6）儿童歌曲

提示词："一首欢快的儿童歌曲，以清脆的钢琴和明亮的木琴为主奏乐器，节奏简单轻快，旋律活泼动听。歌词围绕着小动物们的欢乐生活展开，如小兔子蹦蹦跳、小鸟儿喳喳叫等，充满童趣和想象力，能够吸引小朋友的注意力，激发他们的兴趣和欢乐情绪。"

解析：考虑到儿童的特点，选择适合儿童的乐器和充满童趣的歌词主题，使生成的音乐具有欢快、活泼的风格，儿童易于接受和喜爱。

（7）古风歌曲

提示词："以中国古典乐器古筝、琵琶为主，搭配竹笛和鼓。曲风悠扬婉转，节奏舒缓，带有浓郁的古风韵味。歌词描绘古代山水画卷，如青山绿水、小桥流水、云雾缭绕的仙境等，营造出宁静、悠远的氛围，仿佛将听众带入古代的诗意世界。"

解析：通过明确指定古风乐器和特定的场景描绘，使生成的音乐具有鲜明的中国古风特色，能让人联想到古代的文人雅士和优美的自然风光。

7.8　视频生成的提示词设计

视频生成的提示词设计需要综合考虑视频的主题、内容、风格、镜头语言等多个方面，以下是一些设计要点及示例：

7.8.1　设计要点

（1）明确主题与内容：清晰地描述视频要表达的核心主题和主要内容，让生成模型明白视频的大致方向和重点。

（2）设定风格基调：指定视频的风格，如写实、卡通、科幻、复古等，为视频营造出特定的氛围和视觉效果。

（3）规划镜头运动：描述镜头的运动方式，如推、拉、摇、移、跟、升、降等，以及镜头的角度，如平视、俯视、仰视等，增加视频的动态感和视觉冲击力。

（4）安排场景与角色：如果视频中有场景和角色，要详细描述它们的特征、动作、表情等，使生成的视频更加生动具体。

考虑音乐与音效：提及适合视频氛围的音乐风格和音效，增强视频的感染力和沉浸感。

（5）控制视频节奏：通过描述情节的起伏和画面的切换速度，控制视频的节奏，使其与主题和风格相匹配。

7.8.2　视频生成提示词示例

（1）自然风光纪录片

提示词："一部以热带雨林为主题的自然风光纪录片。视频风格写实，采用高清画质，展现热带雨林中丰富的生物多样性和壮丽的自然景观。镜头从空中俯瞰热带雨林的全貌，然后逐渐拉近，聚焦在一棵巨大的树上，展示树上各种奇特的昆虫和鸟类。接着镜头跟随一条小溪流淌，拍摄溪边的花草和水中的鱼儿。音乐选择舒缓的自然音效，如鸟鸣声、流水声等，搭配轻柔的背景音乐，节奏缓慢，让观众仿佛身临其境，感受大自然的宁静与美丽。"

（2）卡通风格的童话故事

提示词："一个卡通风格的童话故事视频。故事讲述了一个勇敢的小女孩在魔法森林中冒险的经历。视频风格充满奇幻色彩，画面色彩鲜艳明亮。镜头以小女孩为主角，采用跟拍的方式，跟随她在森林中行走，遇到各种神奇的生物和奇妙的场景。小女孩有着金色的头发，穿着粉色的连衣裙，脸上带着好奇和勇敢的表情。森林中有会说话的兔子、发光的蘑菇和神秘的小精灵。音乐采用欢快的童话风格旋律，搭配各种可爱的音效，如兔子的蹦跳声、小精灵的魔法音效等，节奏轻快，营造出欢乐、奇幻的氛围。"

（3）科幻风格的未来城市

提示词："展现一个科幻风格的未来城市景象。视频以高空俯瞰的视角开场，展示城市中林立的摩天大楼和闪烁的霓虹灯。镜头逐渐拉近，聚焦在一辆飞行汽车上，跟随它在城市的空中航道中穿梭，展示城市的高科技设施和繁华景象。城市的建筑风格独特，充满金属质感和流线型设计，街道上有机器人在忙碌地工作。天空中不时有飞船飞过，发出炫酷的光影效果。音乐选择充满科技感的电子音乐，节奏紧凑，搭配各种未来科技音效，如飞行汽车的引擎声、机器人的工作声等，营造出充满未来感和神秘感的氛围。"

（4）运动主题的广告视频

提示词："为一款运动手表制作的广告视频，主题是展现运动的激情与活力。视频风格充满动感，采用快速剪辑和特写镜头，突出手表的功能和外观设计。镜头跟随一位运动员在不同的运动场景中奔跑、跳跃、攀岩等，展示手表在各种极端环境下的稳定性和耐用性。运动员身着鲜艳的运动装备，脸上洋溢着自信和坚毅的表情。背景是各种充满挑战的户外运动场景，如高山、峡谷、沙漠等。音乐选择激昂的摇滚音乐，搭配强烈的节奏鼓点和运动音效，如跑步的脚步声、攀岩的绳索摩擦声等，节奏紧凑，充满力量感，激发观众对运动的热爱和对产品的兴趣。"

7.9　行业工作提示词设计与应用

7.9.1　建筑装修行业提示词设计

提示词设计：请给出建筑装修行业 5 个提示词设计案例（涵盖企业管理、工程设计、工程管理、材料选择、工程投标、项目实施、市场营销等多维度）。案例格式：业务场景，提示词内容，输入文件、输出结果内容及格式。

（1）业务场景：制定装修企业年度战略规划

○ 提示词内容：基于企业当前经营状况、市场竞争格局及行业发展趋势，结合企业愿景与资源能力，制定涵盖业务拓展、团队建设、技术创新等方面的年度战略规划。

○ 输入文件：企业近三年财务报表、市场调研报告、行业政策文件、企业组织架构图

○ 输出结果内容及格式：年度战略规划报告（含战略目标、实施路径、资源配置计划，格式为 PDF）

（2）业务场景：设计高端住宅个性化装修方案

○ 提示词内容：根据高端住宅业主的生活习惯、审美偏好及功能需求，融合前沿设计理念与高品质材料，设计独具特色且满足舒适性与安全性的装修方案。

○ 输入文件：住宅建筑平面图、业主需求调研表、高端装修设计案例集

○ 输出结果内容及格式：个性化装修设计方案（含三维效果图、施工详图、材料样板清单，格式为 PDF+CAD 图纸）

（3）业务场景：优化装修工程成本管理体系

○ 提示词内容：分析企业现有装修工程成本构成，结合行业成本控制标准与企业实际情况，提出成本管理流程优化、预算管控及成本核算改进措施，构建完善的成本管理体系。

○ 输入文件：过往装修项目成本报表、行业成本分析报告、企业成本管理制度文件

○ 输出结果内容及格式：成本管理体系优化方案（含成本管理流程图、控制标准、考核办法，格式为 Word 文档）

（4）业务场景：选择装修工程新型环保材料

○ 提示词内容：依据装修项目的设计要求与环保标准，调研市场上新型环保材料的性能、价格、供应商信誉等，筛选出符合项目需求的材料，并评估其应用效果与潜在风险。

○ 输入文件：装修设计方案、环保材料性能参数表、供应商资质文件、环保标准规范

○ 输出结果内容及格式：新型环保材料推荐清单及评估报告（含材料特性对比、应用建议，格式为 Excel+Word 文档）

（5）业务场景：编制装修工程投标文件

- 提示词内容：根据招标公告、招标文件要求，结合企业优势与项目实际情况，编制包含商务标、技术标等内容的投标文件，突出项目实施方案、质量保障措施及报价竞争力。
- 输入文件：招标文件、企业资质证书、类似项目业绩资料、项目初步施工方案
- 输出结果内容及格式：完整的投标文件（含商务标书、技术标书、报价清单，格式为 PDF）

7.9.2　教育行业提示词设计与应用

表 7-2 为设计面向教育行业的 5 个提示词（场景，内容，需要输入的参考文件，输出结果格式与内容）。

表 7-2　面向教育行业的 5 个提示词

序号	场　　景	内　　容	需要输入的参考文件	输出结果格式与内容
1	中小学课后服务课程设计	为中小学设计多样化课后服务课程体系，涵盖兴趣拓展、作业辅导、素质提升等课程内容，制定课程实施与管理方案	教育部课后服务政策文件、学校学生兴趣调研数据、现有课后服务开展情况总结、师资与场地资源清单	以 Word 文档呈现课程体系设计思路、各课程详细介绍（课程目标、内容、适合年级）、课程排期表、师资安排及管理考核办法
2	教育评价改革实施方案	制定区域或学校层面的教育评价改革方案，围绕学生、教师、学校发展，设计多元评价指标与评价方式	国家教育评价改革总体方案、学校现有评价体系、学生综合素质数据、教师教学成果资料	以 Excel 表格列出学生、教师、学校评价指标体系及权重；Word 文档阐述改革背景、目标、实施步骤、保障措施及预期成效
3	老年教育课程体系优化	针对老年大学现有课程，结合老年人学习需求和兴趣，优化课程体系，提出课程更新与推广策略	老年大学学员学习需求调查问卷、现有课程开设情况及反馈、老年教育相关政策文件、其他优秀老年大学课程案例	以 PPT 展示优化后的课程体系框架、新增课程介绍、课程推广方案、课程评估标准及实施计划
4	教育集团跨校资源共享	为教育集团设计跨校资源共享方案，涵盖师资、课程、教学设备、教研成果等资源的共享机制与实施路径	教育集团各学校资源现状报告、集团发展规划、师资与课程优势分析、跨校合作成功案例	以 Word 文档说明资源共享目标、共享资源分类及具体共享方式、组织保障措施、实施进度表及预期效益分析
5	教育 AI 技术应用规划	规划学校或教育机构的 AI 技术应用方案，包括智能教学辅助、个性化学习、校园管理等场景的 AI 技术部署与应用	教育领域 AI 技术发展报告、学校或机构的信息化现状、师生对 AI 应用的需求调研、AI 产品供应商资料	以 PPT 呈现 AI 技术应用场景规划图、技术选型对比、应用实施步骤、预算分配、风险防控及预期应用效果

7.10 企业经营管理提示词设计与应用

提示词设计：场景，内容，需要输入的参考文件，输出结果格式与内容

表7-3为面向企业经营管理的20个提示词（场景，内容，需要输入的参考文件，输出结果格式与内容）。

表7-3 面向企业经营管理的20个提示词

序号	应用场景	提示词内容	需要输入的参考文件	输出结果格式与内容
1	食品制造企业品牌升级	为年营收5 000万的中小型食品制造企业设计3年品牌升级战略，涵盖市场定位、产品包装优化及线上线下营销整合策略	企业近3年销售数据、现有品牌资料、行业竞品分析报告	以PPT大纲形式输出，包含战略目标、执行步骤、预算分配、效果评估指标，附3个包装设计草图参考
2	互联网公司人才保留	针对员工流失率超25%的互联网公司，制定包含薪酬福利优化、职业发展通道设计及企业文化建设的人才保留体系	员工离职访谈记录、行业薪酬报告、组织架构图	输出Word文档，含现状分析、改进方案、实施计划，附薪酬对比表和员工满意度调查问卷模板
3	连锁酒店成本控制	设计连锁酒店人力、能耗、采购三大板块的运营成本控制方案，需明确降本措施及实施时间表	酒店近1年运营成本明细、能耗数据、采购合同样本	以Excel表格呈现成本分析，甘特图展示实施进度，Word文档详述具体措施及预期降本比例
4	新能源配件海外市场开拓	为新能源汽车配件企业制定欧洲市场进入策略，包含市场调研、合规性分析、渠道建设及本地化营销计划	行业白皮书、欧盟法规文件、企业现有产品目录	PDF报告形式，含市场调研报告、合规风险清单、渠道合作流程图、营销活动排期表
5	传统制造业智能化改造	解决传统制造业生产效率低下问题，提出引入工业机器人等智能制造技术的可行性报告及改造方案	生产线现状视频、设备参数表、行业技术白皮书	输出PPT演示文稿，含技术对比分析、投资回报率测算、改造前后生产效率对比图
6	科技初创公司架构优化	设计适应业务扩张的科技初创公司组织架构，明确部门职责、汇报关系及协作机制	企业战略规划文档、现有组织架构图、业务流程说明	以Visio流程图展示新架构，Word文档详述岗位设置、职责描述及调整过渡期安排
7	餐饮企业食品安全管理	制定餐饮企业食品安全管理体系，包含采购标准、加工监控、应急预案及员工培训计划	食材供应商清单、后厨操作规范、卫生检查记录	输出标准化手册（PDF），含流程图、检查表、培训课件大纲、应急响应流程模板

续表

序号	应用场景	提示词内容	需要输入的参考文件	输出结果格式与内容
8	服装品牌库存管理优化	为年销售额1亿的服装品牌设计库存管理策略，结合大数据分析与促销活动，目标降低库存积压率至10%以下	历史销售数据、库存报表、电商平台流量数据	Excel数据分析报告，含库存预警模型、促销活动方案、月度库存周转率预测曲线
9	建筑企业项目风险管理	设计建筑企业项目风险管理手册，针对工期、成本、安全等风险提出预防与应对措施	项目进度表、成本预算文件、安全事故案例集	Word文档手册，含风险识别清单、应对策略库、应急演练计划表、责任分工矩阵
10	跨境电商供应链数字化	制定跨境电商企业供应链数字化转型方案，涵盖ERP升级、供应商协同及物流追踪体系完善	现有供应链流程图、ERP使用报告、物流合作协议	输出Axure原型图展示系统架构，以Word文档详述实施步骤、技术选型标准、预期效益
11	教育机构客户满意度提升	为教育培训机构设计客户满意度提升计划，包含课程优化、服务改进及反馈机制建设	学员评价数据、课程大纲、竞品服务对比报告	输出PDCA循环改进方案（PPT），含满意度调研问卷、课程迭代计划表、服务流程优化图
12	家电企业新品研发流程	设计家电制造企业新产品研发流程，明确创意收集至量产上市各阶段标准与分工	历史研发项目文档、行业标准规范、专利数据库	输出流程图（Mermaid格式）及配套说明文档，附各阶段评审表模板、交付物清单
13	零售企业全渠道运营	解决零售企业线上线下渠道冲突问题，提出商品、价格、促销一体化运营方案	线上线下销售数据、会员体系规则、促销活动记录	输出策略方案（Word），含渠道协同机制、价格管控模型、促销活动排期甘特图
14	贸易公司税务筹划	为年利润800万的贸易公司制定税务筹划方案，合理利用税收优惠政策	近3年财务报表、税务申报记录、行业税收政策汇编	Excel税务分析表，Word文档详述筹划方案、风险提示及节税效果预测
15	医疗设备售后服务体系	设计医疗设备企业售后服务体系，包含响应时间、维修流程及客户回访机制	设备维修记录、客户投诉数据、行业服务标准	输出服务手册（PDF），含服务流程图、响应时间表、维修SOP、客户满意度调查表
16	文化传媒公司绩效考核	制定文化传媒公司分岗位绩效考核制度，设计KPI指标与考核周期	岗位说明书、历史项目数据、行业绩效方案参考案例	Excel绩效指标库，Word文档详述考核流程、结果应用及申诉机制

续表

序号	应用场景	提示词内容	需要输入的参考文件	输出结果格式与内容
17	传统贸易企业数字化营销	设计传统贸易企业数字化营销转型路径，涵盖社媒运营、电商平台搭建及数据分析	现有营销渠道数据、竞品数字化策略报告、企业官网架构	PPT 转型路线图，含社媒运营日历、电商平台设计原型、数据看板示例
18	物流企业智能调度系统引入	解决物流企业车辆调度效率低问题，提出智能调度系统引入方案，含选型、实施及效益评估	车辆运营数据、调度日志、市场主流系统对比资料	输出可行性报告（PDF），含系统选型评分表、实施甘特图、ROI 测算模型
19	环保企业融资计划书	设计环保企业融资计划书，分析盈利模式，制定股权债权结合融资方案	项目可行性研究报告、财务预测数据、行业投资案例	标准商业计划书（Word），含 BP 摘要、财务模型、融资需求表、风险应对策略
20	连锁便利店新店选址评估	为连锁便利店设计新店选址评估模型，综合人口、消费、竞争等因素建立量化标准	历史门店经营数据、商圈调研报告、GIS 地图数据	Excel 选址评估模板，含权重计算表、评分标准、选址决策流程图

7.11　政务工作提示词设计

7.11.1　政府部门业务场景提示词设计案例

提示词设计：我是工信厅公务员，请围绕工信厅业务工作设计的 10 个 Prompt 案例，聚焦产业政策、企业服务、数字化转型等核心业务场景，采用【场景-任务-输入文件-输出格式】结构

（1）【场景】制定新能源汽车产业扶持政策
- 任务：结合本省新能源汽车产业现状、企业发展痛点，参考国家相关政策，制定具有针对性的产业扶持政策，推动产业升级
- 输入文件：本省新能源汽车产业调研报告、国家新能源汽车产业发展规划
- 输出格式：政策文件草案（含政策目标、扶持措施、实施步骤）

（2）【场景】开展中小企业融资对接服务
- 任务：根据中小企业融资需求数据，梳理适合企业的融资渠道和金融产品，策划一场线上线下结合的融资对接活动方案
- 输入文件：中小企业融资需求统计表、金融机构产品介绍资料
- 输出格式：融资对接活动策划方案（含活动流程、参与方名单、宣传策略）

(3)【场景】推进制造业数字化转型试点

○ 任务：在筛选出的试点企业中，分析企业数字化转型基础条件，制定个性化的数字化转型实施方案，明确转型路径和预期效果

○ 输入文件：试点企业基本情况表、数字化转型评估报告

○ 输出格式：企业数字化转型实施方案（含技术路线、资金预算、时间节点）

(4)【场景】组织产业政策宣讲会

○ 任务：依据最新发布的产业政策内容，设计宣讲会的宣讲内容大纲、主讲人邀请名单，规划互动环节

○ 输入文件：最新产业政策文件、企业行业分布名单

○ 输出格式：产业政策宣讲会执行方案（含会议议程、宣传物料清单）

(5)【场景】解决重点企业用工短缺问题

○ 任务：根据重点企业上报的用工需求，联系职业院校、人力资源机构，制定校企合作、劳务输出等解决方案

○ 输入文件：重点企业用工需求清单、职业院校专业设置表

○ 输出格式：企业用工保障方案（含合作协议模板、人员培训计划）

(6)【场景】推动工业互联网平台建设

○ 任务：调研本省工业企业对工业互联网平台的功能需求，结合行业标杆案例，设计本省工业互联网平台建设规划

○ 输入文件：企业需求调研问卷结果、工业互联网平台成功案例集

○ 输出格式：工业互联网平台建设规划书（含功能模块设计、运营模式规划）

(7)【场景】开展企业技术创新能力评估

○ 任务：依据企业研发投入、专利数量等数据，运用科学评估指标体系，对企业技术创新能力进行量化评估和分级

○ 输入文件：企业年度研发数据报表、技术创新评估指标体系

○ 输出格式：企业技术创新能力评估报告（含评估结果排名、改进建议）

(8)【场景】优化企业投资项目审批流程

○ 任务：梳理现有企业投资项目审批流程，分析存在的问题，提出简化审批环节、提高审批效率的优化方案

○ 输入文件：现行企业投资项目审批流程图、企业反馈意见

○ 输出格式：审批流程优化方案（含新流程图、配套制度文件）

(9)【场景】组织企业参加国际工业展会

○ 任务：根据本省优势产业，筛选适合参展的企业，策划参展方案，包括展位设计、展品选择、宣传推广等

○ 输入文件：优势产业企业名单、国际工业展会参展要求

○ 输出格式：国际工业展会参展方案（含预算明细、人员安排）

（10）【场景】制定数字经济产业发展规划

　　○ 任务：结合本省数字经济发展现状、技术趋势和政策导向，制定未来 3~5 年数字经济产业发展规划

　　○ 输入文件：本省数字经济统计数据、国内外数字经济发展研究报告

　　○ 输出格式：数字经济产业发展规划（含发展目标、重点任务、保障措施）

这些 Prompt 案例覆盖了工信厅多项核心业务。

7.11.2　按照政府部门分类设计的提示词示例

　　提示词设计：请按照政府部门分类设计的 10 个政务 Prompt 案例，涵盖财政厅、教育厅、人社厅、商务厅、文化和旅游厅、市场监管局 5 个部门，每个部门提供 2 个 Prompt 案例，注重政策制定、业务管理、执行监督、公共服务等 4 个核心政务场景（表 7-4）。

表 7-4　政府部门分类设计的提示词示例

序号	部门	场景	内容	需要输入的参考文件	输出结果格式与内容
1	财政厅	政策制定	制定省级财政专项资金管理办法，明确资金使用范围、申报流程、分配原则及绩效评价机制	国家财政政策法规、省级财政收支数据、历年专项资金使用报告、地方经济发展规划	以 Word 文档呈现管理办法全文，含总则、申报与审批、使用与管理、绩效评价、监督与问责等章节，附申报表格模板
2	财政厅	执行监督	设计财政预算执行情况监督检查方案，包括检查范围、检查内容、检查方式及整改要求	年度财政预算方案、预算执行进度数据、预算管理相关制度、以往监督检查案例	以 Excel 表格列出检查指标及评分标准，Word 文档说明检查工作安排、检查流程、问题处理办法及整改跟踪机制
3	教育厅	业务管理	制定中小学"双减"政策落实细则，涵盖作业管理、课后服务、校外培训监管等业务管理措施	国家"双减"政策文件、省内学校调研数据、校外培训机构运营情况报告、家长及学生反馈	以 PDF 文件呈现细则全文，含工作目标、具体措施、责任分工、考核评估办法，附相关工作台账模板
4	教育厅	公共服务	设计高校毕业生就业公共服务方案，包含就业指导、岗位对接、技能培训及权益保障服务	高校毕业生就业数据、企业用人需求调研、就业政策法规、就业服务平台建设情况	以 PPT 展示服务方案框架，含服务项目介绍、实施流程、资源保障、预期成效，附线上服务平台操作指南
5	人社厅	政策制定	制定灵活就业人员社保补贴政策，明确补贴对象、补贴标准、申请流程及资金发放方式	国家社保政策文件、灵活就业人员规模及分布数据、财政可承受能力分析、其他地区补贴政策案例	以 Word 文档呈现政策全文，含政策依据、补贴条件、办理程序、监督管理，附补贴申请表及审核流程图

序号	部门	场景	内容	需要输入的参考文件	输出结果格式与内容
6	人社厅	执行监督	开展劳动保障监察执法专项行动方案设计，确定监察对象、检查内容、执法程序及处理措施	劳动保障法律法规、投诉举报案件数据、企业用工情况调研、以往执法行动总结	以 Excel 表格列出监察任务清单，并用 Word 文档说明行动目标、实施步骤、责任分工、执法文书模板及案件处理流程
7	商务厅	业务管理	制定外贸企业扶持政策业务管理办法，包括政策申报审核、资金拨付、效果评估等流程	外贸经济运行数据、国家外贸扶持政策、企业申报需求调研、专项资金管理相关规定	以 Word 文档详述管理办法，含政策解读、申报指南、审核标准、资金管理、绩效评价，附业务办理流程图
8	商务厅	公共服务	设计跨境电商企业公共服务平台建设方案，规划平台功能、服务内容、运营模式及推广策略	跨境电商行业发展报告、企业服务需求调研、信息技术解决方案、国内外平台建设经验	以 PPT 展示平台规划，含功能模块设计、服务流程、运营机制、推广计划，附平台界面设计原型图
9	文化和旅游厅	政策制定	制定非物质文化遗产保护与传承政策，明确保护对象、传承措施、资金支持及监督考核机制	非遗资源普查数据、国家非遗保护政策、地方文化特色资料、财政资金预算安排	以 Word 文档呈现政策条文，含总则、保护与传承、资金管理、监督检查、附则，附非遗项目申报书模板
10	文化和旅游厅	公共服务	设计全域旅游公共服务提升方案，涵盖旅游设施建设、信息服务、游客投诉处理等内容	旅游市场调研数据、旅游发展规划、现有公共服务问题清单、国内外优秀案例	以 PPT 展示提升方案，含服务提升目标、重点任务、实施步骤、保障措施，附服务质量评价指标体系
11	市场监管局	执行监督	制定食品安全专项检查行动方案，明确检查范围、检查标准、抽样检测及问题整改要求	食品安全法律法规、食品生产经营企业名录、食品安全风险监测数据、以往检查问题清单	以 Excel 表格列出检查项目及标准，并用 Word 文档说明行动方案、检查流程、检测方法、处罚依据及整改跟踪表
12	市场监管局	公共服务	设计企业注册登记便利化服务方案，优化登记流程、精简材料、推广线上办理及咨询服务	企业登记管理法规、办事大厅服务数据、企业办事需求调研、信息化技术方案	以 PDF 文件呈现服务指南，含登记流程、材料清单、线上操作手册、常见问题解答及服务承诺

习题

单选题

1. 以下哪项是提示词的核心要素之一？（　　　）

A. 数据分析 　　　　　　　　　　　B. 角色设定

C. 算法优化 　　　　　　　　　　　D. 用户画像

2. "角色设定+任务指令+内容要求"属于哪种提示词架构模式？（　　　）

A. 完整型架构 　　　　　　　　　　B. 创意激发型架构

C. 基础型架构 　　　　　　　　　　D. 问题解决型架构

3. 在设计图像生成的提示词时，以下哪项是关键步骤？（　　　）

A. 调整音频参数 　　　　　　　　　B. 描述细节与特征

C. 编写代码框架 　　　　　　　　　D. 统计用户数据

4. "以卡通风格生成一幅表现欢乐生日派对的图像"体现了提示词设计的哪一要点？

（　　　）

A. 设定视角与构图 　　　　　　　　B. 明确主题与核心元素

C. 设定风格与氛围 　　　　　　　　D. 使用修饰词与限定词

5. 在教育行业的提示词设计中，"制定中小学课后服务课程体系"属于哪种场景？

（　　　）

A. 公共服务 　　　　　　　　　　　B. 政策制定

C. 业务管理 　　　　　　　　　　　D. 执行监督

6. "以中国古典乐器古筝、琵琶为主，搭配竹笛和鼓"最可能出现在哪种音乐生成的

提示词中？（　　　）

A. 摇滚歌曲 　　　　　　　　　　　B. 古风歌曲

C. 电子音乐 　　　　　　　　　　　D. 儿童歌曲

7. 在政务场景中，"梳理企业投资项目审批流程并提出优化方案"属于哪种核心业

务？（　　　）

A. 政策制定 　　　　　　　　　　　B. 公共服务

C. 执行监督 　　　　　　　　　　　D. 业务管理

8. 以下哪项是视频生成提示词的设计要点？（　　　）

A. 指定编程语言 　　　　　　　　　B. 规划镜头运动

C. 调整字体大小 　　　　　　　　　D. 统计用户点击率

9. "为连锁酒店设计人力、能耗、采购成本控制方案"属于企业经营管理的哪种场

景？（　　　）

A. 品牌升级　　　　　　　　　B. 成本控制

C. 税务筹划　　　　　　　　　D. 数字化转型

10. "提取核心观点、对比不同研究结论"最可能出现在哪种提示词架构中？（　　　）

A. 创意激发型　　　　　　　　B. 信息整合型

C. 问题解决型　　　　　　　　D. 完整型

11. 在商业领域的提示词设计中，"分析市场趋势和竞争对手"主要服务于哪一目标？
（　　　）

A. 提升员工满意度　　　　　　B. 优化产品定位

C. 降低物流成本　　　　　　　D. 设计绩效考核

12. "制定灵活就业人员社保补贴政策"属于哪个政府部门的业务场景？（　　　）

A. 财政厅　　　　　　　　　　B. 人社厅

C. 商务厅　　　　　　　　　　D. 市场监管局

13. 以下哪项是科研领域提示词框架的特点？（　　　）

A. 强调情感表达　　　　　　　B. 注重可重复性

C. 要求活泼口语化　　　　　　D. 鼓励发散思维

14. "生成具有颗粒感的 CCD 风格照片"的提示词设计中，关键元素不包括哪一项？
（　　　）

A. 人物表情　　　　　　　　　B. 相机型号

C. 背景装饰　　　　　　　　　D. 音乐节奏

15. "设计跨境电商企业公共服务平台"属于哪个部门的业务场景？（　　　）

A. 教育厅　　　　　　　　　　B. 商务厅

C. 文化和旅游厅　　　　　　　D. 市场监管局

判断题

1. 提示词的质量与生成内容的贴合度无关，主要依赖 AI 模型的性能。

2. "角色设定"是完整型提示词架构的必需要素。

3. 在音乐生成的提示词中，节奏特点的描述是可选的。

4. 政务场景中的"执行监督"仅涉及政策制定，不包含具体行动方案。

5. 图像生成的提示词无须描述构图方式，模型会自动处理。

6. "问题解决型架构"需要包含背景描述和解决方案要求。

7. 教育行业的提示词设计可以忽略学生的认知水平。

8. 在视频生成的提示词中，音乐与音效的描述是多余的。

第8章　AI写作使用培训

8.1　AI 文件写作

第 8 章　数字资源

8.1.1　新闻稿件创作与改写

在当今信息爆炸的时代，新闻稿件作为传递信息、引导舆论的重要工具，其质量和效果直接关系到信息的传播力和影响力。本次课程将从实际操作的角度出发，深入探索新闻稿件的创作与改写技巧，旨在提升新闻写作能力，让每一篇新闻稿件都能精准传达信息，吸引读者关注。

1. 新闻稿件创作基础

明确新闻要素

何时（When）：事件发生的时间。

何地（Where）：事件发生的地点。

何人（Who）：事件的参与者或主角。

何事（What）：事件的主要内容。

为何（Why）：事件发生的原因或背景。

如何（How）：事件发生的过程或结果。

选定新闻角度

从读者角度出发，思考读者对新闻的兴趣点和关注点。

突出新闻的独特性、新颖性或重要性，吸引读者眼球。

收集与核实信息

多渠道收集新闻素材，包括官方发布、现场采访、社交媒体等。

核实信息来源，确保新闻的真实性和准确性。

撰写新闻稿

标题：简洁明了，突出新闻主题，吸引读者点击。

导语：开篇点题，概括新闻的主要内容和亮点。

正文：按逻辑顺序展开新闻事件，注重细节描写和背景介绍。

结尾：总结新闻要点，或提出后续行动建议。

2. 新闻稿件改写技巧

调整新闻角度

根据不同受众群体的需求和兴趣，重新定位新闻角度。

突出新闻的新颖性、趣味性或实用性，吸引更多读者。

精简与优化内容

去除冗余信息，保留新闻的核心要点。

使用简洁明了的语言，提高新闻的可读性。

增强语言表现力

运用生动的词汇和形象的比喻，增强新闻的感染力。

注意语言的客观性和公正性，避免主观臆断或偏见。

调整结构与格式

根据新闻的重要性和紧迫性，合理安排段落和篇幅。

使用小标题、列表、引用等形式，使新闻结构更加清晰。

适应不同平台

根据新闻发布平台的特点和要求，调整新闻的格式和风格。

社交媒体平台注重简洁明了、图文并茂；报纸则更注重深度报道和背景分析。

3. 实操案例分析

案例一：新闻稿件创作

主题：某科技公司发布新款智能手机

标题：××科技公司震撼发布：新款智能手机引领科技潮流

导语：近日，××科技公司在北京举行新品发布会，正式推出了其最新款智能手机。这款手机以其卓越的性能、创新的设计和强大的功能，吸引了众多消费者的目光。

正文：

性能卓越：新款智能手机搭载了最新的处理器，运行速度大幅提升，同时支持 5G 网络，让用户体验更流畅、更快速。

设计创新：手机采用全面屏设计，屏占比高达 93%，外观简约而不失时尚感。同时，手机还具备防水防尘功能，让用户在不同环境下都能安心使用。

功能强大：新款智能手机配备了多种实用功能，如 AI 智能识别、高清拍照、语音助手等，满足用户在不同场景下的需求。

结尾：此次发布的新款智能手机，不仅展现了 ×× 科技公司在智能手机领域的创新实力，也为消费者带来了更加便捷、智能的使用体验。相信这款手机将成为市场上的一款热门产品（图 8–1）。

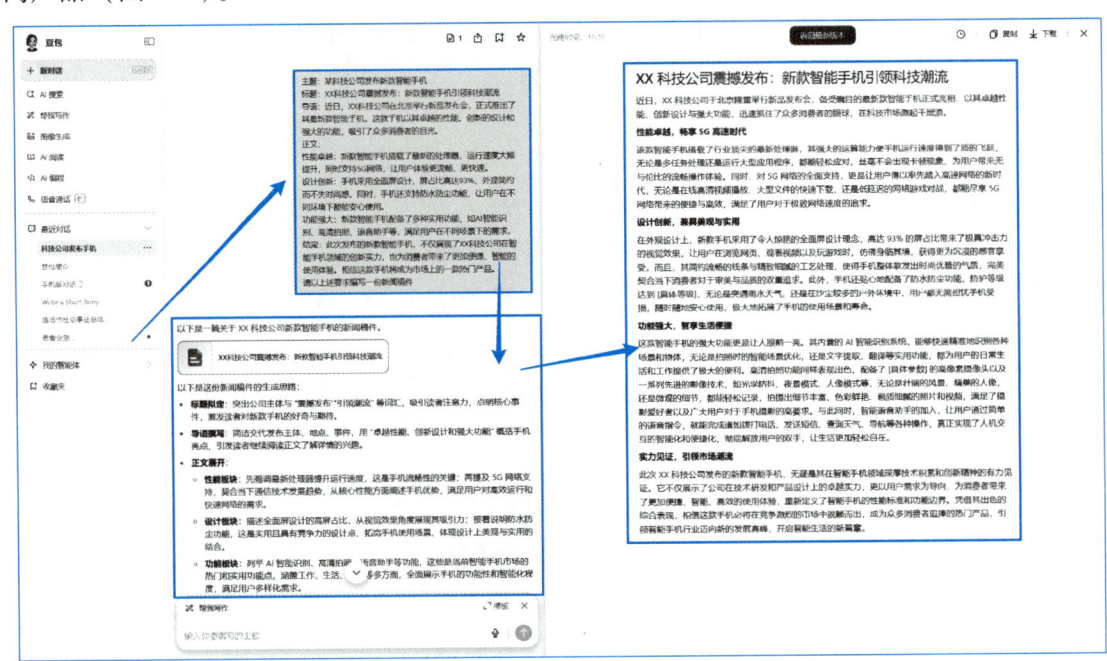

图 8–1　新闻稿件创作

案例二：新闻稿件改写

原文：

近日，某市政府出台了一系列环保政策，旨在减少城市污染、改善空气质量。这些政策包括限制机动车行驶、加强工业排放监管、推广绿色出行等。市民们对此反应热烈，纷纷表示支持政府的环保举措。

改写后：

标题：某市重拳出击：环保新政助力蓝天保卫战

导语：为应对日益严峻的环境污染问题，某市政府近日出台了一系列环保新政，旨在打造更加宜居的城市环境。

正文：

政策亮点：新政主要包括限制机动车行驶、加强工业排放监管、推广绿色出行等措施。其中，限制机动车行驶将有效减少尾气排放，改善空气质量；加强工业排放监管则能确保企业合规排放，减少工业污染。

市民反响：新政出台后，市民们反响热烈。他们纷纷表示，支持政府的环保举措，愿意为改善环境质量贡献自己的力量。同时，也有市民建议政府进一步加大环保宣传力度，提高市民的环保意识。

结尾：某市政府的环保新政，不仅彰显了政府对环境问题的重视和决心，也为市民提供了更加健康、宜居的生活环境。相信在政府的带领下，市民们将共同携手，为打造美好家园贡献力量（图8-2）。

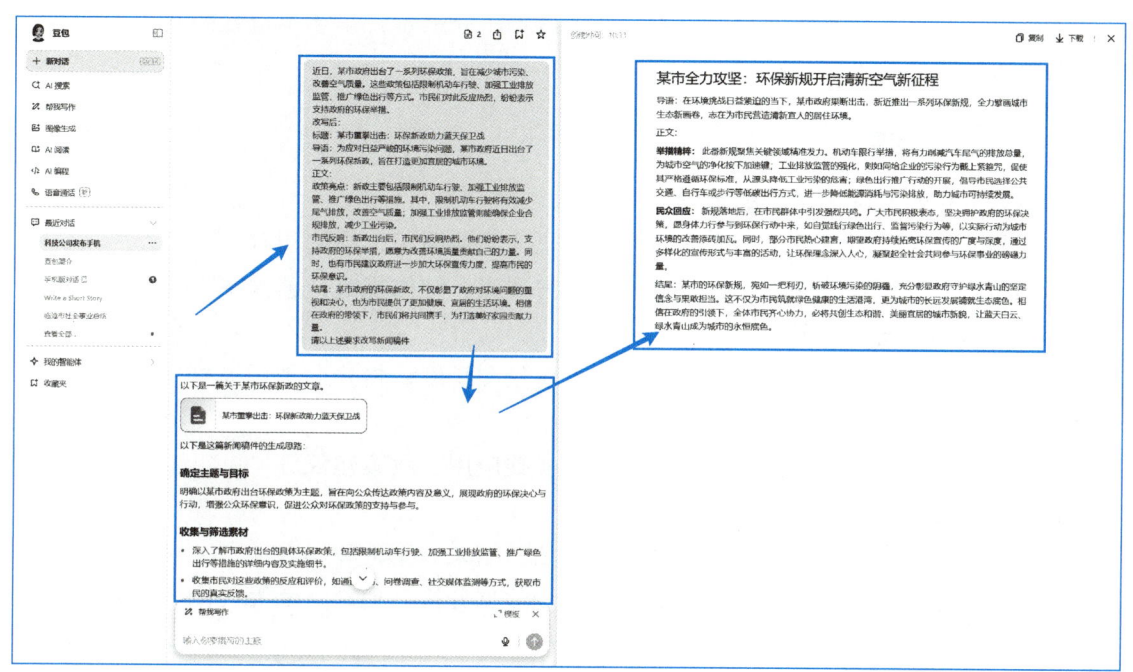

图 8-2　新闻稿件改写

4. 实操注意事项

保持新闻的真实性

在创作和改写新闻稿件时，务必确保新闻的真实性和准确性。

避免夸大其词或虚构事实，以免误导读者或造成不良影响。

注重语言的客观性

使用客观、公正的语言描述新闻事件。

避免使用主观臆断或带有偏见的词汇和表述。

遵守法律法规

在新闻稿件中，不得泄露国家秘密、商业秘密或个人隐私。

遵守相关的法律法规和道德规范，确保新闻稿件的合法性和合规性。

注重读者体验

在创作和改写新闻稿件时，充分考虑读者的需求和兴趣。

使用简洁明了的语言和生动的表述方式，提高新闻的可读性和吸引力。

8.1.2　研究报告转写学术报告

在科研领域，将研究报告转化为学术报告是科研成果传播和认可的重要步骤。学术报告不仅要求内容严谨、逻辑清晰，还需符合学术规范，以便在学术期刊或会议上顺利发表。本次课程将从实际操作的角度出发，详细讲解研究报告转写学术报告的具体步骤和技巧，帮助大家提升学术写作能力。

1. 转写前的准备

理解研究报告与学术报告的差异

研究报告：更注重实践应用和问题解决，语言简洁明了，结构相对灵活。

学术报告：强调理论深度和学术价值，语言严谨，结构规范，遵循特定的引用格式。

明确学术目标与期刊要求

研究目标期刊或会议的投稿指南，了解其对论文长度、格式、引用风格、内容结构的具体要求。

确定学术报告的核心目标，如理论创新、实践应用、政策建议等。

梳理研究报告内容

回顾研究报告，明确研究背景、目的、方法、结果、结论和局限性。

识别研究报告中的创新点，包括研究方法、数据分析、理论贡献等（图 8-3）。

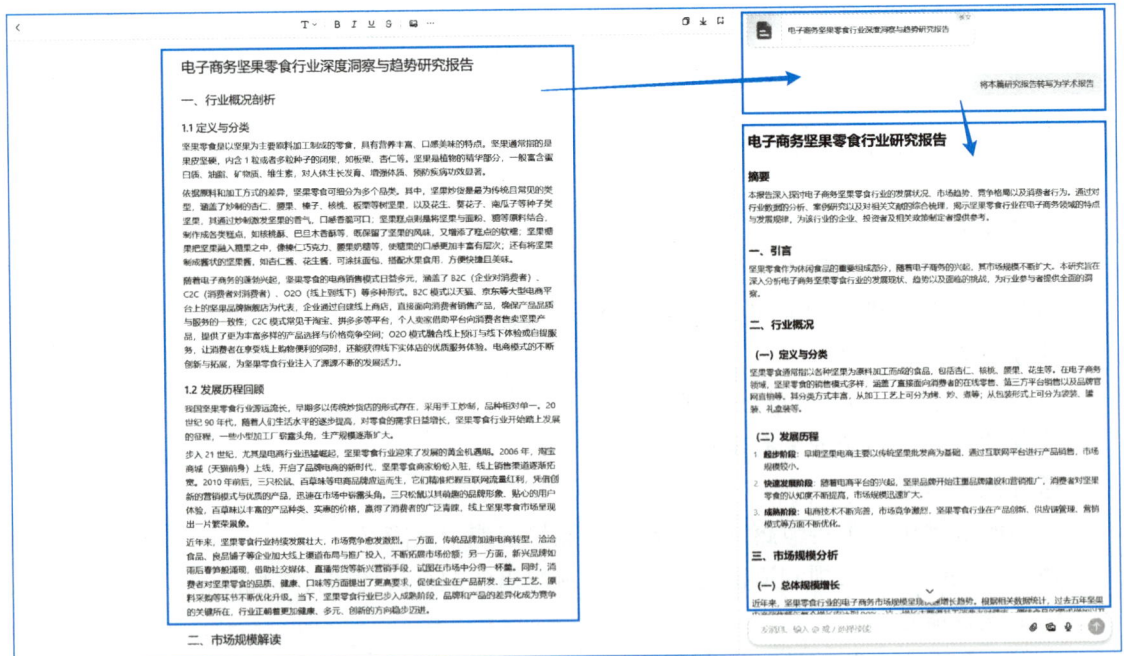

图 8-3　研究报告转写学术报告

2. 转写实操步骤

构建学术框架

根据目标期刊要求，设计学术报告的框架，通常包括标题、摘要、引言、文献综述、研究方法、数据分析、结论、参考文献等部分。

标题：简洁明了，反映研究的核心内容和创新点。

摘要：精练概括研究目的、方法、结果和结论，不超过 250 字。

引言：明确研究背景、研究问题与目的，以及研究的学术价值和实践意义。简要介绍文献综述，指出研究的创新点和局限性。

深化文献综述

查阅相关领域的前沿文献，补充和完善研究报告中的文献综述部分。

按照时间顺序或主题分类，梳理相关文献的研究内容、方法、结果和结论。

强调你的研究与现有文献的联系与差异，明确研究的创新点。

优化研究方法

详细阐述研究方法，包括研究设计、样本选择、数据收集与分析方法等。

强调方法的科学性和创新性，必要时可引入新的研究工具或技术。

清晰描述研究步骤，确保读者能够重现研究过程。

重塑数据呈现

利用图表、图形等可视化工具，清晰呈现研究数据和分析结果。

对关键数据点进行解释和讨论，增强数据的可读性和说服力。

遵循目标期刊的数据呈现规范，如图表大小、字体、颜色等。

撰写结论与建议

基于研究结果，提出明确的结论和学术贡献。

强调研究的创新点和局限性，为后续研究提供方向。

提出实践应用或政策建议，增强报告的实用性和前瞻性。

调整语言风格

将研究报告中的实践性、口语化语言转化为学术性、严谨性语言。

避免使用缩写、俚语或行业术语，除非在文中明确解释其含义。

遵循目标期刊的引用风格，正确引用相关文献，确保学术诚信。

校对与修改

仔细审阅转写后的学术报告，检查语法、拼写、标点等错误。

确保报告逻辑清晰、语言流畅、数据准确。

遵循目标期刊的格式要求，调整字体、字号、段落间距等排版细节。

3. 转写后的完善

同行评审与反馈

将学术报告提交给导师、同事或同行进行评审，获取专业反馈。

根据评审意见进行针对性修改，提升报告质量。

如有必要，可邀请专家进行润色或指导，提高报告的学术水平。

准备投稿材料

准备投稿信，简要介绍研究背景、目的、创新点和学术价值。

确保所有投稿材料齐全，包括学术报告、摘要、图表、参考文献等。

遵循目标期刊的投稿流程，提交材料并关注审稿进度。

应对审稿意见

收到审稿意见后，仔细阅读并理解每条意见。

根据审稿意见进行逐条修改，必要时可补充实验数据或分析。

撰写回复信，针对每条审稿意见进行解释和说明，感谢审稿人的贡献。

4. 实操技巧与注意事项

保持耐心与细心

转写学术报告是一个烦琐而细致的过程，需要保持耐心和细心。

仔细阅读目标期刊的投稿指南，确保每个细节都符合要求。

注重学术诚信

在转写过程中，确保所有引用都正确标注来源，避免抄袭或剽窃。

如需使用他人的研究成果或数据，务必获得其授权或引用其原文。

提升学术写作能力

多读优秀的学术报告和论文，学习其语言风格、结构布局和写作技巧。

参加学术写作培训课程或研讨会，提升自己的学术写作能力。

建立学术网络

与导师、同事或同行建立良好的学术关系，寻求他们的指导和帮助。

参加学术会议或研讨会，与同行交流学术成果和经验。

8.1.3　短视频文案创作

短视频已成为当下最流行的内容形式之一，它不仅具备高度吸引力和传播性，还能在短时间内传递大量信息。而文案作为短视频的重要组成部分，其质量直接影响视频的观看率和传播效果。因此，掌握短视频文案创作技巧是每位创作者不可或缺的技能。本文将从实际操作的角度，详细讲解短视频文案创作的各个环节和技巧。

1. 明确目标受众与主题

确定目标受众

首先，明确你的视频是为哪一类人群设计的。这有助于制定合适的内容和语言风格，使视频更具针对性。例如，如果你的视频是面向年轻妈妈，介绍育儿技巧，那么文案应该简洁明了，并突出实用性和操作性。

选择主题

选择适当的主题和内容可以确保视频具有吸引力和教育性。例如，你可以选择一些普遍关注或有共鸣的话题，如家庭、友情、梦想等，以引起观众的情感共鸣。同时，主题越具体，文案越好写。

2. 制定文案结构

引起兴趣

开头部分需要迅速引起观众的兴趣，让他们继续观看视频。你可以讲一个与主题相关的故事，或者提出一个与观众痛点相关的问题，激发他们的好奇心和求知欲。

亮点突出

文案中需要突出产品或服务的亮点，让观众一眼看出产品或服务的特点。你可以使用数字、列表、比喻等手法，使文案更加生动有趣。例如，"揭秘 5 大护肤误区，让你少走弯路"或"职场晋升秘籍：像玩游戏一样升级打怪"。

呼吁行动

在文案的结尾部分，需要呼吁观众采取行动，如购买产品、关注账号或参与互动。这有助于提升视频的转化率和用户粘性。

3. 撰写文案

列提纲

在撰写文案之前，先列一个提纲，明确要呈现的关键点和信息。例如，如果你要写一篇关于新手拍视频要用的五个免费工具的文案，你可以先列出这五个工具，然后分别介绍它们的特点和使用方法。

填充细节

在填充文案细节时，可以多讲一些案例和金句，使文案更加有趣和有说服力。例如，在介绍每个工具时，可以分享一些自己的使用故事和心得，让观众感受这些工具的实际效果。

简洁明了

短视频文案需要简洁明了，言简意赅。通常，文案的长度应控制在 50 字以内，确保在有限的空间内传达核心信息。例如，"家常版麻婆豆腐，5 分钟学会，比饭店还好吃！"这样的文案既简洁又突出亮点。

避免敏感词汇

在撰写文案时，要避免使用敏感词汇，以免引起争议或不良影响。同时，文案需要与视频内容相符，让观众能够更好地理解视频的主题和意图。

4. 语言风格与创意

简洁易懂

文案语言要简单易懂，避免使用生僻词汇或术语。观众在观看视频时，通常不会花费太多时间去理解复杂的文案内容。因此，使用简单易懂的语言可以增加观众的观看体验。

生动有趣

采用生动有趣的语言风格可以增加观众的兴趣和互动。例如，你可以使用比喻、谐音等手法使文案更加生动有趣。同时，文案中的情感词汇也能触动人心，如"感动""温暖""励志"等。

创造性

创造性地使用语言可以让观众感到新奇和有趣。例如，你可以突破常规，采用与众不同的方式来呈现产品或服务。或者通过故事来展示产品或服务，增加观众的共鸣。

5. 实战案例分析

美食类短视频

标题："家常版麻婆豆腐，5 分钟学会，比饭店还好吃！"

描述："厌倦了外卖？想在家也能做出大厨级美味？今天教你一招，简单几步，轻松复刻经典川菜麻婆豆腐。精选优质豆瓣酱，搭配鲜嫩豆腐，香辣可口，绝对让你食欲大开！赶紧学起来，给家人一个惊喜吧！"

这个案例的文案简洁明了，突出了亮点，同时用"赶紧学起来，给家人一个惊喜吧！"这样的呼吁行动语句，提升了观众的参与度（图 8-4）。

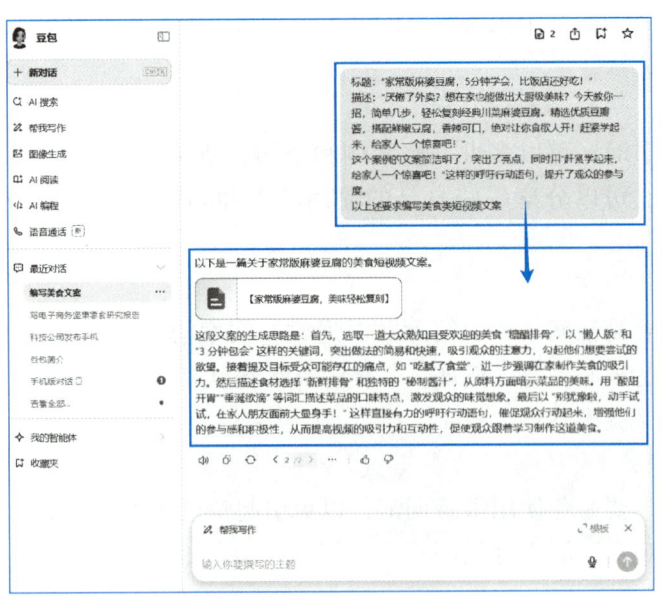

图 8-4　美食类短视频文案创作

生活小窍门

标题："旧衣新穿，3 招让你秒变时尚达人！"

描述："衣柜里堆满旧衣服却不知如何处理？别急，今天就教你 3 个超实用的小窍门，让旧衣焕发新生！从搭配技巧到改造方法，轻松提升你的穿搭品味，环保又省钱。看完记得试试，让你的朋友都羡慕不已！"

这个案例的文案通过提问式标题和列举具体的小窍门，迅速激发了观众的好奇心。同时，用"让你的朋友都羡慕不已！"这样的语句，增加了文案的吸引力（图 8-5）。

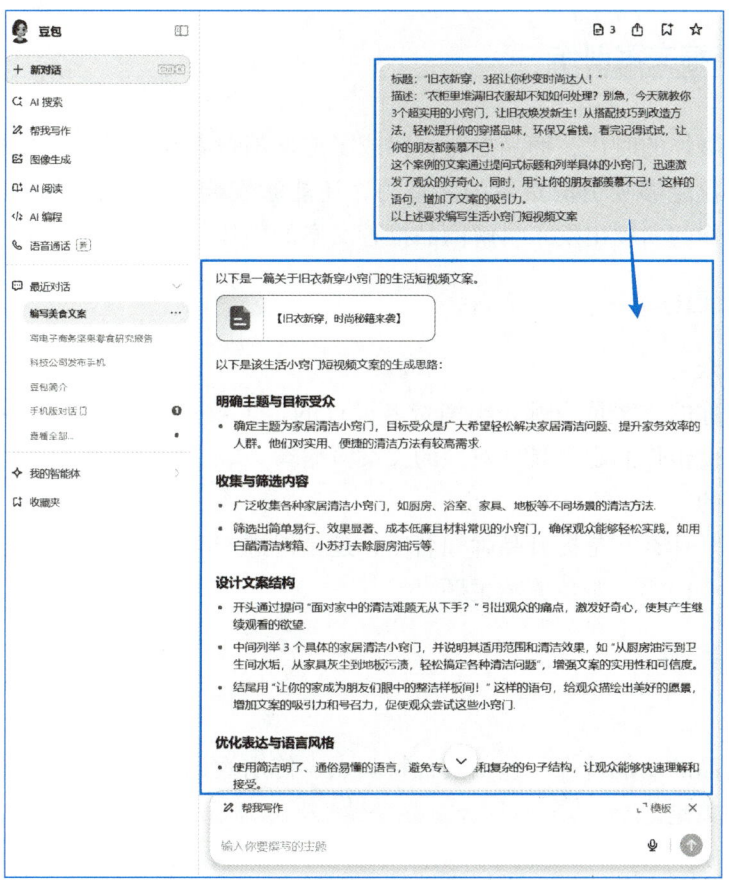

图 8-5　生活小窍门短视频文案创作

6. 优化与调整

利用数据分析工具

利用平台提供的数据分析工具，监控文案的点击率、观看时长等指标，评估效果并做出相应调整。通过数据分析，你可以了解哪些文案更受观众欢迎，哪些文案需要改进。

收集用户反馈

积极收集用户反馈，了解他们对文案的看法和建议。用户反馈是优化文案的重要依据，通过听取用户的意见和建议，你可以不断提升文案的质量和效果。

创新文案风格

不要害怕尝试新的文案风格和表达方式。有时候，一个小小的创新就能带来意想不到的效果。你可以通过阅读优秀案例、参加相关培训等方式，不断提升自己的文案创作能力。

8.1.4　商品推荐文案创作

在当今信息爆炸的时代，商品推荐文案成了连接消费者与产品的重要桥梁。一篇优秀的推荐文案，不仅能够吸引消费者的注意力，还能激发购买欲望，提升转化率。AI 写作培训将从实际操作的角度出发来讲解商品推荐文案的创作技巧。

1. 明确文案目标

确定目标受众

首先，明确你的文案是为哪一类消费者设计的。了解他们的年龄、性别、兴趣爱好、购买习惯等，有助于你制定更具针对性的文案策略。

设定文案目的

文案的目的是什么？是提升品牌知名度，还是促进产品销售？明确文案目的，有助于你聚焦文案的核心内容，避免偏离主题。

2. 了解商品特性

产品功能

深入了解商品的功能特点，包括其独特卖点、使用效果等。这是文案创作的基础，也是吸引消费者的关键。

竞品分析

分析同类商品的市场表现，了解它们的优缺点。这有助于你在文案中突出自家商品的独特优势，提升竞争力。

3. 挖掘消费者需求

痛点分析

思考消费者在购买商品时可能遇到的痛点或问题，如价格过高、质量不稳定、使用不便等。在文案中针对这些痛点提出解决方案，能够增强文案的说服力。

情感需求

除了物质需求外，消费者还有情感需求。例如，他们可能希望购买一款能够彰显自己品味或个性的商品。在文案中融入情感元素，能够触动消费者的内心，提升购买意愿。

4. 撰写文案

标题设计

简洁明了：标题应简洁有力，能够迅速吸引消费者的注意力。

突出卖点：在标题中突出商品的独特卖点，让消费者一眼看到产品的亮点。

制造悬念：适当制造悬念，激发消费者的好奇心，引导他们继续阅读文案内容。

正文撰写

开头引入：用简短的语言或故事引入商品，吸引消费者的兴趣。

功能介绍：详细介绍商品的功能特点，结合消费者需求进行阐述，突出商品的实用性和价值。

使用场景：描绘商品的使用场景，让消费者能够想象自己在使用这款商品时的情景，增强代入感。

用户评价：引用真实用户的评价或反馈，增加文案的可信度。

呼吁行动：在文案结尾处，用简洁有力的语言呼吁消费者采取行动，如"立即购买""限时优惠"等。

语言风格

通俗易懂：避免使用过于专业的术语或复杂的句子结构，确保文案易于理解。

生动有趣：用生动有趣的语言描述商品，增加文案的吸引力。

情感共鸣：在文案中融入情感元素，与消费者建立情感联系，提升文案的感染力。

5. 优化文案

A/B 测试

对于同一款商品，可以尝试撰写多篇不同风格的文案，并进行 A/B 测试。通过对比不同文案的点击率、转化率等指标，找出效果最佳的文案。

数据分析

利用数据分析工具，监控文案的表现情况。通过分析数据，了解消费者的喜好和购买行为，为后续的文案创作提供参考。

用户反馈

积极收集用户的反馈意见，了解他们对文案的看法和建议。根据用户反馈，不断优化文案内容，提升文案的针对性和有效性。

6. 实战案例分析

案例一：美妆产品

标题："告别肌肤干燥，这款面霜让你水润一整天！"

正文："你是否还在为肌肤干燥而烦恼？这款面霜采用天然植物精华，深层滋养肌肤，让你的肌肤水润光滑。无论是工作还是约会，都能让你自信满满。快来试试吧，让你的肌肤焕发自然光彩！"

分析：该文案通过提出肌肤干燥的问题，引出产品卖点，并结合使用场景进行描述，增强了文案的吸引力和说服力（图 8-6）。

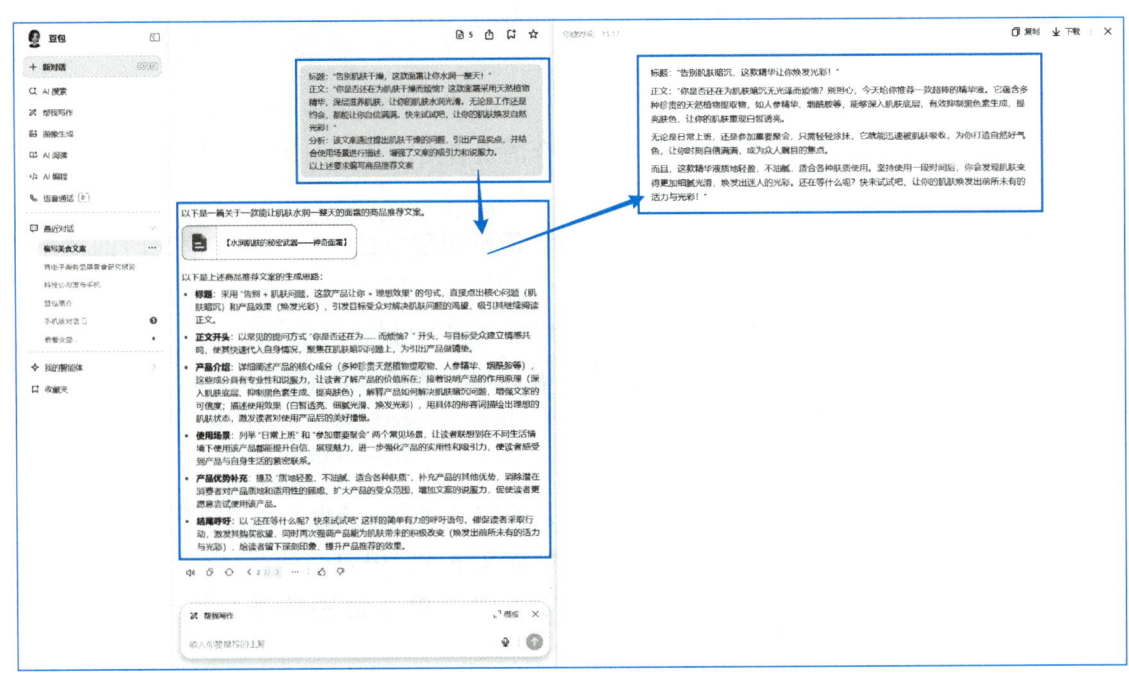

图 8-6　美妆产品商品推荐文案创作

案例二：电子产品

标题："这款耳机，让你享受极致音质！"

正文："你是否厌倦了嘈杂的环境和模糊的音质？这款耳机采用高清音频技术，让你在喧嚣中也能享受纯净的音乐。无论是通勤还是运动，都能让你沉浸在美妙的音乐世界中。现在购买，还有限时优惠哦！"

分析：该文案通过对比嘈杂环境和纯净音质，突出了产品的独特优势，并结合使用场景和优惠信息，激发了消费者的购买欲望（图 8-7）。

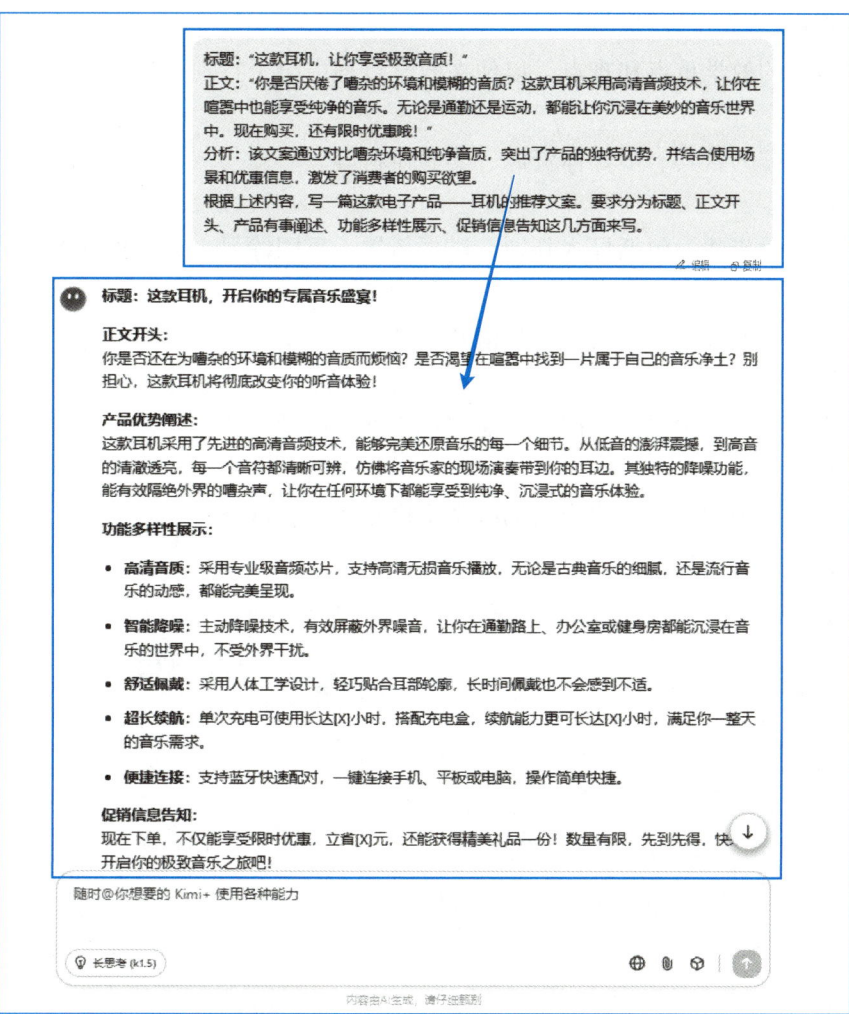

图 8-7　电子产品商品推荐文案创作

8.1.5　教案辅助编写

教案作为教师进行教学活动的重要依据，其编写质量直接关系到教学效果和学生的学习体验。随着教育技术的发展，AI 写作工具在教案编写中的应用日益广泛。本章节将从实际操作的角度出发，介绍如何利用 AI 写作工具辅助编写教案，提升教案的编写效率和质量。

1. 教案的基本结构

教学目标

明确学生在完成本节课学习后应达到的知识、技能和情感态度目标。

教学重难点

指出本节课的教学重点和难点，以便在教学过程中给予特别关注。

教学准备

列出教学所需的教具、多媒体资源、实验器材等。

教学过程

详细规划教学步骤，包括导入新课、讲授新知、巩固练习、总结提升等环节。

板书设计

设计简洁明了的板书，帮助学生理清知识脉络。

作业布置

根据教学目标，布置适量的课后作业，巩固课堂所学。

教学反思

记录教学过程中的得失，为今后的教学提供参考（图 8-8）。

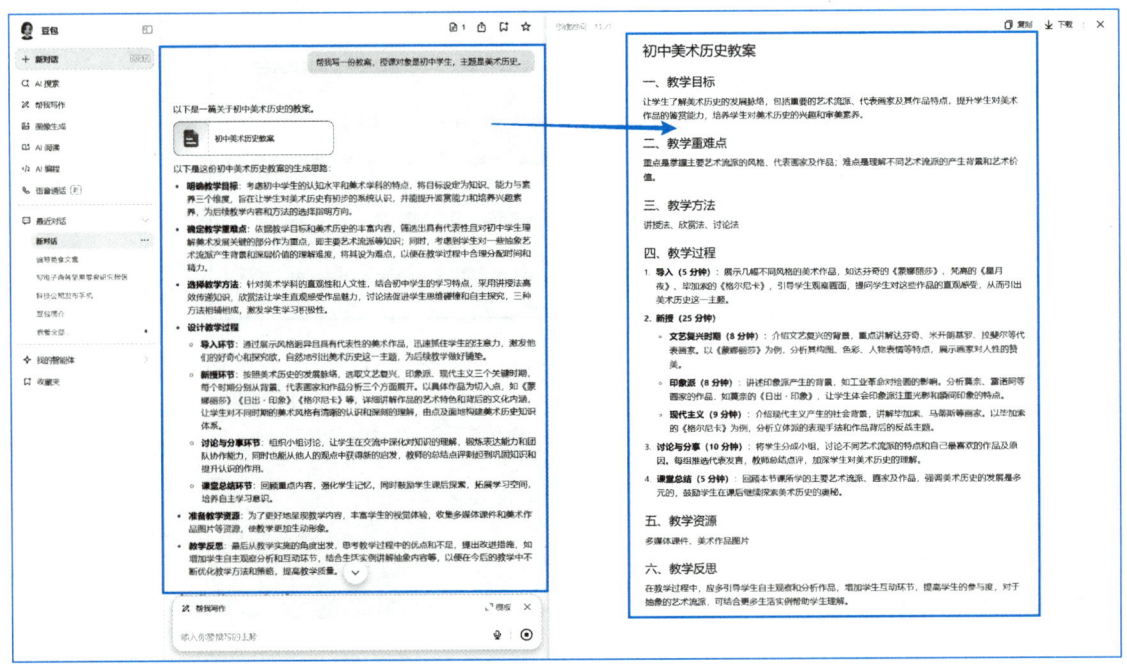

图 8-8   教案辅助编写

2. AI 写作工具在教案编写中的应用

智能选题与目标设定

利用 AI 写作工具的智能选题功能，根据课程标准和学情分析，自动推荐适合的教学主题。

　　根据选定的主题，AI 工具可生成初步的教学目标，教师可根据实际情况进行调整和完善。

教学重难点识别

　　输入教学内容，AI 工具可自动分析并标注出教学中的重点和难点，为教师提供有针对性的教学建议。

教学资源推荐

　　AI 工具可根据教学内容，推荐相关的教学资源，如 PPT 模板、视频素材、实验案例等，减轻教师的备课负担。

教学过程优化

　　利用 AI 工具的流程设计功能，教师可轻松规划教学过程，包括导入方式、讲授策略、互动环节等。

　　AI 工具还可根据学生的学习数据，预测教学过程中的潜在难点，为教师提供预警和建议。

板书自动生成

　　输入教学要点，AI 工具可自动生成简洁明了的板书设计，支持多种格式导出，方便教师使用。

作业智能生成与批改

　　AI 工具可根据教学目标和学生的学习情况，自动生成个性化的作业题目，并提供智能批改服务，减轻教师的批改负担。

教学反思辅助

　　AI 工具可收集学生的学习数据和教学过程中的反馈，为教师提供教学反思的素材和建议，帮助教师不断提升教学水平。

3. 教案编写的实操步骤

确定教学目标

　　利用 AI 工具的智能选题与目标设定功能，初步确定教学目标。

　　结合学情分析和课程标准，对目标进行细化和完善。

分析教学重难点

　　输入教学内容，利用 AI 工具自动识别教学重难点。

　　根据分析结果，制定针对性的教学策略。

准备教学资源

　　利用 AI 工具推荐的教学资源，结合实际情况进行筛选和整合。

　　制作或准备所需的教具、多媒体资源等。

规划教学过程

　　利用 AI 工具的流程设计功能，规划教学过程。

　　结合学生的学习特点和兴趣，设计导入方式、讲授策略、互动环节等。

设计板书

输入教学要点，利用 AI 工具自动生成板书设计。

根据需要，对板书进行适当调整和美化。

布置作业

利用 AI 工具的智能生成作业功能，布置个性化的作业题目。

明确作业要求和提交方式，确保学生能够按时完成。

撰写教学反思

收集学生的学习数据和教学过程中的反馈。

利用 AI 工具提供的建议，撰写教学反思，总结得失，为今后的教学提供参考。

4. 注意事项

保持灵活性

虽然 AI 工具能够提供很多帮助，但教师应保持教案编写的灵活性，根据实际情况进行调整和完善。

注重个性化

在利用 AI 工具辅助编写教案时，应注重个性化设计，结合学生的特点和需求，制定符合实际的教学方案。

关注教学效果

在教学过程中，教师应密切关注学生的学习情况，及时调整教学策略，确保教学效果。

不断学习提升

随着教育技术的发展，AI 工具的功能也在不断更新和完善。教师应不断学习新技术和新方法，提升教案编写的水平。

8.1.6　电子邮件内容辅助生成与改写

在当今数字化时代，电子邮件已成为商务沟通和个人交流的重要工具。撰写清晰、准确、专业的电子邮件对于建立良好沟通、提升工作效率至关重要。作为 AI 写作培训师，本文将为你提供一份关于电子邮件内容辅助生成与改写的实操指南，帮助你利用 AI 技术高效撰写和优化电子邮件。

1. 电子邮件的基本要素

主题行

简短明了，概括邮件主旨。

吸引收件人注意，提高打开率。

称呼与问候

使用恰当的称呼，体现尊重和专业性。

问候语应简洁友好，营造积极的沟通氛围。

正文内容

结构清晰，逻辑连贯。

语言表达准确，避免歧义。

突出重点，避免冗长。

结尾与签名

表达感谢或期待回复。

包含个人或公司签名，提供联系方式（图 8-9）。

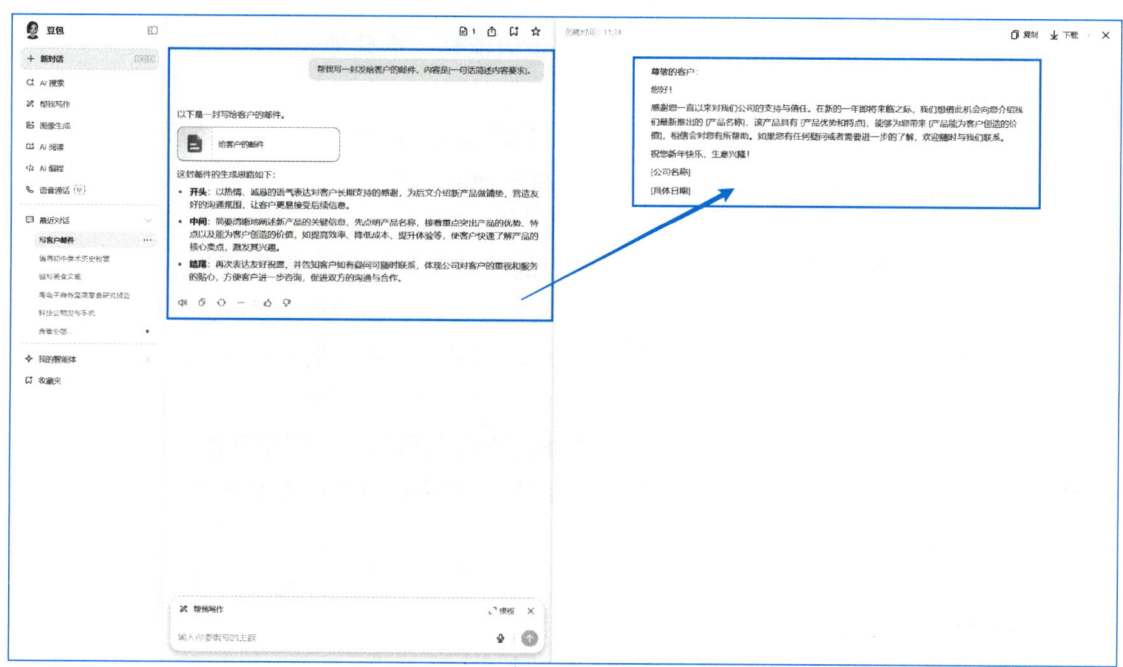

图 8-9　电子邮件内容辅助生成与改写

2. AI 辅助生成电子邮件内容

明确邮件目的

在开始撰写前，明确邮件的目的（如请求信息、提供方案、邀请参加活动等）。

AI 工具可根据目的自动生成邮件框架和关键内容。

使用 AI 模板

利用 AI 工具提供的邮件模板，快速生成符合规范的基础邮件。

根据需要调整模板内容，使其更加个性化。

智能填充关键信息

输入相关关键词或要点，AI 工具可自动填充相关信息，如公司名称、产品描述等。

节省时间，减少手动输入错误。

语言风格调整

根据沟通对象的特点和关系，调整邮件的语言风格（正式、友好、专业等）。

AI 工具可提供不同风格的写作建议，帮助选择合适的表达方式。

3. AI 辅助改写电子邮件内容

优化语言表达

利用 AI 工具的语法检查和语言优化功能，提升邮件的语言质量。

AI 可识别并纠正语法错误、拼写错误，提供更流畅、准确地表达。

精练内容

对于冗长的邮件内容，AI 工具可帮助识别并删除冗余信息，使邮件更加简洁明了。

提供精简建议，确保邮件内容重点突出，易于理解。

增强说服力

AI 工具可分析邮件内容，提供增强说服力的建议，如使用积极的词汇、引用成功案例等。

根据邮件目的，自动添加适当的销售话术或谈判技巧，提升邮件效果。

个性化定制

利用 AI 工具的个性化定制功能，根据收件人的特点和需求，调整邮件内容。

如添加收件人的姓名、提及共同的兴趣或经历，增强邮件的针对性和亲和力。

4. 实操步骤与案例

明确邮件目的与受众

示例：撰写一封邀请客户参加产品发布会的邮件。

目的：邀请客户参加发布会，展示新产品。

受众：潜在客户、合作伙伴。

使用 AI 模板生成基础邮件

选择"活动邀请"模板。

自动填充活动名称、时间、地点等关键信息。

个性化定制与语言优化

添加收件人的姓名和称呼。

引用共同的兴趣或经历，增强亲和力。

利用 AI 工具优化语言表达，提升邮件的专业性和吸引力。

精练内容与增强说服力

删除冗余信息，突出产品亮点和发布会价值。

添加积极的词汇和成功案例，增强说服力。

检查与发送

利用 AI 工具的语法检查和拼写检查功能，确保邮件无误。

添加个人或公司签名，提供联系方式。

发送前再次检查邮件内容，确保符合目的和受众需求。

5. 注意事项

保持人性化

尽管 AI 工具提供了诸多便利，但邮件的撰写仍需保持人性化。

在邮件中适当添加个人情感或幽默元素，使沟通更加自然亲切。

注意文化差异

在与不同文化背景的收件人沟通时，注意尊重对方的文化习俗和语言表达习惯。

利用 AI 工具提供的文化适应性建议，避免文化冲突和误解。

保护隐私与安全

在邮件中避免泄露敏感信息，如个人身份证号码、银行账户等。

确保使用的 AI 工具符合数据安全和隐私保护标准。

持续学习与提升

随着 AI 技术的不断发展，邮件撰写工具和方法也在不断更新。

保持对新技术和新方法的关注和学习，提升邮件撰写能力。

8.1.7　软著中产品说明书辅助编写

软件著作权（简称"软著"）申请过程中，产品说明书是核心文件之一，它不仅展示了软件的功能与特点，还是评估软件创新性、实用性及著作权归属的重要依据。随着 AI 技术的发展，利用 AI 辅助编写产品说明书已成为提升编写效率与质量的有效途径。本章节将从实际操作角度出发，详细讲解如何利用 AI 工具辅助编写软著中的产品说明书。

1. 产品说明书的基本构成

封面与目录

封面应包含软件名称、版本号、开发者信息、编制日期等基本信息。

目录则列出说明书的主要内容及对应页码，便于查阅。

引言与背景

简述软件开发的背景、目的及意义。

阐述软件在行业中的定位及预期解决的问题。

软件概述

描述软件的基本信息，如名称、版本、开发环境、运行平台等。

概括软件的主要功能、特点与优势。

功能描述

详细介绍软件各项功能的具体实现方式、操作流程及预期效果。

可通过流程图、界面截图等方式辅助说明。

技术架构与实现原理

阐述软件的技术架构、模块划分及相互间的关系。

介绍关键技术的实现原理及创新点。

用户界面与交互设计

展示软件的界面设计，说明各界面元素的功能与布局。

描述用户与软件之间的交互方式及流程。

安装、配置与运行

提供软件的安装步骤、配置方法及运行环境要求。

说明软件的启动、运行及退出流程。

故障排查与维护

列出可能遇到的常见问题及解决方法。

提供软件的维护建议及升级路径。

附录

附上相关术语解释、参考文献、技术支持联系方式等附加信息。

2. AI 辅助编写产品说明书的步骤

明确编写需求

在开始编写前，明确产品说明书的目标读者、编写目的及预期效果。

根据软著申请要求，确定说明书的内容范围与深度。

收集与整理资料

搜集软件的相关文档、设计图稿、技术文档等资料。

整理软件的功能列表、技术特点、用户反馈等信息。

选择 AI 工具

根据编写需求与资料情况，选择合适的 AI 写作工具。

考虑工具的文本生成能力、语言风格适应性、技术文档处理能力等因素。

构建框架与初稿生成

利用 AI 工具提供的模板或框架功能，快速构建产品说明书的整体结构。

输入相关资料与关键词，生成初步的产品说明书初稿。

内容优化与调整

对初稿进行细致审阅，确保内容的准确性、完整性与逻辑性。

根据 AI 工具提供的优化建议，调整语言表达、句式结构等，提升文档的可读性。

技术细节补充

针对软件的技术架构、实现原理等关键部分，结合专业知识进行补充与完善。

利用流程图、示意图等辅助说明，增强文档的技术性。

用户测试与反馈

邀请目标用户或专家对说明书进行阅读测试，收集反馈意见。

根据反馈进行针对性修改，确保说明书符合用户需求与期望。

终稿审核与提交

对说明书进行最终审核，确保无遗漏、无错误。

按照软著申请要求，整理并提交相关文档。

3. AI 辅助编写的注意事项

保持专业性

尽管 AI 工具能够辅助编写，但保持文档的专业性至关重要。

在涉及技术细节、专业术语等方面，需结合专业知识进行核实与补充。

注重用户体验

编写说明书时，需考虑目标用户的阅读习惯与理解能力。

利用图表、示例等方式，使说明更加直观易懂。

遵循法律法规

确保说明书中的内容符合相关法律法规要求。

避免泄露敏感信息，如源代码、算法细节等。

持续学习与更新

随着 AI 技术的不断发展，AI 写作工具的功能也在不断更新。

保持对新技术、新工具的关注与学习，提升编写效率与质量。

4. 案例分享

假设我们要为一款名为"智能文档管理系统"的软件编写产品说明书。通过 AI 工具，我们可以快速构建说明书框架，并生成初稿。在初稿中，AI 工具帮助我们整理了软件的基本信息、功能描述及用户界面等内容。随后，我们结合专业知识与技术文档，对初稿中的技术架构、实现原理等部分进行了补充与完善。最后，通过用户测试与反馈，我们对说明书进行了针对性修改，确保了其准确性、完整性与可读性（图 8-10）。

图 8-10　软著中产品说明书辅助编写

8.1.8　会议内容辅助信息抽取

会议是现代工作场景中不可或缺的一部分，而会议内容的记录、整理与分析对于提升团队效率、追踪项目进度、决策制定等方面具有关键作用。随着 AI 技术的发展，利用 AI 工具进行会议内容辅助信息抽取已成为提高会议管理效率的有效途径。本章节将从实际操作的角度出发，详细介绍如何利用 AI 工具进行会议内容辅助信息抽取。

1. 会议内容信息抽取的重要性

提升会议效率

自动化抽取会议关键信息，减少人工整理时间。

快速生成会议纪要，便于团队成员查阅与跟进。

确保信息准确性

AI 工具通过自然语言处理技术，准确识别会议中的关键内容。

避免人工记录时可能出现的遗漏或误解。

促进决策制定

提取会议中的讨论点、决策结果及行动计划。

为后续决策提供有力支持。

加强团队协作

共享会议内容，确保团队成员对项目进展有共同的理解。

促进跨部门沟通与协作。

2. 会议内容辅助信息抽取的实操步骤

会议前准备

选择合适的 AI 工具：根据团队需求，选择具有会议内容识别、关键词提取、情感分析等功能的 AI 工具。

配置录音设备：确保会议录音清晰，便于 AI 工具进行语音识别与内容分析。

设定会议议程：明确会议主题、讨论点及预期成果，便于 AI 工具更准确地抽取关键信息。

会议中记录

开启录音功能：在会议开始时，启动录音设备，确保全程记录会议内容。

标记关键讨论点：在会议过程中，手动标记或记录重要讨论点、决策结果等，为后续 AI 工具提取信息提供参考。

会议后信息抽取

上传录音文件：将会议录音文件上传至 AI 工具平台。

自动语音识别：AI 工具利用语音识别技术，将录音内容转化为文字。

关键信息提取：AI 工具通过自然语言处理技术，自动提取会议中的关键信息，如讨论主题、决策结果、行动计划等。

情感分析：部分 AI 工具还提供情感分析功能，可识别会议中的积极、消极或中立情绪，为团队沟通提供额外洞察。

会议纪要生成与优化

自动生成会议纪要：AI 工具根据提取的关键信息，自动生成会议纪要模板。

人工审核与调整：对 AI 生成的会议纪要进行人工审核，确保信息的准确性与完整性。

添加额外信息：根据需要，手动添加会议中的图片、视频等多媒体资料，以及会议参与者的反馈与建议。

信息共享与追踪

共享会议纪要：将会议纪要通过邮件、云盘等方式共享给团队成员，确保信息透明。

设定后续任务：根据会议纪要中的行动计划，设定后续任务与截止日期，便于团队跟踪进度。

定期回顾：在后续会议中，回顾上一次会议纪要的执行情况，确保项目按计划推进。

3. AI 辅助信息抽取的注意事项

数据隐私与安全

确保录音文件及会议内容的存储与传输符合隐私保护要求。

选择可信赖的 AI 工具提供商，确保其数据处理过程符合安全标准。

AI 工具的局限性

尽管 AI 工具在信息抽取方面表现出色，但仍可能受到录音质量、口音、专业术语等因素的影响。

在使用 AI 工具时，需结合人工审核，确保信息的准确性。

人工干预的必要性

在关键信息提取、情感分析等方面，AI 工具可能无法完全替代人工判断。

在使用 AI 工具的同时，保持对会议内容的深入理解与分析能力。

持续学习与优化

随着 AI 技术的不断发展，新的会议内容抽取工具与方法不断涌现。

保持对新技术、新方法的关注与学习，不断优化会议内容抽取流程。

4. 案例分享

某企业利用 AI 工具进行会议内容辅助信息抽取，实现了会议纪要的自动生成与信息共享。在会议结束后，AI 工具快速将录音内容转化为文字，并提取出关键讨论点、决策结果及行动计划。企业团队成员通过共享会议纪要，及时了解会议内容，并根据行动计划跟进任务。此外，企业还利用 AI 工具的情感分析功能，识别会议中的情绪变化，为团队沟通提供额外洞察。通过这一流程，企业不仅提高了会议效率，还加强了团队协作与决策制定能力（图 8-11）。

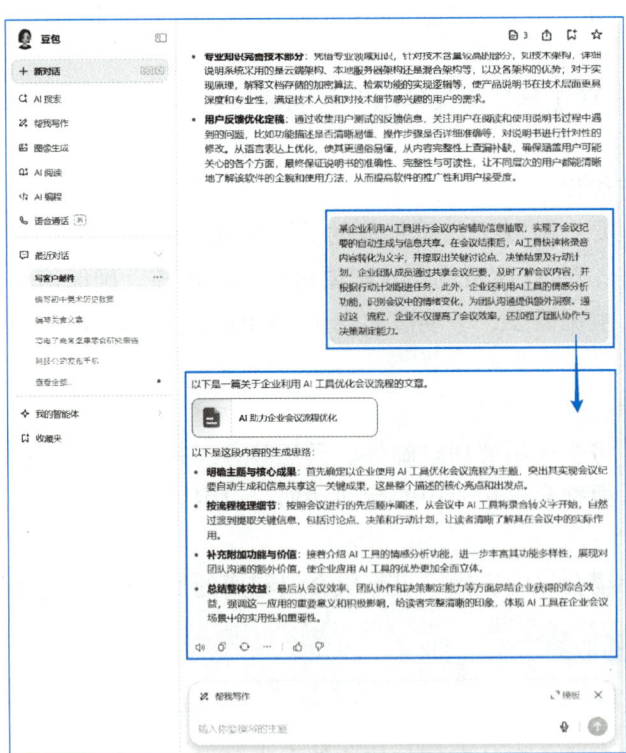

图 8-11   会议内容辅助信息抽取

8.1.9　职业生涯规划生成

职业生涯规划是个人发展的重要组成部分，它帮助个体明确职业目标，规划发展路径，并激励个体为实现职业梦想而努力。随着 AI 技术的不断进步，利用 AI 工具辅助生成职业生涯规划已成为一种趋势。本章节将从实际操作的角度出发，详细介绍如何利用 AI 工具生成个性化、可行的职业生涯规划。

1. 职业生涯规划的重要性

明确职业目标

通过职业生涯规划，个体可以清晰地认识到自己的职业愿景和长期目标。

有助于个体聚焦精力和资源，避免在职业道路上迷失方向。

规划发展路径

职业生涯规划能够指导个体分阶段、分步骤地实现职业目标。

帮助个体识别并填补技能差距，提升职业竞争力。

激发内在动力

明确的职业规划能够激发个体的内在动力，提高工作满意度和成就感。

有助于个体在职业生涯中保持积极、乐观的心态。

应对职业变化

职业生涯规划能够帮助个体预测并应对职业市场的变化。

通过持续学习和技能提升，增强个体的职业适应性和灵活性。

2. 利用 AI 工具生成职业生涯规划的实操步骤

自我评估

兴趣与价值观分析：利用 AI 兴趣测试和价值观问卷，了解自己的职业兴趣和核心价值观。

技能与经验盘点：通过 AI 技能评估工具，梳理自己的专业技能、软技能及工作经验。

性格与职业匹配：借助 AI 性格测试，分析自己的性格类型，找到与之匹配的职业领域。

职业调研

行业趋势分析：利用 AI 行业分析工具，了解目标行业的市场趋势、发展前景及竞争态势。

岗位需求研究：通过 AI 职位搜索与解析工具，查找目标岗位的技能要求、工作经验及薪资水平。

职业发展路径探索：借助 AI 职业发展路径图，了解目标岗位的职业晋升路径及所需的关键能力。

目标设定

短期目标：根据自我评估和职业调研结果，设定 3~6 个月内的具体职业目标。

中期目标：规划 1~3 年内的职业发展目标，包括技能提升、职位晋升等。

长期目标：设定 5 年及以上的职业愿景，包括行业地位、社会贡献等。

行动计划

技能提升计划：根据目标岗位的技能要求，制定详细的技能提升计划，包括培训课程、实践项目等。

经验积累策略：规划如何通过实习、兼职、项目合作等方式积累工作经验。

人脉拓展计划：利用 AI 社交平台分析工具，识别并拓展与目标行业相关的人脉资源。

执行与调整

定期回顾：设定固定的时间节点（如每季度），回顾职业生涯规划的执行情况。

反馈与调整：根据执行过程中的反馈，及时调整职业规划，确保目标的可行性和适应性。

持续学习：利用 AI 学习资源推荐工具，持续学习新知识、新技能，保持职业竞争力。

3. AI 辅助职业生涯规划的注意事项

个性化定制

职业生涯规划应充分考虑个体的独特性，避免盲目跟从他人规划。

利用 AI 工具的个性化推荐功能，生成符合个体特点和需求的职业规划。

动态调整

职业生涯规划是一个动态过程，需根据职业市场的变化和个人发展情况进行调整。

借助 AI 工具的数据分析能力，及时发现并应对职业规划中的潜在风险。

结合实际情况

在制定职业规划时，应充分考虑个人的实际情况，如家庭、经济等因素。

利用 AI 工具的情景模拟功能，评估不同职业规划方案对个人生活的影响。

保持积极心态

职业生涯规划过程中可能会遇到挑战和困难，保持积极、乐观的心态至关重要。

利用 AI 心理辅导工具，帮助个体应对职业规划中的心理压力。

4. 案例分享

张先生是一名软件工程师，他利用 AI 工具辅助生成了个性化的职业生涯规划。首先，他通过 AI 兴趣测试和价值观问卷，明确了自己对技术创新和解决问题的兴趣，以及追求成就和自由的价值观。接着，他利用 AI 技能评估工具，梳理了自己的编程技能、团队协作能力和项目管理经验。然后，他通过 AI 行业分析工具，了解了软件行业的市场趋势和岗位需求，设定了短期、中期和长期职业目标。在行动计划方面，他制定了详细的技能提升计划、经验积累策略和人脉拓展计划。在执行过程中，他定期回顾职业规划的执行情况，并根据反馈进行调整。通过 AI 工具的辅助，张先生成功实现了职业晋升，并在软件行业取得了显著成就（图 8-12）。

图 8-12　职业生涯规划生成

8.1.10　求职简历辅助优化

在当今竞争激烈的就业市场中，一份优秀的求职简历是求职者脱颖而出的关键。随着 AI 技术的快速发展，利用 AI 工具辅助优化求职简历已成为提高简历质量和求职效率的有效途径。本书将从实际操作的角度出发，详细介绍如何利用 AI 工具对求职简历进行辅助优化。

1．求职简历的重要性

展示个人优势

简历是求职者向招聘方展示自己的专业技能、工作经验和个人素质的重要载体。

一份优秀的简历能够突出求职者的核心竞争力，提高求职成功率。

吸引招聘方注意

在众多求职者中，招聘方通常通过简历筛选来初步了解求职者。

一份格式规范、内容精练、亮点突出的简历更容易吸引招聘方的注意。

建立职业形象

简历不仅是求职者的自我介绍，更是其职业形象的体现。

一份高质量的简历能够为求职者树立良好的职业形象，为未来的职业发展奠定基础。

2．AI 辅助优化求职简历的实操步骤

分析岗位要求

理解职位需求：仔细阅读招聘公告，明确招聘方对求职者的具体要求，包括技能、经验、学历等。

提取关键词：利用 AI 关键词提取工具，从招聘公告中提取出与求职岗位相关的关键词，为后续简历优化提供参考。

评估现有简历

内容检查：对照岗位要求，检查现有简历的内容是否完整、准确，是否涵盖了招聘方关注的重点。

格式评估：利用 AI 简历格式评估工具，检查简历的排版、字体、字号等是否符合规范，是否易于阅读。

优化简历内容

技能匹配：根据岗位要求和关键词提取结果，调整简历中的技能描述，确保与招聘方需求高度匹配。

经验提炼：利用 AI 经验提炼工具，从工作经历中提炼出与求职岗位相关的亮点和成果，突出求职者的专业能力和贡献。

教育背景强化：根据岗位要求，适当强调教育背景中的相关课程、实习经历或学术成果，提升求职者的学术素养和专业背景。

提升简历吸引力

个性化定制：利用 AI 简历定制工具，根据招聘方的行业特点、企业文化等因素，对简历进行个性化定制，提高简历的针对性和吸引力。

亮点突出：通过 AI 亮点识别工具，找出简历中的亮点和独特之处，利用加粗、变色等方式进行突出展示。

语言优化：利用 AI 语言优化工具，对简历中的文字进行润色和优化，确保语言简洁

明了、表达准确。

模拟简历筛选

AI 简历筛选测试：利用 AI 简历筛选工具，对优化后的简历进行模拟筛选测试，评估简历在招聘方筛选过程中的表现。

反馈与调整：根据 AI 简历筛选工具的反馈结果，对简历进行进一步的调整和优化，确保简历在筛选过程中能够脱颖而出。

3. AI 辅助优化求职简历的注意事项

保持真实性

在优化简历的过程中，务必确保简历内容的真实性，避免夸大或虚构事实。

虚假简历不仅会影响求职者的职业形象，还可能导致法律纠纷。

注重个性化

简历优化应充分考虑招聘方的需求和特点，进行个性化定制。

避免使用千篇一律的模板和套话，突出求职者的独特之处。

关注细节

简历中的每一个细节都可能成为影响求职成功率的关键因素。

利用 AI 工具对简历进行细致的检查和修改，确保简历的规范性和准确性。

持续更新

随着求职进程的不断推进，求职者的个人情况和求职需求可能会发生变化。

定期利用 AI 工具对简历进行更新和优化，确保简历与求职者的实际情况保持一致。

4. 案例分享

李小姐是一名市场营销专业的应届毕业生，她利用 AI 工具对求职简历进行了优化。首先，她通过 AI 关键词提取工具从招聘公告中提取出了与市场营销岗位相关的关键词，如市场调研、数据分析、活动策划等。然后，她根据这些关键词对简历中的技能描述进行了调整，突出了自己在市场调研和数据分析方面的能力。同时，她还利用 AI 经验提炼工具从实习经历中提炼出了与市场营销相关的亮点和成果，如参与某品牌市场推广项目并取得显著成效。在优化简历格式和语言方面，李小姐也做了大量的工作。她利用 AI 简历格式评估工具对简历的排版进行了调整，使简历更加整洁、易读。同时，她还利用 AI 语言优化工具对简历中的文字进行了润色和优化，使语言更加简洁明了、表达更加准确。最终，经过 AI 工具的辅助优化，李小姐的简历在招聘方筛选过程中脱颖而出，成功获得了心仪的工作机会（图 8-13）。

图 8-13　求职简历辅助优化

8.1.11　专利技术大纲生成

在专利撰写过程中，一个清晰、有条理的技术大纲是确保专利文档质量的关键。它不仅能够帮助撰写者系统地组织思路，还能使审查员和读者更容易理解专利的核心内容。随着 AI 技术的发展，利用 AI 工具辅助生成专利技术大纲已成为一种高效、准确的撰写策略。本章节将从实际操作的角度出发，详细介绍如何利用 AI 工具生成专利技术大纲。

1. 专利技术大纲的重要性

明确专利范围

技术大纲能够清晰地界定专利的保护范围，避免后续专利审查过程中的歧义和争议。通过明确技术特征和创新点，确保专利的独特性和新颖性。

指导撰写过程

技术大纲为专利撰写提供了清晰的框架和思路，帮助撰写者高效地组织内容。

确保专利文档的结构完整、逻辑清晰，提高撰写效率和文档质量。

便于审查与理解

技术大纲使专利审查员能够快速了解专利的核心内容和技术创新点，提高审查效率。

对于读者而言，技术大纲有助于他们快速把握专利的要点，理解专利的技术背景和实施方式。

2. AI 辅助生成专利技术大纲的实操步骤

确定专利主题

明确技术领域：首先，确定专利所属的技术领域，如机械、电子、生物等。

识别技术问题：分析现有技术中存在的问题或不足，明确专利旨在解决的核心问题。

收集与分析资料

文献调研：利用 AI 文献检索工具，收集与专利主题相关的现有技术文献，包括专利、学术论文、技术报告等。

技术对比：通过 AI 技术分析工具，对现有技术进行对比分析，找出创新点和差异点。

提炼技术要点

技术特征提取：利用 AI 特征提取工具，从现有技术和创新点中提取出关键的技术特征。

创新点归纳：对技术特征进行归纳和整理，明确专利的创新点和核心贡献。

生成技术大纲

初步构建框架：根据技术要点和创新点，初步构建专利技术大纲的框架，包括背景技术、发明内容、技术方案、有益效果等部分。

细化内容结构：利用 AI 内容生成工具，对每个部分进行细化和完善，确保大纲内容完整、逻辑清晰。

调整与优化：根据 AI 工具的反馈和撰写者的需求，对大纲进行调整和优化，确保大纲符合专利撰写的要求和标准。

验证与修改

AI 审查模拟：利用 AI 审查模拟工具，对生成的技术大纲进行模拟审查，评估大纲的可行性和有效性。

反馈与修改：根据模拟审查的反馈结果，对大纲进行必要的修改和完善，确保大纲符合专利审查的要求。

3. AI 辅助生成专利技术大纲的注意事项

保持创新性

在生成技术大纲的过程中，务必确保专利的创新性得到充分体现。

避免对现有技术进行简单组合或微小改进，确保专利的独特性和新颖性。

注重逻辑性

技术大纲应具有清晰的逻辑结构，各部分之间应相互关联、相互支持。

避免内容重复或矛盾，确保大纲的连贯性和一致性。

遵循撰写规范

在生成技术大纲时，应遵循专利撰写的规范和标准。

确保大纲中的术语、符号和表达方式符合专利审查的要求。

结合 AI 工具特点

不同的 AI 工具具有不同的特点和功能，应根据实际需求选择合适的工具进行辅助。

在使用 AI 工具时，应充分了解其工作原理和限制条件，避免盲目依赖或误用。

4. 案例分享

某研发团队开发了一种新型智能机器人技术，并计划申请专利。在撰写专利文档之前，他们利用 AI 工具辅助生成了专利技术大纲。首先，他们确定了专利的主题为"智能机器人控制系统及其方法"。然后，通过 AI 文献检索工具收集了相关领域的现有技术文献，并进行了对比分析。在提炼技术要点时，他们利用 AI 特征提取工具提取了关键的技术特征，并归纳了创新点。接下来，他们根据技术要点和创新点构建了初步的专利技术大纲框架，并利用 AI 内容生成工具对每个部分进行了细化和完善。最后，他们利用 AI 审查模拟工具对大纲进行了模拟审查，并根据反馈结果进行了必要的修改和完善。通过 AI 工具的辅助，他们成功地生成了一份清晰、有条理、符合专利撰写要求的专利技术大纲，为后续专利文档的撰写奠定了坚实的基础（图 8-14）。

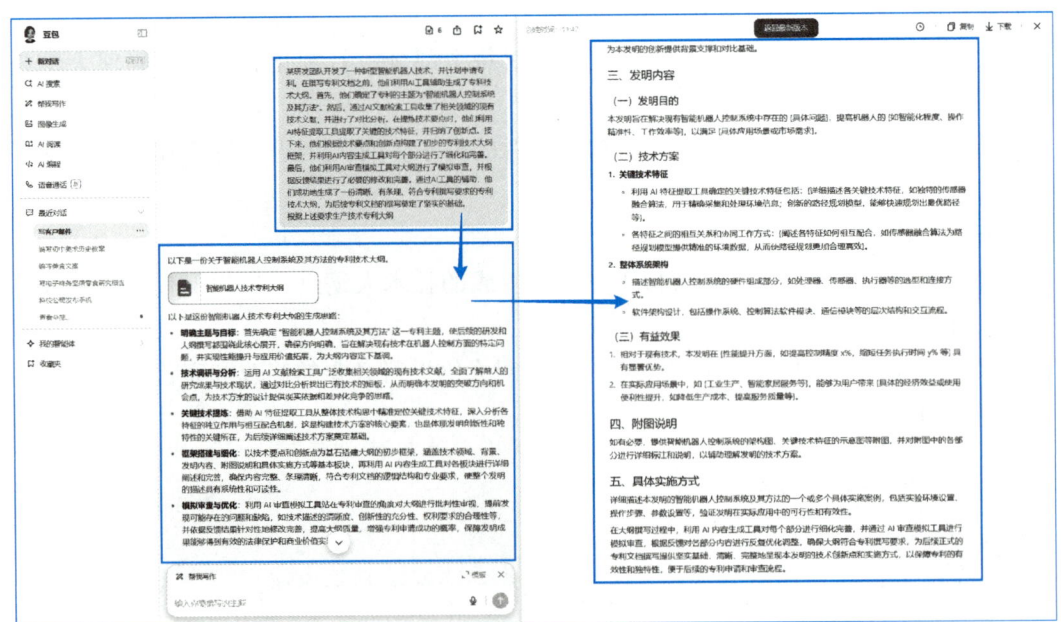

图 8-14   专利技术大纲生成

8.1.12　旅游攻略文案编写

　　旅游攻略文案是吸引游客、传递旅游信息、提升旅游体验的重要工具。一篇优秀的旅游攻略文案不仅能够激发游客的兴趣，还能为他们提供实用的旅行建议和深度的文化体验。随着 AI 技术的发展，利用 AI 工具辅助编写旅游攻略文案已成为一种高效、创新的方式。本章节将从实际操作的角度出发，详细介绍如何利用 AI 工具编写旅游攻略文案。

1. 旅游攻略文案的重要性

激发旅游兴趣

　　优秀的旅游攻略文案能够通过生动的描述和吸引人的图片，激发游客对目的地的兴趣和好奇心。

　　文案中的亮点介绍和特色推荐能够吸引游客的注意力，促使他们产生旅行的冲动。

提供实用信息

　　旅游攻略文案通常包含目的地的交通、住宿、美食、景点等实用信息，为游客提供全方位的旅行指南。

　　这些信息能够帮助游客更好地规划行程，提高旅行的便利性和舒适度。

传递文化价值

　　文案中的历史背景、文化习俗、当地风情等介绍，能够传递目的地的文化价值，提升游客的文化体验和认知。

　　通过文化传递，旅游攻略文案还能够促进文化交流和理解，增进游客对目的地的认同感和归属感。

2. AI 辅助编写旅游攻略文案的实操步骤

明确目标受众

　　分析受众需求：利用 AI 数据分析工具，分析目标受众的旅游偏好、兴趣点、消费习惯等，为文案编写提供数据支持。

　　确定文案风格：根据受众特点，确定文案的风格、语气和用词，确保文案能够吸引受众的注意并产生共鸣。

收集与整理资料

　　目的地调研：利用 AI 搜索引擎和数据库，收集目的地的相关信息，包括景点介绍、交通方式、住宿推荐、美食特色等。

　　资料筛选与整合：对收集到的资料进行筛选和整合，去除冗余信息，保留关键内容，为文案编写提供素材。

编写文案框架

　　确定结构：根据旅游攻略的常规结构，确定文案的开头、中间和结尾部分，以及各部分的内容要点。

搭建框架：利用 AI 文案生成工具，根据确定的结构和内容要点，搭建文案的初步框架。

填充文案内容

描述景点：利用 AI 描述生成工具，对目的地的景点进行生动、详细地描述，突出景点的特色和亮点。

推荐活动与美食：根据受众需求和目的地特点，推荐适合的旅游活动和美食，提供实用的建议和推荐。

分享旅行经验：结合个人或他人的旅行经验，分享实用的旅行技巧、注意事项和心得体会，增加文案的实用性和可信度。

优化文案质量

语言润色：利用 AI 语言润色工具，对文案进行语言上的优化，确保文案表达清晰、流畅、富有感染力。

图片与视频搭配：根据文案内容，选择合适的图片和视频进行搭配，增强文案的视觉效果和吸引力。

排版与格式调整：利用 AI 排版工具，对文案进行排版和格式调整，确保文案整洁、美观、易于阅读。

测试与反馈

受众测试：将文案发送给部分目标受众进行测试，收集他们的反馈意见和建议。

修改完善：根据受众的反馈，对文案进行修改和完善，确保文案更加符合受众的需求和期望。

3. AI 辅助编写旅游攻略文案的注意事项

保持真实性

在编写文案时，务必确保信息的真实性和准确性，避免夸大或虚构事实。

文案中的数据和事实应经过核实和验证，确保文案的可信度和权威性。

注重个性化

根据目标受众的特点和需求，编写个性化的文案，突出受众的特点和兴趣点。

避免使用千篇一律的模板和套话，使文案更加具有针对性和吸引力。

关注文化敏感性

在介绍目的地的文化习俗和风情时，应关注文化敏感性，避免触犯当地的文化禁忌和敏感话题。

尊重当地的文化传统和习俗，传递积极向上的文化价值观。

保持创新性

在编写文案时，应注重创新性和独特性，避免抄袭和模仿他人的文案。

通过独特的视角和创意的表达方式，使文案更加具有吸引力和竞争力。

4. 案例分享

　　某旅游平台计划推出一篇关于云南丽江的旅游攻略文案。他们利用 AI 工具进行了文案的编写和优化。首先，他们通过 AI 数据分析工具分析了目标受众的旅游偏好和需求，确定了文案的风格和用词。然后，他们利用 AI 搜索引擎和数据库收集了丽江的相关信息，包括景点介绍、交通方式、住宿推荐等。在编写文案时，他们利用 AI 描述生成工具对丽江的景点进行了生动、详细地描述，并推荐了适合受众的旅游活动和美食。同时，他们还结合了个人和他人的旅行经验，分享了实用的旅行技巧和注意事项。最后，他们利用 AI 语言润色工具对文案进行了优化，并选择了合适的图片和视频进行搭配。通过 AI 工具的辅助，他们成功地编写了一篇具有吸引力、实用性和文化价值的旅游攻略文案，受到了目标受众的好评和欢迎（图 8-15）。

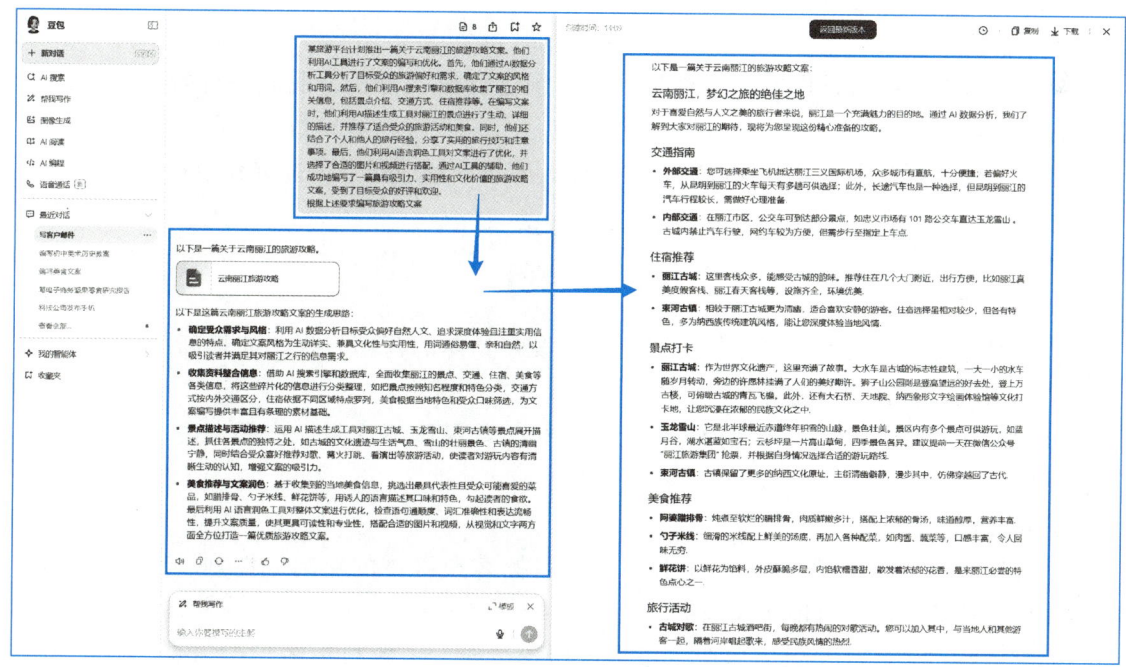

图 8-15　旅游攻略文案编写

8.1.13　市场营销文案及方案编写

　　市场营销文案及方案是品牌传播、产品推广、销售促进的重要工具。一篇优秀的市场营销文案或方案不仅能够吸引目标客户群体的注意，还能有效传达品牌价值，激发购买欲望，推动销售业绩的增长。随着 AI 技术的发展，利用 AI 工具辅助编写市场营销文案及方案已成为一种趋势。本章节将从实际操作的角度出发，详细介绍如何结合 AI 工具进行市场营销文案及方案的编写。

1. 市场营销文案及方案的重要性

品牌塑造与传播

文案及方案是品牌与消费者沟通的重要桥梁，通过文字、图像、视频等多种形式，传递品牌形象、价值主张和独特卖点。

优秀的文案能够增强品牌识别度，提升品牌美誉度，形成品牌忠诚度。

产品推广与销售促进

文案及方案通过描述产品特点、优势和使用场景，激发消费者的购买欲望，促进产品销售。

通过策划促销活动、优惠券、限时折扣等营销手段，吸引消费者下单购买，提升销售额。

市场分析与定位

文案及方案的编写过程中，需要对目标市场进行深入分析，明确目标客户群体的需求、偏好和购买行为。

基于市场分析结果，制定精准的营销策略，实现产品或服务的差异化定位。

2. AI 辅助编写市场营销文案及方案的实操步骤

明确营销目标

设定目标：根据品牌或产品的战略目标，设定具体的营销目标，如提高品牌知名度、增加产品销量、拓展新市场等。

量化指标：将营销目标转化为可量化的指标，如品牌曝光量、产品点击率、转化率、销售额等。

分析目标客户

画像构建：利用 AI 数据分析工具，分析目标客户群体的年龄、性别、地域、职业、兴趣爱好等特征，构建目标客户画像。

需求洞察：通过社交媒体监听、市场调研等手段，了解目标客户的需求、痛点和期望，为文案及方案的编写提供依据。

制定营销策略

渠道选择：根据目标客户群体的特征和偏好，选择合适的营销渠道，如社交媒体、搜索引擎、电子邮件、短信、线下活动等。

内容策划：根据营销目标和目标客户画像，策划吸引人的营销内容，如故事化文案、创意图片、短视频等。

促销手段：设计促销活动、优惠券、限时折扣等营销手段，吸引消费者下单购买。

编写文案及方案

标题设计：利用 AI 标题生成工具，根据目标客户群体的兴趣和需求，设计吸引人的标题，提高文案的点击率和阅读率。

正文撰写：结合品牌价值和产品特点，撰写生动、有趣、有说服力的正文内容。利用 AI 文案生成工具，提高撰写效率和质量。

视觉设计：根据文案内容，选择合适的图片、视频、动画等视觉元素，增强文案的吸引力和感染力。

方案整合：将文案、视觉元素、促销手段等整合成完整的营销方案，明确执行步骤、时间节点和预算分配。

测试与优化

A/B 测试：利用 AI 测试工具，对文案及方案的标题、正文、视觉元素等进行 A/B 测试，评估不同版本的效果。

数据监测：通过数据分析工具，监测文案及方案的曝光量、点击率、转化率、销售额等关键指标，评估营销效果。

优化调整：根据测试数据和反馈意见，对文案及方案进行优化调整，提高营销效果。

3. AI 辅助编写市场营销文案及方案的注意事项

保持真实性

在编写文案及方案时，务必确保信息的真实性和准确性，避免夸大或虚构事实。

文案中的数据和事实应经过核实和验证，确保文案的可信度和权威性。

注重个性化

根据目标客户群体的特征和需求，编写个性化的文案及方案，突出目标客户群体的独特性和价值。

避免使用千篇一律的模板和套话，使文案及方案更加具有针对性和吸引力。

关注用户体验

在编写文案及方案时，应注重用户体验，确保文案内容简洁明了、易于理解。

视觉元素应美观大方、符合审美标准，提高用户的阅读体验和感受。

保持创新性

在编写文案及方案时，应注重创新性和独特性，避免抄袭和模仿他人的文案及方案。

通过独特的创意和表达方式，使文案及方案更加具有吸引力和竞争力。

4. 案例分享

某电商平台计划推出一款新款智能手表的营销活动。他们利用 AI 工具辅助编写了市场营销文案及方案。首先，他们设定了提高产品知名度和销量的营销目标，并构建了目标客户画像。然后，他们选择了社交媒体和搜索引擎作为营销渠道，并策划了故事化文案、创意图片和短视频等营销内容。在编写文案时，他们利用 AI 标题生成工具设计了吸引人的标题，并结合产品特点和品牌价值撰写了生动有趣的正文内容。同时，他们还设计了优惠券和限时折扣等促销手段。最后，他们将文案、视觉元素和促销手段整合成完整的营销方案，并进行了 A/B 测试和数据监测。通过 AI 工具的辅助，他们成功地编写了具有吸引力、创新性和实用性的市场营销文案及方案，实现了营销目标（图 8-16）。

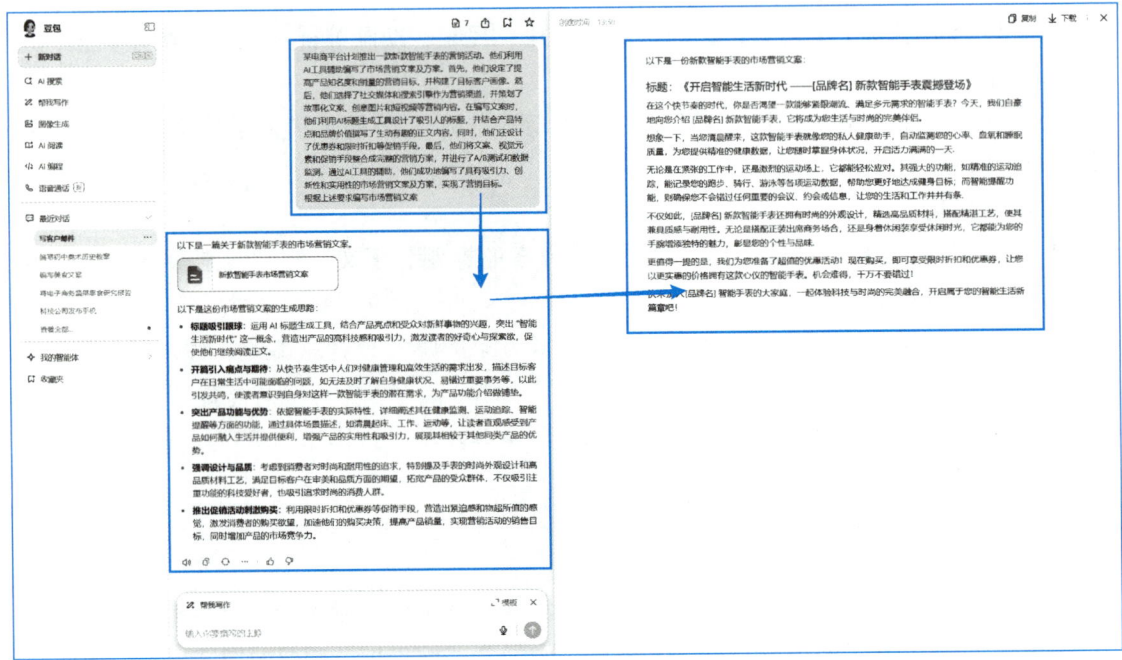

图 8-16   市场营销文案及方案编写

8.2   AI 文学创作

8.2.1   诗歌创作

诗歌，作为文学艺术的瑰宝，以其独特的韵律、意象与情感，跨越时空的界限，触动着人们的心灵。在数字化时代，AI 技术为诗歌创作带来了新的可能，但无论技术如何发展，诗歌创作的核心——情感表达、意象构建与语言艺术，始终离不开人类的智慧与灵感。本章节旨在从实际操作的角度出发，引导学员掌握诗歌创作的基本技巧，结合 AI 辅助工具（若适用），激发创作潜能，探索诗歌的无限魅力。

1. 诗歌创作的基础认知

诗歌的定义与分类

诗歌是以高度凝练的语言，通过意象、节奏、韵律等艺术手法，表达作者情感与思想的一种文学形式。

分类：按形式可分为古体诗、近体诗（律诗、绝句）、现代诗等；按内容可分为抒情诗、叙事诗、哲理诗等。

诗歌的基本要素

意象：诗歌中通过具体事物寄托作者情感与思想的形象。

韵律：诗歌中音节的长短、高低、轻重、缓急形成的节奏美感。

语言：区别精练、富有表现力，常运用比喻、拟人、象征等修辞手法。

2. 诗歌创作的实际操作步骤

灵感捕捉与主题确定

灵感来源：生活观察、情感体验、自然景象、历史典故等。

主题构思：明确诗歌想要表达的核心思想或情感，如爱情、友情、自然、人生哲理等。

意象构建与语言选择

意象选取：根据主题，挑选具有象征意义或情感共鸣的意象，如"月亮"代表思乡，"花朵"象征生命。

语言锤炼：追求语言的精准与美感，使用区别精练、富有画面感的词汇，避免冗长与平淡。

韵律与节奏设计

韵律安排：根据诗歌形式，选择适合的押韵方式，如 ABAB、AABB 等，或自由韵律。

节奏把控：通过长短句、停顿、重复等手法，创造诗歌的节奏感，增强音乐性。

结构与布局规划

起承转合：传统诗歌常用的结构，开篇引入（起），发展叙述（承），转折深化（转），总结升华（合）。

现代诗自由结构：不受固定格式限制，可根据情感流动自由安排段落与行数。

反复修改与润色

初稿创作：不拘泥于完美，大胆表达初步想法。

反复推敲：对语言、意象、韵律进行细致打磨，确保每句话都精准有力。

情感检验：确保诗歌能够触动人心，传达真挚（图 8-17）。

3. AI 辅助诗歌创作的实践与探索

灵感激发

利用 AI 诗歌生成器，输入关键词或主题，获取灵感火花，作为创作的起点。

分析 AI 生成的诗歌，学习其意象选择与语言运用，启发个人创作思路。

语言优化

将初稿输入 AI 语言优化工具，检查语法错误，提升语言流畅度与表现力。

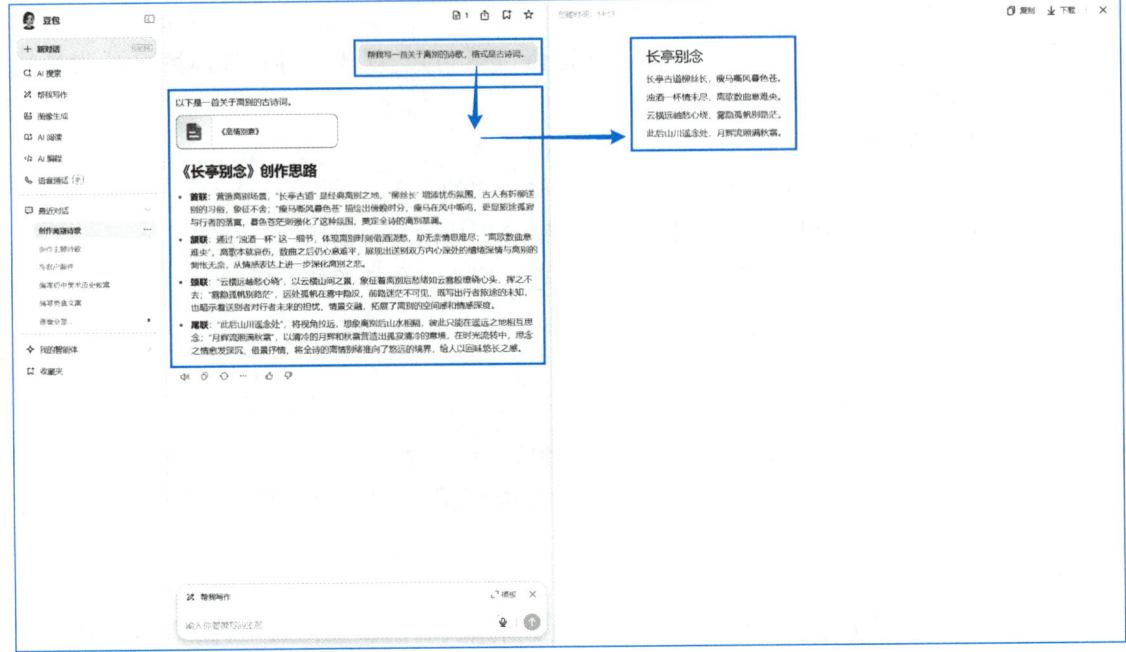

图 8-17   诗歌创作

借鉴 AI 提供的同义词替换建议，寻找更贴切、更具创意的词汇。

韵律与节奏调整

使用 AI 韵律分析工具，检测诗歌的韵律与节奏，确保符合预设要求。

根据 AI 建议，调整诗句的音节、停顿，增强诗歌的音乐性。

创意拓展

尝试将 AI 生成的意象、语言片段融入个人创作中，形成独特的风格。

利用 AI 进行跨文本、跨文化的对比分析，拓宽创作视野，激发创新思维。

4. 诗歌创作的注意事项

保持真诚

诗歌是情感的流露，应真诚表达内心感受，避免虚假与矫揉造作。

尊重传统与创新

在学习传统诗歌精髓的基础上，勇于尝试新的表达形式与语言风格。

注重实践与反馈

多写多练，不断积累经验，勇于接受他人批评与建议，提升创作水平。

平衡 AI 与人类智慧

AI 是辅助工具，应合理利用其优势，同时保持创作的独立性与个性化。

8.2.2　歌词创作

歌词，作为音乐与文学的结合体，承载着表达情感、讲述故事、传递思想的重任。它不仅是音乐的灵魂，更是连接歌手与听众心灵的桥梁。在 AI 技术日益成熟的今天，歌词创作依然依赖人类的情感深度、创意火花以及对语言的精准把握。本书将从实际操作的角度出发，引导读者掌握歌词创作的基本技巧，同时探索 AI 在歌词创作中的辅助作用。

1. 歌词创作的基础认知

歌词的定义与功能

歌词是歌曲中的文字部分，通过韵律、节奏、意象等元素，与旋律共同构成完整的音乐作品。

功能：表达情感、讲述故事、传递信息、启发思考、娱乐听众等。

歌词的特点

韵律与节奏：与音乐的旋律相匹配，形成和谐的听觉体验。

简洁明了：受限于歌曲时长，歌词需区别精练表达，避免冗长。

情感共鸣：触及人心，引发听众的情感共鸣与联想。

歌词的结构

引子：引入主题，设置情境。

副歌：歌曲的核心部分，重复出现，加深印象。

主歌：讲述故事，展开情节。

桥段：连接主歌与副歌，提供情感或情节上的转折。

2. 歌词创作的实际操作步骤

确定主题与情感

明确歌词想要表达的主题，如爱情、友情、励志、人生感悟等。

确定歌曲的整体情感基调，如欢快、悲伤、怀旧、激昂等。

构思故事与意象

构思一个与主题相关的故事线，可以是个人经历、虚构情节或普遍现象。

选择具有象征意义的意象，增强歌词的表现力与深度。

编写初稿

根据构思，开始编写歌词初稿，注意韵律与节奏的初步安排。

不必拘泥于完美，先大胆表达初步想法，为后续修改留出空间。

调整结构与韵律

根据歌曲的结构要求，调整歌词的段落与行数，确保与旋律相匹配。

细化韵律与节奏，确保每句歌词的押韵、停顿与旋律的起伏相呼应。

润色语言与情感

对歌词进行语言润色，确保用词精准、表达流畅。

深化情感表达，确保歌词能够触动人心，引发共鸣。

反复修改与测试

多次修改，不断完善歌词的每一个细节。

与音乐人合作，进行试唱与调整，确保歌词与旋律的完美融合（图 8-18）。

图 8-18　歌词创作

3. AI 辅助歌词创作的实践与探索

灵感激发

利用 AI 歌词生成器，输入关键词或主题，获取灵感火花。

分析 AI 生成的歌词，学习其创意构思与表达方式，启发个人创作。

语言优化

将初稿输入 AI 语言优化工具，检查语法错误，提升语言流畅度。

借鉴 AI 提供的同义词替换建议，寻找更贴切、更具创意的词汇。

韵律与节奏匹配

使用 AI 韵律分析工具，检测歌词的韵律与节奏，确保与旋律的和谐统一。

根据 AI 建议，调整歌词的音节、停顿，使歌词更加贴合旋律。

情感与意象拓展

利用 AI 进行情感分析与意象联想，拓宽创作思路，丰富歌词的情感层次与意象表现。

合作与共创

与 AI 合作，共同创作歌词，将人类的情感深度与 AI 的创意生成能力相结合，探索新的创作模式。

4. 歌词创作的注意事项

保持真诚

歌词是情感的流露，应真诚表达内心感受，避免虚假与矫揉造作。

尊重听众

歌词应易于理解，避免过于晦涩或复杂的表达，确保听众能够产生共鸣。

注重实践与反馈

多写多练，不断积累经验，勇于接受听众与音乐人的反馈与建议。

平衡创意与实用性

在追求创意的同时，确保歌词的实用性，使其能够适应不同场合与听众的需求。

尊重版权

在创作中尊重他人的版权，避免抄袭或未经授权的使用。

8.2.3　散文创作

散文，作为文学的一种自由表达形式，以其广泛的题材、多样的风格、深邃的情感，成为连接作者与读者心灵的桥梁。在数字化时代，散文创作不仅依赖作者的情感深度与思想敏锐度，还受益于 AI 技术的辅助，使得创作过程更加高效且充满创意。这里将从实际操作的角度出发，引导读者掌握散文创作的基本技巧，同时探索 AI 在散文创作中的应用。

1. 散文创作的基础认知

散文的定义与特点

散文是文学的一种体裁，以自由灵活的语言，表达作者的真情实感、人生哲理或社会现象。

特点：题材广泛、形式多样、语言质朴、情感真挚。

散文的分类

抒情散文：以抒发个人情感为主，如爱情、友情、亲情等。

叙事散文：讲述个人经历或历史事件，注重情节与细节描写。

议论散文：对某一社会现象或观点进行评论，表达作者的思想与见解。

散文的创作原则

真实性：基于真实生活，表达真情实感。

独特性：展现个人视角与独特见解。

艺术性：运用语言技巧，提升作品的文学价值。

2. 散文创作的实际操作步骤

确定主题与情感

明确散文想要表达的主题，如人生感悟、社会现象、自然美景等。

确定情感基调，如喜悦、悲伤、沉思、愤怒等。

收集素材与构思

通过观察生活、阅读书籍、与人交流等方式，收集与主题相关的素材。

构思文章结构，如开头引入、中间展开、结尾总结。

撰写初稿

根据构思，开始撰写散文初稿，注意语言的流畅与情感的表达。

不必拘泥于完美，先大胆表达初步想法，为后续修改留出空间。

修改与润色

对初稿进行多次修改，确保语言精练、结构紧凑。

润色情感表达，使文章更加感人至深。

审阅与反馈

审阅修改后的散文，检查是否有语法错误、逻辑不清等问题。

邀请他人阅读，收集反馈意见，进一步完善作品。

3. AI 辅助散文创作的实践与探索

灵感激发

利用 AI 技术，输入关键词或主题，获取相关素材与灵感。

分析 AI 提供的资料，拓宽创作思路，激发个人创意。

语言优化

将初稿输入 AI 语言优化工具，检查语法错误，提升语言流畅度。

借鉴 AI 提供的同义词替换建议，丰富语言表达，增强文章的艺术性。

结构优化

使用 AI 文章分析工具，检测散文的结构与逻辑，确保文章条理清晰。

根据 AI 建议，调整段落布局，使文章更加紧凑有力。

情感与主题深化

利用 AI 进行情感分析与主题挖掘，深化文章的情感层次与思想深度。

借鉴 AI 提供的观点与见解，丰富文章内涵，提升作品的思想价值。

创作效率提升

利用 AI 写作助手，快速生成文章框架或段落，提高创作效率。

结合 AI 生成的初稿，进行个性化修改与润色，形成独特风格。

4. 散文创作的注意事项

保持真实

散文应基于真实生活，表达真情实感，避免虚假与夸张。

注重细节

细节描写是散文的魅力所在，应注重刻画人物、场景与情感细节。

情感真挚

情感是散文的灵魂，应真诚表达内心感受，避免矫揉造作。

语言精练

散文语言应质朴自然，避免冗长与繁复，追求言简意赅。

尊重版权

在创作中尊重他人的版权，避免抄袭或未经授权的使用。

8.2.4 小说创作

小说，作为文学的一种重要体裁，以其丰富的想象力、复杂的人物关系、跌宕起伏的情节，吸引着无数读者沉浸其中。在数字化时代，小说创作不仅依赖作者的创意与才华，还受益于 AI 技术的辅助，使得创作过程更加高效且充满可能。这里将从实际操作的角度出发，引导读者掌握小说创作的基本技巧，同时探索 AI 在小说创作中的应用。

1. 小说创作的基础认知

小说的定义与特点

小说是以叙述故事为主要手段，通过塑造人物形象、描绘环境背景、展现情节发展，反映社会生活、表达作者思想情感的文学体裁。

特点：情节完整、人物鲜明、环境具体、主题深刻。

小说的分类

按篇幅：长篇小说、中篇小说、短篇小说、微型小说。

按题材：言情小说、武侠小说、科幻小说、历史小说、悬疑小说等。

小说的创作原则

真实性：基于生活真实，进行艺术加工。

创新性：在题材、情节、人物等方面寻求突破。

文学性：注重语言的美感与表达的深度。

2. 小说创作的实际操作步骤

确定主题与题材

明确小说想要表达的主题，如爱情、友情、成长、正义等。

选择适合的题材，如历史、科幻、悬疑等，为故事设定背景。

构思情节与人物

构思主要情节，包括开头、发展、高潮、结局。

设定主要人物，包括性格、背景、动机等，为情节发展提供动力。

撰写大纲与章节

撰写详细的大纲，包括主要情节、人物关系、环境描写等。

根据大纲，划分章节，规划每章的情节发展与人物互动。

撰写初稿

根据大纲与章节规划，开始撰写小说初稿。

注重语言的流畅与情感的表达，不必拘泥于完美，先完成初稿。

修改与润色

对初稿进行多次修改，确保情节连贯、人物鲜明。

润色语言，提升文学性，使小说更加引人入胜。

审阅与反馈

审阅修改后的小说，检查是否有逻辑错误、语言不通顺等问题。

邀请他人阅读，收集反馈意见，进一步完善作品（图 8-19）。

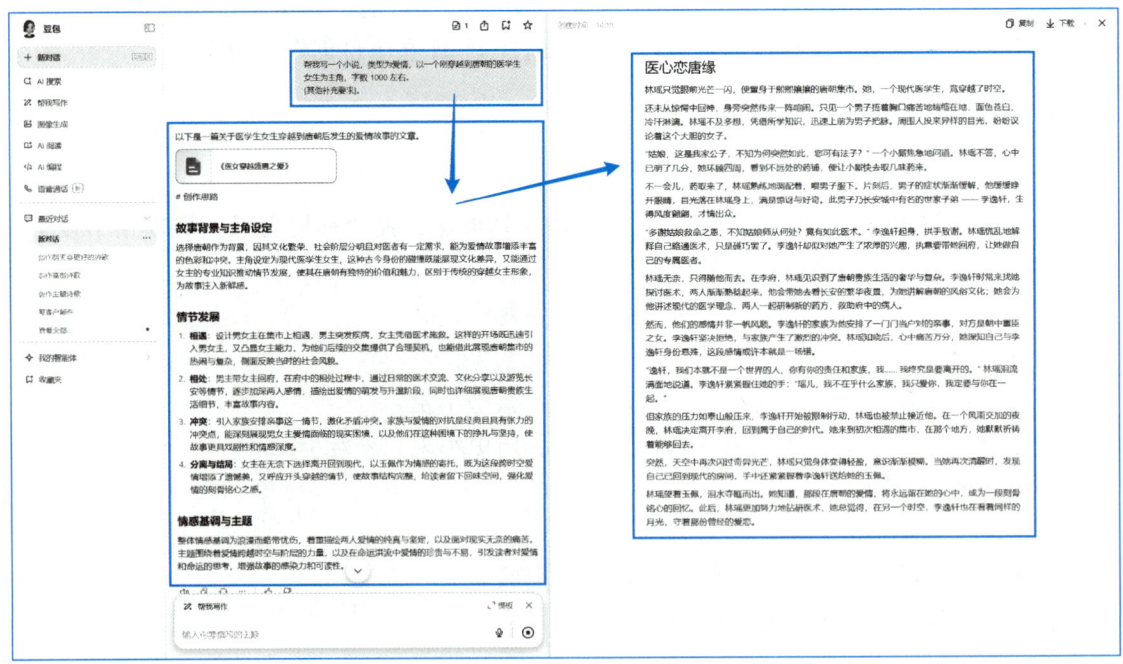

图 8-19　小说创作

3. AI 辅助小说创作的实践与探索

灵感激发

利用 AI 技术，输入关键词或主题，获取相关素材与灵感。

分析 AI 提供的资料，拓宽创作思路，激发个人创意。

情节与人物生成

使用 AI 写作助手，快速生成情节框架或人物设定。

结合 AI 生成的内容，进行个性化修改与拓展，形成独特的故事线。

语言优化与风格模仿

将初稿输入 AI 语言优化工具，检查语法错误，提升语言流畅度。

利用 AI 进行风格模仿，学习经典作家的语言特点，提升小说的文学性。

情节与人物分析

使用 AI 分析工具，检测小说的情节连贯性与人物塑造的深度。

根据 AI 建议，调整情节发展，深化人物性格，使小说更加引人入胜。

创作效率提升

利用 AI 写作助手，快速生成章节内容或对话，提高创作效率。

结合 AI 生成的初稿，进行个性化修改与润色，形成独特风格。

4. 小说创作的注意事项

保持真实与逻辑

小说虽为虚构，但应基于生活真实，保持情节的逻辑性与人物的合理性。

注重细节与情感

细节描写是小说魅力的关键，应注重刻画人物性格、环境氛围与情感变化。

创新与突破

在题材、情节、人物等方面寻求创新，避免落入俗套，提升小说的吸引力。

语言与风格

注重语言的美感与表达的深度，形成独特的语言风格，使小说更加引人入胜。

尊重版权

在创作中尊重他人的版权，避免抄袭或未经授权的使用。

8.3 行业研究报告创作与优化

在当今瞬息万变的商业环境中，行业研究报告成为企业决策者和投资者洞察市场动态、把握行业趋势的关键工具。一份高质量的行业研究报告不仅能够揭示行业的过去和现在，还能预测行业的未来走向，为决策提供有力支持。本书将从实际操作的角度出发，详细讲解行业研究报告的创作与优化流程，提升报告的质量与价值。

8.3.1   行业研究报告的创作流程

明确研究目标与定位

界定研究范围：确定研究的行业细分领域、地域范围、时间跨度等。

设定研究目标：明确报告旨在解决哪些具体问题，如市场规模、竞争格局、增长驱动因素等。

定位报告受众：了解读者的背景、需求和关注点，以便调整报告的语言风格、信息深度等。

收集与分析数据

二手资料收集：利用行业报告、公开数据、政府公告、学术论文等资源，获取行业背景、市场概况等信息。

一手资料收集：通过问卷调查、深度访谈、实地考察等方式，收集行业内部人士、消费者、供应商等的观点和数据。

数据分析：运用统计工具、SWOT 分析、PESTEL 分析等方法，对数据进行整理、分析和解读。

构建报告框架

确定报告结构：一般包括摘要、引言、行业背景、市场现状、竞争格局、增长机会、趋势预测、风险与挑战、结论与建议等部分。

设计报告大纲：根据研究目标和内容，列出详细的报告大纲，确保各部分内容逻辑清晰、条理分明。

撰写报告内容

引言部分：简要介绍研究背景、目的、方法和主要发现。

行业背景：概述行业的发展历程、政策法规、技术趋势等。

市场现状：分析市场规模、增长率、主要市场参与者等。

竞争格局：描述主要竞争者的市场份额、竞争优势和劣势等。

增长机会：识别市场空白、新兴趋势、潜在需求等。

趋势预测：基于当前数据和分析，预测行业未来的发展方向。

风险与挑战：分析可能影响行业发展的不利因素。

结论与建议：总结研究发现，提出有针对性的建议。

数据可视化与图表制作

选择合适的图表类型：如柱状图、折线图、饼图、散点图等，以直观展示数据和分析结果。

设计图表风格：确保图表清晰、易读，颜色、字体、线条等设计元素应保持一致性和专业性。

添加图表注释：在图表下方或旁边添加简短的注释，说明图表展示的内容和数据来源。

审核与修订

自我审查：检查报告的语法、拼写、标点等错误，确保信息准确无误。

同事或专家审阅：邀请同事或行业专家审阅报告，收集反馈意见并进行修改。

格式调整：根据目标读者的阅读习惯和审美偏好，调整报告的排版、字体、字号等。

8.3.2 行业研究报告的优化策略

增强报告的针对性

深入了解目标读者的需求和关注点，确保报告内容与其需求高度匹配。

突出报告的核心发现和独特见解，避免冗长或无关紧要的细节。

提升报告的深度与广度

深入挖掘数据背后的原因和趋势，提供深入的分析。

拓展报告的覆盖范围，包括相关产业链、政策环境、技术动态等。

优化报告的语言风格

根据目标读者的背景和需求，选择恰当的语言风格和用词。

使用简洁、明了的语言表述复杂的概念和数据。

加强报告的视觉呈现

合理运用图表、图片和动画等视觉元素，增强报告的吸引力和可读性。

保持视觉元素的简洁性和一致性，避免过度装饰或混乱的布局。

注重报告的时效性与准确性

及时更新报告中的数据和分析结果，确保信息的时效性和准确性。

提供有价值的建议与解决方案

基于研究发现和分析，提出有针对性的建议或解决方案。

强调建议的可行性和实施效果，为读者提供实用的参考。

8.3.3 实操技巧与注意事项

保持好奇心与敏锐度

持续关注行业动态和新闻，及时捕捉市场变化和新兴趋势。

与行业专家和从业者保持联系，获取第一手的信息和观点。

注重数据的质量与来源

确保数据的准确性和可靠性，避免使用过时或错误的数据。

引用权威的数据来源，增强报告的权威性和可信度。

培养批判性思维

对收集到的信息进行分析和评估，保持客观和理性的态度。

勇于提出自己的见解和观点，避免盲目跟从或抄袭他人的研究成果。

注重报告的排版与格式

设计简洁、易读的排版布局，确保报告内容的可读性和吸引力。遵循行业标准和目标读者的阅读习惯，调整报告的字体、字号、段落间距等。

习题

单选题

1. 新闻稿件创作的基础要素不包括以下哪一项？（　　）

A. 何时（When）　　　　　　　　　　B. 何地（Where）

C. 如何（How）　　　　　　　　　　D. 价格（Price）

2. 短视频文案的结尾部分通常需要包含什么内容？（　　）

A. 提出问题　　　　　　　　　　　　B. 呼吁行动

C. 隐藏关键信息　　　　　　　　　　D. 重复标题

3. 商品推荐文案中，"痛点分析"的作用是？（　　）

A. 展示产品外观　　　　　　　　　　B. 解决消费者潜在问题

C. 罗列产品参数　　　　　　　　　　D. 强调品牌历史

4. 教案中"教学反思"的主要目的是？（　　）

A. 记录学生考勤　　　　　　　　　　B. 总结教学效果与改进方向

C. 设计课堂游戏　　　　　　　　　　D. 制定考试题目

5. 电子邮件主题行的设计原则是？（　　）

A. 冗长复杂　　　　　　　　　　　　B. 简短明了

C. 使用专业术语　　　　　　　　　　D. 完全隐藏内容

6. 会议内容辅助信息抽取的关键步骤不包括？（　　）

A. 上传录音文件　　　　　　　　　　B. 自动语音识别

C. 虚构讨论内容　　　　　　　　　　D. 关键信息提取

7. 职业生涯规划中"自我评估"通常不包含？（　　）

A. 兴趣与价值观分析　　　　　　　　B. 技能与经验盘点

C. 虚构职业目标　　　　　　　　　　D. 性格与职业匹配

8. 求职简历优化时，"技能匹配"的核心是？（　　）

A. 照搬招聘广告　　　　　　　　　　B. 突出与岗位无关的技能

C. 根据岗位需求调整技能描述　　　　D. 隐藏实际能力

9. 专利技术大纲中"创新点归纳"的作用是？（   ）

A. 罗列现有技术　　　　　　　　B. 强调专利的独特性

C. 重复技术细节　　　　　　　　D. 隐藏技术缺陷

10. 旅游攻略文案中"文化敏感性"要求作者？（   ）

A. 忽视当地习俗　　　　　　　　B. 虚构文化背景

C. 尊重当地文化禁忌　　　　　　D. 夸大文化差异

11. 市场营销方案中"A/B 测试"主要用于？（   ）

A. 比较不同文案效果　　　　　　B. 计算产品成本

C. 设计产品包装　　　　　　　　D. 培训销售人员

12. 诗歌创作中"意象构建"的关键是？（   ）

A. 使用复杂词汇　　　　　　　　B. 通过具体事物表达情感

C. 避免情感表达　　　　　　　　D. 完全依赖 AI 生成

13. 行业研究报告的"趋势预测"应基于？（   ）

A. 主观猜测　　　　　　　　　　B. 当前数据与分析

C. 随机选择　　　　　　　　　　D. 忽略市场动态

14. 歌词创作中"副歌"的作用是？（   ）

A. 引入主题　　　　　　　　　　B. 重复核心旋律与情感

C. 描述背景故事　　　　　　　　D. 提供转折

15. 小说创作中"人物设定"应重点关注？（   ）

A. 姓名长度　　　　　　　　　　B. 性格与动机

C. 无关细节堆砌　　　　　　　　D. 忽略背景描写

判断题

1. 在新闻稿件改写时，可以随意虚构事实以增强吸引力。

2. 短视频文案的标题应尽量控制在 50 字以内。

3. 商品推荐文案中无须考虑用户的情感需求。

4. 教案的"教学目标"应模糊表述以增加灵活性。

5. 电子邮件结尾的签名必须包含联系方式。

6. 会议纪要生成后无须人工审核即可直接发布。

7. 职业生涯规划中"长期目标"应设定为 5 年及以上。

8. 小说创作可以完全依赖 AI 生成，无须作者参与。

第9章　AIGC的多模态应用

AI 多模态应用是指利用人工智能技术，整合和处理来自不同来源、不同形式的数据（如文本、图像、音频、视频等），以提供更加全面、准确和智能的服务和解决方案。这些应用通过融合多种模态的数据，实现了跨模态的感知、理解和生成，极大地提升了人工智能系统的能力，并扩大其应用范围。

第 9 章　数字资源

9.1　图像生成 AIGC 平台使用培训

9.1.1　文生图像发展史

1. 早期阶段

关注点：计算机视觉（CV）与自然语言处理（NLP）的基础理论和技术。

CV：模拟人类视觉系统，从数字图像或视频中理解并提取信息，任务包括图像分类、目标检测、图像分割、图像生成、动作识别等。

NLP：计算机科学与语言学的交叉领域，旨在让计算机理解、分析和生成自然语言，研究内容包括机器翻译、信息检索、问答系统等。

跨模态任务：CV 与 NLP 的结合，文生图像是典型案例。

2. 20 世纪 90 年代

CV 研究：集中在物体识别、图像分类和图像检索等问题上。

NLP 发展：取得一定进展。

卷积神经网络（CNN）：由**人工智能之父杨立昆（图 9-1）**提出，成功应用于手写数字识别，后获得图灵奖。

杨立昆，Facebook首席人工智能科学家、纽约大学教授。为卷积神经网络(CNN)和图像识别领域做出了重要贡献，以手写字体识别、图像压缩和人工智能硬件等主题发表过190多份论文，研发了很多关于深度学习的项目。

图 9-1　人工智能之父杨立昆

3. 21 世纪 00 年代初期

CV 与 NLP 融合：初步尝试将图像理解和文本生成相结合。
跨模态学习理论：提出，但主要关注图像生成相关文本。
技术限制：电脑处理器速度难以处理复杂图形。

4. 2014 年

深度学习：崭露头角，为文生图技术带来关键突破。
生成对抗网络（GANs）：由**伊恩·古德费罗（图 9-2）**提出，通过对抗训练生成越来越真实的图像，成为图像生成领域的重要工具。

因提出了生成对抗网络(GANs)而闻名，他被誉为"GANs之父"，被推举为人工智能领域的顶级专家。

伊恩·古德费罗
Ian Goodfellow

图 9-2　生成对抗网络（GANs）提出者：伊恩·古德费罗

5. 2019 年

Att-GAN 与 Stage-GAN 结合：通过复杂注意力机制和逐步细化生成过程，提升图像质量（图 9-3）。
大规模数据集与计算资源：支持模型生成更真实、更多样化的图像。

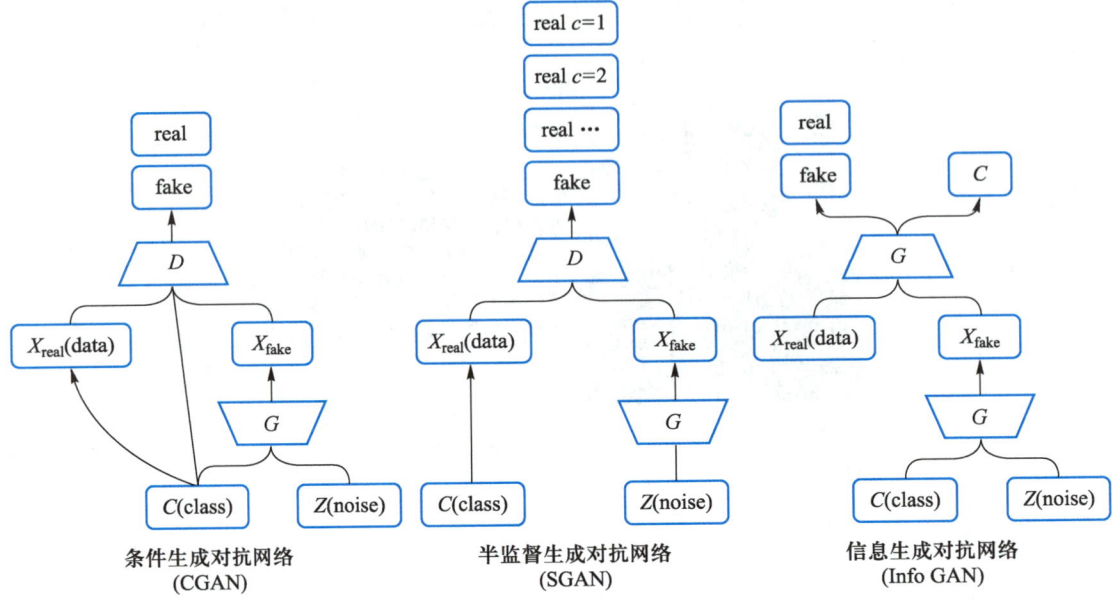

图 9-3   CGAN、SGAN、Info GAN

6. 2021 年

CLIP 模型：由 OpenAI 公司提出，通过联合训练图像编码器和文本编码器预测图像文本训练示例的正确性，推动文生图技术迅猛发展。

Midjourney：由 David Holz 创立，凭借强大图片生成 AI 软件和极简使用方法迅速吸引大量用户。

9.1.2   Midjourney 实操讲解

1. 入门教学

注册登录（图 9-4）：

图 9-4   扫码查看注册登录地址

工作台：点击"开始创作"进入，左边按钮切换 AI 模型及版本号，上方"绘画广场"查看其他用户分享的 AI 图片及生成参数。

关键词输入：输入描述词，可点击"自动优化咒语"无损改写关键词。

提交生成：点击提交按钮，稍等片刻后得到 4 张图片，下方 U、V、C 按钮分别用于查看大图、创建变体、查看原图或下载（图 9-5）。

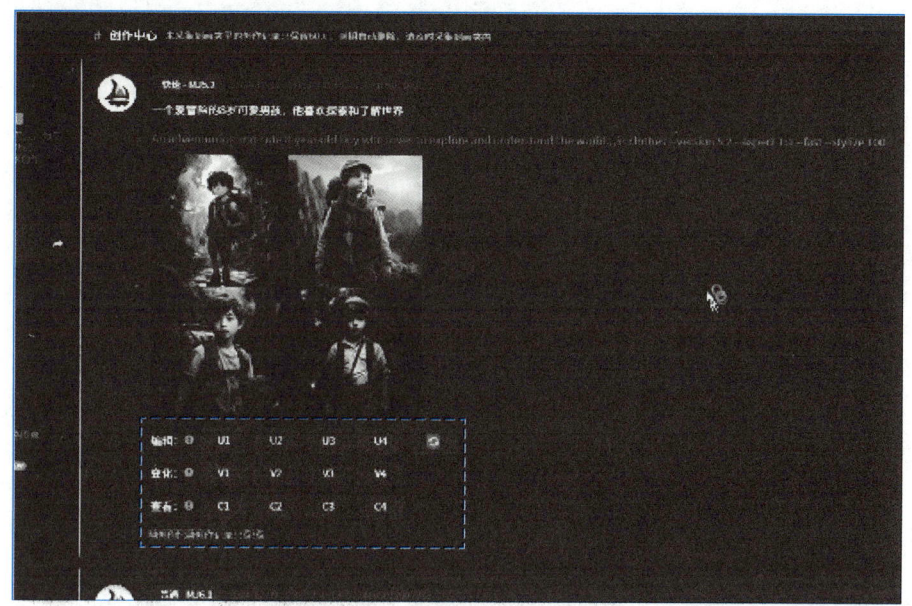

图 9-5 U、V、C 按钮分别用于查看大图、创建变体、查看原图或下载

2. 关键词描述技巧

公式：主体描述+环境场景+艺术风格+媒介材料+摄像机视角+精度定义。

主体描述：修饰词+主体+场景+动作。

环境场景：光线氛围色系等。

艺术风格：艺术家名字、漫画影视作品等。

媒介材料：油画、水彩等。

摄像机视角：特写视图、两点透视等。

作品精度定义：高品质、超级细节等。

9.1.3 图片融合与解析

图片融合：在工具箱的创意应用分类里找到图片融合，上传需要融合的图片，提交任务后得到融合完成的图片。

图片解析：在工具箱的图片编辑分类里找到图片解析，上传需要解析的图片，提交任务后得到关于这张图片的提示词。

1. 进阶教程

关键词权重：在输入关键词时，可通过"元素名称：权重数值"设置权重，控制元素在生成图片中的占比。

常用参数合集：向提示后添加多个参数可更改图像生成方式，包括不同分类的参数，如控制风格、颜色等（图9-6）。

基本参数

—— ar使用—— ar 16:9调整图片的宽高比例，例如：—— ar 16:9
—— iw(0.5,1,2)设定文本提示对图像的影响权重，默认为—— iw 0.25
—— seed参数输入一个0到4294967295之间的数字，作为随机数种子
—— no关键字后跟你希望排除的元素，例如：—— nogreen移除绿色成分
—— quality或—q调节渲染质量及耗时(选择0.25、0.5、1或2)，默认值为1
—— sameseed使用一样的数字种子进行图像生成，会产生高度相似的结果
—— upbeta切换至Beta版本的放大工具，放大后的图片通常细节更少
—— chaos参数用来调节结果的多样性，取值范围是0至100，比如：—— chaos 5
—— stylize用来调整MJ默认的审美风格，其值在0到1 000之间变动
—— uplight生成的结果会更加贴近原图，升级后的图像细节更少，外观更光滑
—— niji切换使用niji 模型，专长于创作卡通或动画风格的图像
—— hd增强图像的清晰度，这个后缀特别适用于抽象艺术和风景画作
—— tile这个后缀能够创建出四边形状的连续重复图案，非常适合设计布料、壁纸等无缝纹理图案

图9-6　图像生成基本参数

2. 实战案例

查看试穿效果：利用 PS 或其他改图软件将衣服和试穿人照片匹配，导出后在 Midjourney 中选择模型，上传图片并设置参数，生成更换好衣服的模特图片（图9-7）。

图9-7　文生图像——人物效果图

　　室内设计：进入工作台选择 SD 绘画工具，设置参数包括上传手绘透视设计图、设置控制条件、填写正向提示词等，提交任务后得到设计效果图（图9-8）。

图 9-8　文生图像——室内设计效果图

9.1.4　国内外知名文生图像平台

图 9-9　国内外知名文生图像平台

1. 文生图像国内知名平台

　　（1）文心一格：百度文生图创新平台，根据文字描述生成创意图片，精准捕捉细节，让想象可视化，助力艺术创作与设计灵感。

　　（2）即梦：简映旗下文生图平台，快速将文字想法转化为精美图片，支持个性化定制，满足多样化设计需求。

　　（3）腾讯智影：腾讯智能视频创作工具，文生图功能强大，轻松将文字转化为视觉盛宴，助力短视频与广告创作。

（4）万相营造：淘宝阿里云智能设计助手，文生图技术领先，助力电商高效创新设计，提升商品展示效果。

2. 文生图像国外知名平台

（1）DALL·E：OpenAI 文生图杰作，根据文字指令生成多样图片，创意无限，为艺术创作与视觉设计带来新可能。

（2）StableDiffusion：稳定扩散文生图模型，生成高质量图片，细节丰富，支持定制化创作，满足专业设计师需求。

（3）MidJourney：MidJourney 文生图平台，将文字想象转化为逼真图片，助力艺术创作与视觉表达，开启创意新旅程。

（4）Civitai：Civitai 文生图社区，汇聚创意图片与模型，支持用户分享与交流，共同探索文生图无限可能。

（5）Cutout. Pro：Cutout. Pro 文生图工具，快速生成背景透明图片，支持个性化编辑，满足产品展示与广告设计需求。

9.2　音乐生成 AIGC 平台使用培训

9.2.1　AI 音乐发展史

在过去的几年里，AI 已经逐渐走进人们的生活，成为不可或缺的重要助手。以 ChatGPT 为主的 AI 工具模型在各类应用场景中发挥着重要作用。

在深度学习算法的协助下，AI 正悄然改变着人们学习、工作和生活习惯。音乐与数学紧密相连直到今天。

1. 早期探索

毕达哥拉斯：古希腊数学家和哲学家，发现音乐与数字之间的奥秘，提出音程比数（图 9-10）。

莫扎特：通过"音乐骰子游戏"进行随机创作（图 9-11）。

2. 人工智能进入音乐领域

1956 年：达特茅斯夏季人工智慧研究计划提出人工智能概念。

1957 年：Lejaren Hiller 和 Leonard Isaacson 开发《Illiac Suite》，人工智能首次以作曲家的身份进入音乐领域（图 9-12）。

毕达哥拉斯
(Pythagoras)

约公元前580年—约前500年的一名古希腊数学家、哲学家。出生于爱琴海萨摩斯岛(今希腊东部小岛)的贵族家庭，自幼聪明好学，曾在名师门下学习几何学、自然科学和哲学。

图 9-10　毕达哥拉斯

音乐骰子游戏
Musikalisches Wüirfelspiel

一种音乐创作游戏，由莫扎特在1787年发明。该游戏使用两个骰子，通过投掷骰子来随机选择预先写好的音乐片段，最终组成一首完整的乐曲。

莫扎特

图 9-11　莫扎特

Lejaren Hiller和Leonard Isaacson

图 9-12　Lejaren Hiller 和 Leonard Isaacson

雷·库兹韦尔：15岁设计出能帮助自己做作业的软件，两年后编写出能分析和创作音乐的代码（图9-13）。

雷·库兹韦尔
(Ray Kurzweil)
奇点大学创始人兼校长、
谷歌技术总监，毕业于麻
省理工大学计算机专业，
曾获9项名誉博士学位和
2次总统荣誉奖。

图 9-13   雷·库兹韦尔

David Cope：基于 LISP 开发 EMI 程序，模仿古典大师风格创作乐曲。

IRCAM 音乐声学研究所：研究 max/msp 可视化编程语言。

Laurie Spiegel：研发算法作曲软件 Music Mouse（图 9-14）。

Laurie Spiegel研发出了算法作曲软件
Music Mouse

图 9-14   Laurie Spiegel

9.2.2   Suno 音乐生成工具介绍

1. Suno 概述

Suno 是目前最强的 AI 音乐生成工具之一。

升级到 V4.1 版本，能够根据提示词快速创作风格独特的
音乐。

2. Suno 基础操作

进入官网：在浏览器中进入二维码中提供的 Suno 网址
（图 9-15）。

图 9-15   扫码查看 Suno 网址

创作平台：包括"音乐广场""创作中心""我的创作"三部分。

登录账号：支持手机号和微信号等登录方式。

创作方式：分为"灵感模式""常规模式"和"自定义模式"。

灵感模式

根据风格或音乐主题描述生成音乐。

可创建纯音乐，只需打开"纯音乐"选项。

常规模式

上传 6 至 60 秒的音频文件作为参考。

设置歌手性别、歌曲命名、歌词（可 AI 生成）。

选择音乐流派和风格。

使用元标签定义歌曲结构和风格细节。

3. 元标签的作用

元标签(Metatages)	
特定风格流派	**特定乐器**
[Rock]	[Piano]
[Funk]	[Drum Solo B]
特定唱法	**特定状态**
[Male Vioce]	[Emotional gospel]
[Female Vioce]	[Sad song]

定义歌曲结构：如主歌、副歌、间奏等。

控制音乐风格：指定小节的音乐风格和乐器。

指定演唱风格：如男声、女声或其他风格

（图 9-16）。

图 9-16　Suno 元标签

4. 结合 ChatGPT、MJ、Pika 等工具创作音乐 MV 的工作流

登录 ChatGPT：选择 GPTs 商店中的 Pika Labs 插件（图 9-17）。

图 9-17　ChatGPT 中的 Pika Labs 插件

生成提示词：在 Pika 对话框中输入视频需求，生成正向和负向提示词（图 9-18）。

生成短视频：登录 Pika 官网，选择视频输出比例，粘贴提示词，生成多个短视频

（图 9-19）。

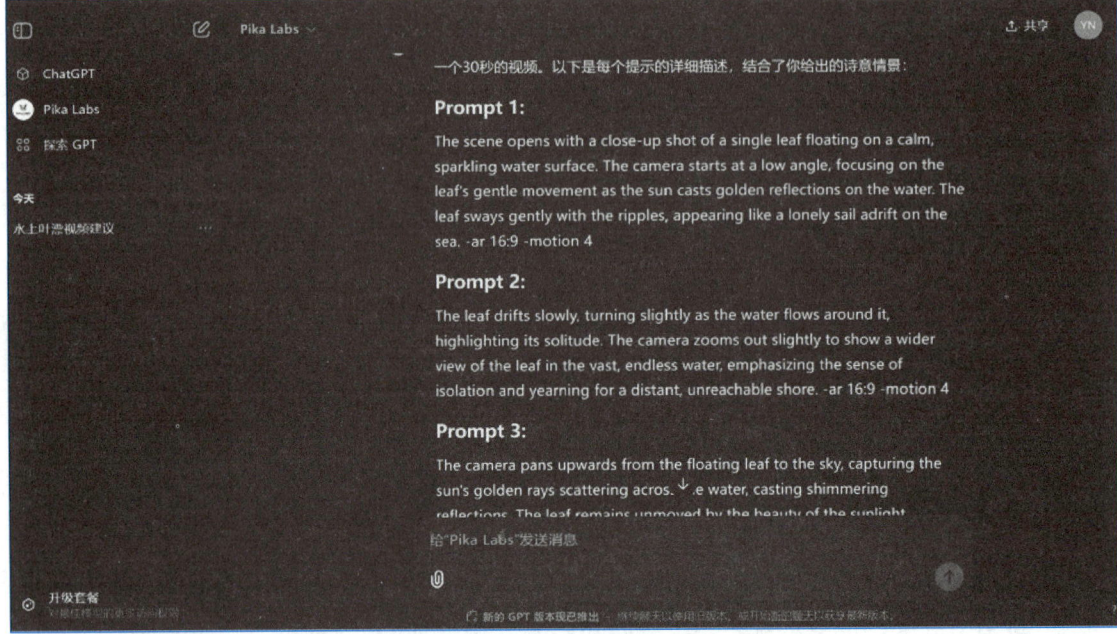

图 9-18　Pika Labs 生成提示词

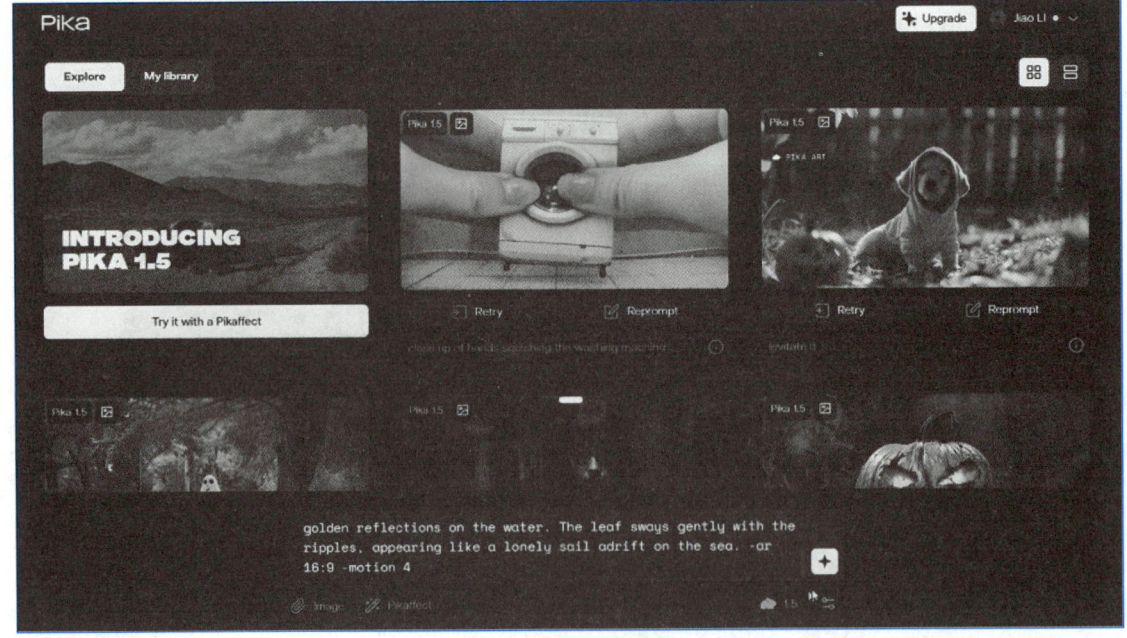

图 9-19　Pika Labs 生成短视频

合成 MV：将所有短视频导入剪辑软件，合成完整的音乐 MV（图 9-20）。

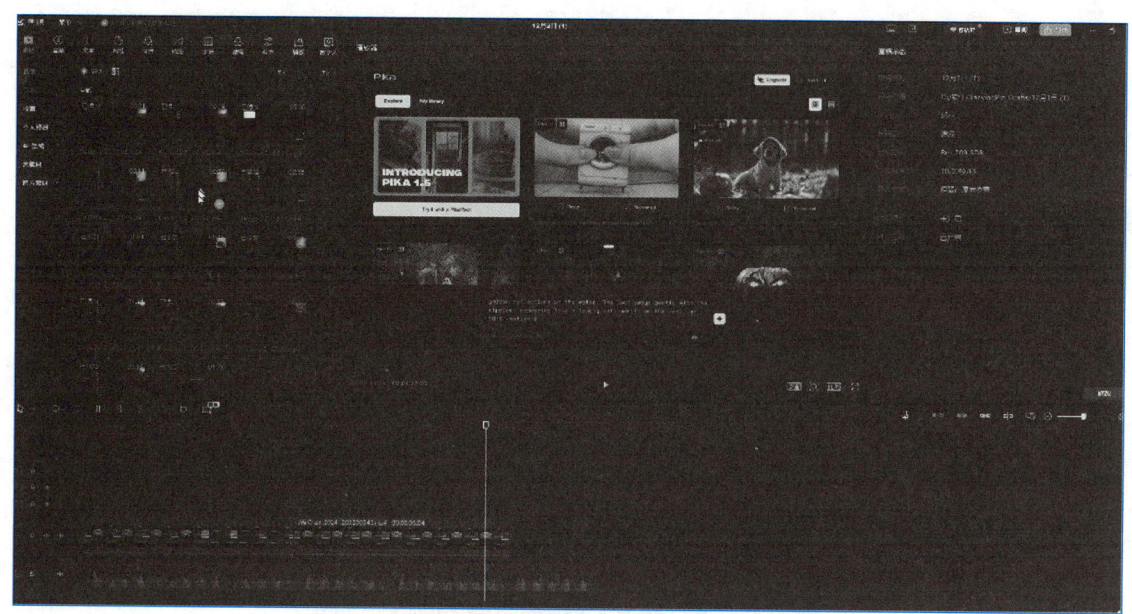

图 9-20　剪辑软件合成 MV

9.2.3　国内外知名文生音乐平台

1. 国内知名文生音乐平台

（1）讯飞智作：讯飞智作，智能语音合成平台，文生音乐功能强大，将文字歌词转化为动人旋律，助力音乐创作与音频内容生产（图 9-21）。

（2）海绵音乐：海绵音乐，一键创作 AI 音乐平台，文生音乐技术领先，让灵感转化为美妙音符，轻松创作个性化音乐作品。

（3）音疯：音疯音乐创作工具，文生音乐功能丰富，支持自定义风格与情感，快速生成高质量歌曲，让音乐创作触手可及。

（4）网易天音：网易天音，一站式 AI 音乐创作平台，文生音乐技术先进，助力用户轻松实现音乐梦想，创作独特音乐风格。

图 9-21　国内外知名
文生音乐平台

2. 国外知名文生音乐平台

（1）Suno：Suno 音乐创作助手，文生音乐功能强大，融合 AI 技术，让文字描述转化为生动旋律，为音乐创作者提供无限灵感。

（2）Udio：Udio 音乐创作平台，文生音乐功能便捷，只需简单描述即可生成多样音乐作品，满足用户个性化创作需求。

（3）Sonauto：Sonauto 音乐创作工具，文生音乐功能创新，结合 AI 算法，将创意转化为专业级音乐作品，助力音乐爱好者实现梦想。

（4）Fryderyk：Fryderyk 音乐制作助手，文生音乐功能全面，集成 AI 助理，提供丰富音乐素材与灵感，让音乐创作更加高效便捷。

9.3　视频生成 AIGC 平台使用培训

2023 年，著名影星威尔·史密斯吃意大利面的 AI 视频在网络上爆火，虽受嘲笑但引发关注，为 AI 文生视频领域的爆发埋下伏笔（图 9-22）。

图 9-22　威尔·史密斯吃意大利面的 AI 视频

9.3.1　AI 视频的发展历程

AI 视频技术的发展是一个充满创新与突破的历程，它深刻地改变了视频内容的创作、生成和应用方式。

1998 年，David Lowe 提出 SIFT 算法（Scale Invariant Feature Transform），该算法能够有效识别图像特征，为 AI 视频的图像识别和理解铸牢根基。随着技术的进步，AI 视频开始逐步向商业领域渗透。2000 年代，视频广告、移动视频等领域开始应用 AI 技术。2006 年，视频网站 YouTube 推出视频广告功能，借助 AI 技术自动识别视频内容并精准投放相关广告。2007 年，苹果公司发布 iPhone 手机，掀起移动视频的普及浪潮，为 AI 视频在移动终端的应用开辟了广阔空间。到了 21 世纪 10 年代，AI 视频技术更是广泛应用于视频编辑、特效制作、虚拟现实等多个领域，为视频创作带来了前所未有的可能性，极大地丰富了视频内容的形式和表现手法。

深度学习时代（2010 年代至今）

2012 年，Google 公司推出的 AlexNet 模型在 ImageNet 图像识别竞赛中取得突破性进展，成功开启深度学习时代，这成为 AI 视频技术发展的重要转折点。此后，深度学习技术在 AI 视频领域不断取得新突破。2014 年，Facebook 公司推出 DeepFace 模型，在人脸识别方面准确率超越人类。AI 视频特效工具借助深度学习技术能够生成逼真的虚拟场景和特效；AI 虚拟现实技术为用户打造出身临其境的沉浸式虚拟体验。

2024 年，OpenAI 公司发布的 Sora 模型更是具有里程碑意义，它能够根据文本指令生成长达一分钟的高清连贯视频，解决了早期 AI 视频存在的视频长度受限、场景逼真度不足、运动不连贯等问题，将 AI 视频技术提升到一个全新高度。如今，AI 视频生成技术越发智能，能够依据用户需求生成个性化视频内容；AI 视频编辑技术也更加高效，可自动完成视频剪辑、特效制作等复杂工作，大大提高了视频制作的效率和质量。

9.3.2　文生视频的基本原理

文生视频，即通过输入文本描述，自动生成对应视频内容的技术，是人工智能领域的前沿成果，其背后融合了自然语言处理、计算机视觉和深度学习等多学科技术。

在文生视频的流程中，首先要对输入文本进行处理。自然语言处理（NLP）技术负责解析文本，将人类语言转化为计算机能够理解的语义表示。比如输入"夏日海滩上，海鸥掠过金色的浪花"，NLP 模型会提取出"夏日""海滩""海鸥""金色浪花"等关键元素，并分析元素之间的关系，确定场景、主体和动作等信息，将文本转化为向量形式的语义编码。

接着，将语义编码映射为视觉特征。深度学习中的生成对抗网络（GANs）和变分自编码器（VAE）在此发挥重要作用。以 GANs 为例，它包含生成器和判别器两个部分，生成器接收语义编码后，尝试生成符合描述的图像特征和视频帧序列，判别器则负责判断生成的内容是否与输入文本匹配，两者相互博弈优化，使生成的视觉特征越来越贴近文本描述。此外，扩散模型也常用于这一环节，它通过逐步去噪的方式，从噪声数据中生成清晰的图像和视频帧，依据语义编码的指导，构建出对应的视觉信息。

完成视觉特征生成后，进入视频合成阶段。通过时间序列建模技术，如循环神经网络（RNN）及其变体长短时记忆网络（LSTM），处理连续的视频帧，保证帧与帧之间的连贯性和逻辑合理性，使视频中的物体运动、光影变化等符合物理规律和文本设定的情节。例如，在生成"小猫追逐毛线球"的视频时，这些模型能控制小猫和毛线球在不同帧中的位置、动作变化，形成流畅的追逐动画。同时，还会对视频添加色彩、光影、音效等元素，增强视频的真实感和感染力。

最后，生成的视频还需经过后处理步骤。利用图像增强算法优化视频画质，去除噪点、提升分辨率；通过剪辑算法对视频进行裁剪、拼接，使其节奏和时长符合需求。若生成的视频存在不符合预期的部分，系统会反馈调整，重新优化生成过程，直至输出满足要求的视频。

文生视频技术不断发展，从早期生成简单、低分辨率的视频片段，到如今能产出高清、连贯、富有创意的长视频，为内容创作、影视制作、游戏开发等领域带来了新的变革与机遇。

9.3.3　AI 视频的重要模型简介

在 AI 视频领域,一系列重要模型推动着技术不断发展,从根本上改变了视频内容的生成与处理方式。其中,扩散模型、生成对抗网络等模型发挥着关键作用。

扩散模型

扩散模型作为生成式 AI 的前沿技术,在图像和视频生成领域占据重要地位。其灵感源于物理学中的扩散现象,比如墨水分子在水中逐渐扩散,最终均匀分布。在 AI 视频中,扩散模型模拟这一过程,不过是逆向操作以生成图像和视频。

扩散模型的工作过程分为正向和反向两个阶段。正向过程是向数据(如视频帧图像)逐步添加高斯噪声,使原始数据特征逐渐被破坏,直至变成随机噪声。例如,一张清晰的视频帧图像,在正向扩散过程中,每一迭代步骤添加适量噪声,随着迭代次数增加,图像逐渐模糊,直至成为无法辨认的噪声图像。这一过程遵循特定噪声方差 schedule,通过数学公式精准描述(图 9-23)。

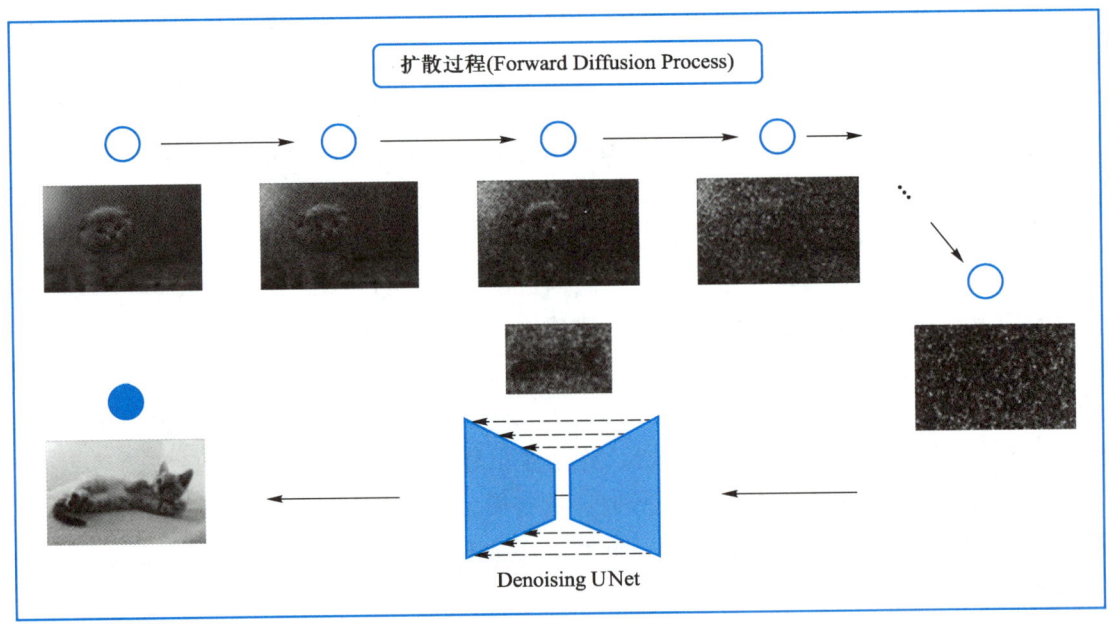

图 9-23　AI 视频的扩散模型

步骤:

初始化:随机噪声图像或视频帧作为初始输入。

扩散过程:使图片变得不清晰,最后变成完全噪声。

反向过程:引入神经网络(如 UNet 结构),在每个时间步预测添加的噪声,通过去除噪声生成下一帧图像。

重复步骤:直到达到所需生成图像或视频的长度。

而逆向过程则是从噪声图像中还原出原始图像。训练好的神经网络，通常采用 UNet 结构，对不同时间步的含噪图像进行特征提取与分析，预测每个时间步添加的噪声，然后从含噪图像中减去预测噪声，逐步还原出清晰图像。在文生视频场景下，模型依据输入文本的语义编码，在逆向扩散过程中引导生成符合描述的图像和视频帧，不断调整生成内容与语义编码的匹配度，构建与文本对应的视觉信息。像输入"阳光明媚的沙滩上，海浪拍打着海岸"，模型会在逆向扩散中生成包含阳光、沙滩、海浪等元素的连贯视频帧序列。扩散模型生成的图像和视频质量高，能有效避免生成对抗网络中常见的模式崩溃问题，且训练过程更稳定，灵活性强。不过，它也存在生成速度慢、对计算资源和数据量要求高的局限。

生成对抗网络（GANs）

生成对抗网络由 Ian Goodfellow 在 2014 年提出，是一种深度学习架构，包含生成器和判别器两个相互竞争的神经网络。生成器负责生成逼真的新数据，如视频帧图像，它将随机噪声向量映射为新的数据点；判别器则要区分真实数据与生成数据。两者相互博弈，生成器努力生成更逼真的数据以骗过判别器，判别器则不断提升辨别能力，直至生成器生成的数据能以假乱真，判别器难以区分真伪。

在 AI 视频生成中，生成器可根据文本描述或已有视频片段生成新视频帧，判别器判断生成的视频帧是否符合真实逻辑和视觉效果。例如，生成一段"森林中动物奔跑"的视频，生成器生成包含动物、森林场景且动物在奔跑的视频帧，判别器判断动物动作是否自然、森林场景是否合理等。若判别器发现生成帧存在问题，生成器会调整参数改进，通过不断对抗训练，生成高质量视频内容。GANs 在图像生成、视频生成、超分辨率等领域广泛应用，推动了 AI 视频技术发展。

循环神经网络（RNN）及其变体长短时记忆网络（LSTM）

循环神经网络（RNN）能够处理序列数据，其特殊结构可让信息在网络中循环传递，记住之前时间步的信息，适合处理视频这种具有时间序列特征的数据。在视频生成中，RNN 能学习视频帧之间的时间依赖关系，使生成的视频帧序列在时间上连贯合理。例如生成一段人物行走的视频，RNN 可依据前一帧人物的位置、姿态等信息，生成下一帧人物合理的位置和姿态变化。

这些重要模型在 AI 视频领域各有优势，相互补充，共同促进了 AI 视频技术从简单视频处理向高质量、智能化视频生成与编辑的跨越，为影视制作、游戏开发、虚拟现实等众多领域带来了新的创作思路和应用可能。未来，随着技术的进一步发展，这些模型有望在更多场景中发挥更大作用，推动 AI 视频技术迈向新的高度。

9.3.4 大语言模型（LLM）生成视频

原理：通过理解视频内容的时间和空间关系来实现，与扩散模型原理不同。

以谷歌 VideoPoet 作为例子：

输入与理解：接收文本、声音、图片等作为输入。

视频和声音编码：将视频和声音编码成离散的 token。

模型训练和内容生成：训练 Transformer 模型逐个预测视频的 token，生成内容。

优化和微调：调整颜色、光照和帧之间的过渡等。

输出：生成的视频供最终用户观看。

大语言模型优点：高度理解能力、处理长序列数据、可扩展性。

大语言模型缺点：资源密集型、质量波动、数据依赖性、理解和逻辑限制、伦理和偏见问题。

9.3.5　OpenAI Sora 模型

发布时间：2024 年 2 月 15 日。

超越此前模型（如 Runway）的方面：

生成视频长度大幅延长（1 分钟左右）。

兼顾人物场景变换与主题一致性。

可接受视频、图像或提示词输入，实现视频时间上的前后扩展。

能读取不同尺寸视频并采样，输出不同尺寸且风格稳定的视频。

远距离相干性和时间连贯性更强。

可简单模拟世界状态动作，具备通识能力（图 9-24）。

Sora模型的新变化

生成视频长度大幅延长，从之前的3~4秒提升至1分钟左右。
兼顾视频中人物场景变换与主题一致性。
可接受视频、图像或提示词输入，实现视频时间上的前后扩展。
能读取不同尺寸视频并采样，对视频后期帮助大。
远距离相干性和时间连贯性更强，保持视频连贯性。
可简单模拟世界状态动作，能预测画面下一步变化。

图 9-24　OpenAI Sora 模型的新变化

9.3.6　实操：AI 视频生成

1. 注册与登录

打开浏览器，输入即梦 AI 官方网站网址（图 9-25）：注册账号后，输入手机号或第三方账号（如抖音、微信）及密码登录。

有赠送可试用。

扫码查看即梦 AI 官方网址

图 9-25　即梦 AI 网站界面

2. AI 视频生成操作

选择视频生成模式（文生视频、图生视频）。

文生视频：在文本框中详细描述视频内容（可用 AI 帮助编写）。

选择生成视频的时长和视频比例（图 9-26）。

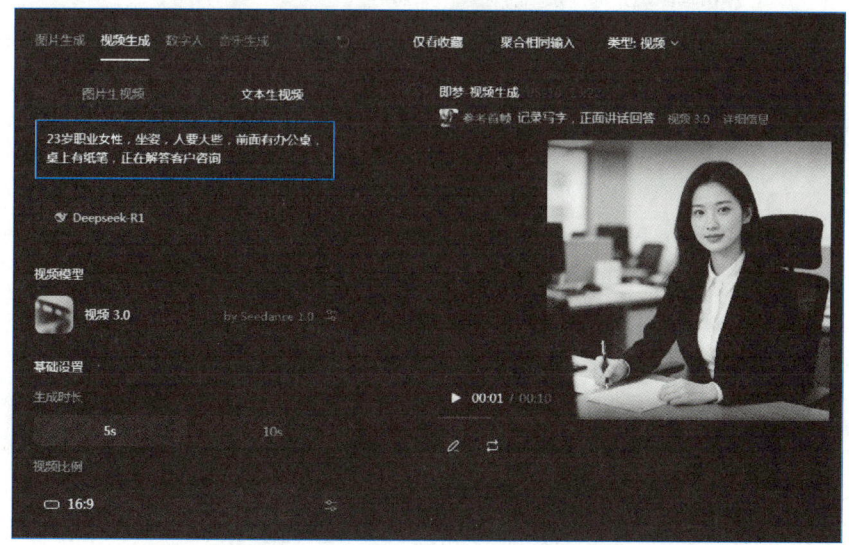

图 9-26　即梦 AI 视频生成界面

点击生成，预览视频，不满意可重新生成。

图生视频：上传包含完整人物面容的图片，并描述图片关联的视频效果。

3. 数字人视频生成

可在平台数字人制作栏目制作数字人视频

（1）使用数字人：选择对口型。

（2）上传个人照片或者 AI 生成的图片或者视频。

（3）在文本框输入需要朗读文字，选择朗读声音类型（或上传自己声音），生成数字人朗读视频。

9.3.7   交互式数字人

目前各大视频生成平台只提供数字人视频生成服务，这种数字人智能朗读或者模仿事先设定的文字或动作，不能与用户进行实时交互。

为此需要生成交互式数字人（图 9-27）。

图 9-27   交互式数字人

1. 交互式数字人功能

交互式数字人具有多种功能，主要包括以下几个方面：

（1）交互功能

语音交互：通过 ASR 语音识别技术将用户的语音转化为文字，再利用 NLU 自然语言理解技术理解用户的意图，然后通过 TTS 文字生成语音技术让数字人以语音形式回复用户，实现流畅的语音对话。例如在智能客服场景中，用户可以通过语音向数字人咨询产品信息、售后服务等问题，数字人实时回答。

文本交互：支持用户通过输入文本与数字人进行交流。数字人能够理解文本内容并生成相应的文本回复，适用于各种需要文字沟通的场景，如在线咨询、智能聊天机器人等。

多模态交互：结合语音、文本、手势、表情等多种交互方式，为用户提供更加自然、丰富的交互体验。数字人可以根据用户的不同交互方式和情绪状态，做出相应的反应，增强互动的真实感。

（2）知识与服务功能

信息查询与解答：接入各种知识库和数据库，能够回答用户关于天气、新闻、历史、科学等各种领域的问题，为用户提供准确的信息查询服务。比如用户询问"今天昆明的天气如何"，数字人可以快速查询并告知相关天气信息。

业务办理与协助：在一些特定场景下，如政务服务、金融服务等，帮助用户办理业务，如申请证件、办理贷款、查询账户信息等，或者协助用户完成一些任务，如日程安排、文件查找等。

个性化推荐：根据用户的历史交互记录和偏好，为用户提供个性化的产品推荐、内容推荐等服务，提高用户的参与度和满意度。

（3）形象展示与定制功能

形象展示：以逼真的形象出现在各种终端设备上，包括大屏、移动设备、台式机或平板电脑等，通过生动的表情、动作和姿态，为用户带来视觉上的冲击和良好的体验。

形象定制：用户可以根据自己的需求和喜好，定制数字人的外貌特征、服装风格、发型等，使其符合特定的品牌形象或角色设定。同时，也可以选择不同的音色来匹配数字人的形象和性格。

（4）学习与进化功能

模型学习：基于机器学习和深度学习算法，不断从海量的数据中学习知识和经验，提升自己的语言理解能力、知识储备和交互能力，以更好地应对各种复杂的问题和场景。

知识更新：能够及时更新知识库中的信息，保持知识的时效性和准确性，确保为用户提供最新、最准确的服务和解答。

2. 交互式数字人应用场景

交互式数字人在多个领域都有广泛的应用，以下是一些常见的应用场景。

（1）行业服务方面

① 政务服务：在政务大厅，数字人可 1∶1 克隆工作人员形象，作为智能导办员，市民通过语音或触屏查询政策、预约业务，数字人结合政务知识库，提供标准化应答与流程引导，减少人工咨询量，缩短市民平均等待时间，提升政府服务效率与形象。

② 金融行业：作为全天候智能顾问，数字人理财顾问可 7×24 小时解答用户关于投资、贷款等复杂问题，通过分析用户风险偏好与市场数据，生成定制化理财方案。在银行

等金融机构中，承担大量常规咨询，释放人力专注高价值业务，降低服务成本。

③ 医疗健康：在医院，数字人导诊员与 HIS 系统无缝对接，精准分流患者，通过情绪识别技术安抚焦虑患者，提供挂号、取药等指引。数字人医生还可为慢性病患者制定健康计划，推送复诊提醒与养生建议，提升医患互动质量。

④ 教育领域：数字人教师支持一键导入课件，生成互动课程，通过大屏与学生实时问答。在偏远地区能弥补师资短缺问题，提供标准化教学；在高校可辅助教师完成答疑与作业批改，节省备课时间，助力教育资源均衡化。此外，还可用于职业培训模拟，为学生提供虚拟实训、情景考核和应急演练等场景。

⑤ 文博与商业展厅：在博物馆与品牌展厅中，数字人讲解员结合 AR/VR 技术，为游客提供多语言导览。例如还原历史人物，以故事化形式讲解展品背景，增加游客互动时长，提升参观体验与品牌影响力。

⑥ 商业服务：在商场、酒店、金融中心等场所，数字人迎宾员可协助用户了解周边信息、商务活动，办理酒店入住等。企业也可通过数字人打造品牌专属 IP，活跃于官网、线下活动，以独特形象和专业话术吸引消费者，强化品牌记忆点，实现从流量沉淀到销量转化的商业闭环。

⑦ 家庭与个人消费：随着技术发展，数字人有望进入家庭与个人消费市场，如作为家庭智能助手，帮助用户管理日程、控制智能家居设备、提供生活信息查询等；也可作为个性化的数字陪伴者，陪用户聊天、玩游戏、进行艺术创作等，满足人们的情感陪伴和娱乐需求。

（2）在企业服务方面

① 客户服务：作为智能客服，数字人可以全年无休地解答客户的常见问题，如产品功能、使用方法、售后服务政策等。通过自然语言处理技术理解客户的问题，并给出准确、清晰地回答。例如，电信公司的数字人客服可以帮助客户查询话费余额、办理套餐变更等业务。

② 员工培训：可以模拟各种工作场景和业务流程，为新员工提供沉浸式的培训体验。例如，在金融行业，数字人可以模拟银行柜员的工作流程，包括接待客户、办理业务、处理突发情况等，帮助新员工快速熟悉业务操作。

③ 会议与协作：在企业会议中，数字人可以作为主持人或记录员，协助组织会议、记录会议内容、提醒会议议程等。此外，数字人还可以通过实时翻译功能，帮助企业员工与海外客户或合作伙伴进行沟通，打破语言障碍。

④ 企业宣传与品牌推广：企业可以定制具有品牌特色的数字人形象，作为品牌代言人在企业官网、社交媒体、线下活动等渠道进行宣传推广。数字人可以介绍企业的产品、服务、企业文化等，通过与用户的互动，增强用户对品牌的认知和好感度。

（3）在电子商务方面

① 商品推荐与导购：根据用户的浏览历史、购买行为、兴趣爱好等数据，数字人可以为用户提供个性化的商品推荐，并详细介绍商品的特点、优势、使用方法等信息。例

如，在服装电商平台上，数字人可以根据用户的身材、风格偏好，推荐适合的服装款式，并展示服装的试穿效果。

②直播带货：担任虚拟主播，进行 24 小时不间断的直播带货。数字人主播可以展示商品的细节、功能，演示商品的使用方法，与观众进行实时互动，解答观众的疑问，促进商品的销售。例如，一些美妆品牌的数字人主播可以通过直播展示化妆品的上妆效果，吸引观众购买。

③客户服务：在电商平台上，数字人客服可以及时处理客户的咨询和投诉，帮助客户解决问题。例如，客户在购买商品时遇到尺码选择、支付问题等，数字人客服可以快速给出解决方案，提高客户的购物体验。

9.3.8　国内知名文生视频平台

（1）即梦 AI：即梦 AI 是多模态生成工具，通过智能算法快速实现创意图文创作（图 9-28）。

图 9-28　国内知名文生视频平台

（2）腾讯混元：腾讯混元文生视频，依托强大 AI 算法，将文字故事转化为流畅视频，支持个性化定制，满足多样化创作需求。

（3）科飞绘镜：讯飞绘镜，一键生成短视频，文生视频技术领先，让文字跃然屏上，轻松实现创意可视化，助力短视频创作与传播。

（4）Vidu：Vidu 文生视频平台，快速将文字描述转化为高质量视频，支持多场景应用，让创意无界限，开启视觉创作新纪元。

（5）智谱清言：智谱清言平台，融合先进 AI 技术，文生视频功能强大，将文字创意瞬间转化为生动视频，助力内容创作者轻松实现高效视觉表达。

9.3.9　国外知名文生视频平台

（1）Synthesia：Synthesia 智能视频生成器，文生视频功能强大，支持多语言配音与角色定制，助力企业高效制作专业视频内容。

（2）Pika：Pika 平台，融合 AI 技术，文生视频功能独特，让文字创意转化为动态艺术，为创作者提供无限想象空间。

（3）Sora：OpenAI Sora，文生视频新体验，将文字故事编织成生动视频，助力创意表达，开启智能视频创作新时代。

（4）Viva：VIVAGO AI 视频生成器，文生视频功能卓越，轻松将文字转化为高质量视频内容，提升创作效率，激发无限创意。

（5）Viggle：Viggle AI 视频生成平台，可控性强，文生视频技术领先，让角色与场景活灵活现，助力创作者实现个性化视频创作。

习题

单选题

1. Midjourney 中 "U 按钮" 的主要功能是？（　　）

A. 创建变体　　　　　　　　　　　　B. 查看大图

C. 下载原图　　　　　　　　　　　　D. 调整权重

2. 以下哪项是 Suno 音乐生成工具中 "元标签" 的作用？（　　）

A. 定义歌曲结构和演唱风格　　　　　B. 调整视频分辨率

C. 生成随机歌词　　　　　　　　　　D. 修改图片背景

3. 扩散模型在视频生成中的核心原理是？（　　）

A. 通过对抗训练生成图像　　　　　　B. 通过逐步去噪还原数据

C. 直接复制已有视频片段　　　　　　D. 随机生成像素点

4. OpenAI 的 Sora 模型相比其他模型的突出优势是？（　　）

A. 仅支持黑白视频　　　　　　　　　B. 生成视频长度可达 1 分钟

C. 无法处理文本输入　　　　　　　　D. 仅适用于静态图像

5. 交互式数字人 "语音交互" 功能依赖的核心技术是？（　　）

A. 图像分割　　　　　　　　　　　　B. ASR 和 TTS

C. 视频压缩　　　　　　　　　　　　D. 随机噪声生成

6. 以下哪项是 Midjourney 关键词描述的组成部分？（　　）

A. 摄像机视角　　　　　　　　　　　B. 音乐节奏

C. 化学公式　　　　　　　　　　　　D. 股票代码

7. 文生视频技术中 "时间序列建模" 的主要目的是？（　　）

A. 保证视频帧间连贯性　　　　　　　B. 提升图像分辨率

C. 生成随机噪声　　　　　　　　　　D. 缩短生成时间

8. 国内文生视频平台 "即梦 AI" 支持的功能不包括？（　　）

A. 文生视频　　　　　　　　　　　　B. 数字人视频生成

C. 实时交互式数字人　　　　　　　　　D. 图生视频

9. 生成对抗网络（GANs）中"判别器"的作用是？（　　　）

A. 生成随机噪声　　　　　　　　　　　B. 判断生成内容的真实性

C. 优化音频质量　　　　　　　　　　　D. 压缩视频文件

10. 以下哪项是交互式数字人在医疗领域的典型应用？（　　　）

A. 股票交易　　　　　　　　　　　　　B. 患者导诊与健康管理

C. 视频游戏开发　　　　　　　　　　　D. 农业播种

11. Suno 音乐生成工具的"灵感模式"特点是？（　　　）

A. 必须上传音频文件　　　　　　　　　B. 可生成纯音乐

C. 仅支持男声演唱　　　　　　　　　　D. 需手动编写歌词

12. 以下哪项是扩散模型的缺点？（　　　）

A. 生成速度快　　　　　　　　　　　　B. 对计算资源要求低

C. 训练过程不稳定　　　　　　　　　　D. 依赖大量数据和算力

13. 交互式数字人的"多模态交互"不包括？（　　　）

A. 语音输入　　　　　　　　　　　　　B. 手势识别

C. 文本回复　　　　　　　　　　　　　D. 气味模拟

14. 国内文生图像平台"文心一格"的开发者是？（　　　）

A. 腾讯　　　　　　　　　　　　　　　B. 百度

C. 阿里巴巴　　　　　　　　　　　　　D. 字节跳动

15. VideoPoet 模型生成视频的核心技术是？（　　　）

A. 大语言模型（LLM）　　　　　　　　B. 随机像素填充

C. 手工绘制　　　　　　　　　　　　　D. 物理引擎模拟

判断题

1. Midjourney 的"C 按钮"用于查看原图或下载。

2. Suno 音乐生成工具的"自定义模式"必须上传参考音频。

3. 扩散模型的正向过程是通过逐步去噪生成清晰图像。

4. 交互式数字人无法应用于金融行业的客户服务。

5. GANs 模型的生成器和判别器在训练过程中相互协作。

6. 即梦 AI 平台支持通过上传图片生成关联视频。

7. Sora 模型生成的视频仅能接受文本输入。

8. RNN 模型适合处理视频的时间序列数据。

9. 国内平台"讯飞智作"专注于文生音乐功能。

10. 交互式数字人的形象定制仅包括外貌，不涉及音色。

第10章　AIGC应用系统设计与构建

随着人工智能技术的快速发展，AI 应用系统逐渐渗透到各个行业和专业学科中，成为推动行业创新和效率提升的重要工具。本章节主要介绍如何依托主流 AIGC 平台"构建面向行业的 AIGC 应用系统"。

第 10 章　数字资源

10.1　当前 AIGC 公用云平台使用中普遍存在的问题

10.1.1　大语言模型的局限性

当前的 AIGC 公用云平台都是基于大语言模型（LLM）来构建的，大语言模型具有以下局限性：

1. 知识的局限性

大语言模型的知识完全来源于它的训练数据，模型的核心功能是经过向模型输入大量的知识进行深度预训练获得的，由于预训练的数据都是该模型最新版本发布以前的知识与数据，模型的核心知识是静态的、封闭的、有限的，模型不具有很多行业的详细信息，单位、企业的具体信息，以及近期发生事件、新闻的时效信息。

2. 幻觉问题

大语言模型生成内容的底层原理是基于原有训练数据按照概率来产生新的内容，由于概率本身的计算模糊性以及训练数据的一些错误及模糊性造成生成结果是错误或不真实的，这就是 LLM 的幻觉问题，这种问题极大影响 LLM 的应用会造成严重的后果。

3. 处理复杂查询的能力不足

LLM 的主要能力是生成内容，LLM 具有很强的内容生成能力，但是对于一些复杂的需要细节的信息查询，单纯依靠 LLM 的生成能力是不够的。

10.1.2　当前的 AIGC 公用云平台普遍存在的问题

当前的 AIGC 公用云平台都是基于大语言模型（LLM）来构建的，尽管这些平台已具备海量的知识，强大的内容生成能力以及高度的逻辑推理能力，但是由于大语言模型具有的局限性，在使用当前的 AIGC 公用云平台时存在以下问题：

（1）生成内容宽泛，不深入不聚焦。

（2）生成内容不具体，由于 AIGC 平台对行业信息采集的广度及深度的局限，很难生成行业需要的深度研究报告，甚至生成错误的内容。

（3）对于大多数没有网站的企业和单位，由于 AIGC 平台无法采集单位公开信息，AIGC 平台无法生成有关企业信息的内容。

（4）由于无法采集企业及单位的内部信息及企业知识，**AIGC 平台无法生成基于企业及单位知识、资料的专题应用，甚至给出误导信息。**

（5）由于大多数 AIGC 平台（文心一言除外）没有强大的搜索引擎，绝大多数 AIGC 平台主要依靠最新版本以前的数据生成内容，即使进行联网搜索，由于自身搜索引擎的搜索能力，生成内容时效性较差。无法满足时效性要求较高的内容生成。

以上问题导致 AIGC 公用云平台的一般应用难以满足面向行业及单位应用所需的准确性、时效性、深度聚焦、安全私密要求，需要用户根据自己的行业及单位要求依托 AIGC 公用云平台或者是自己部署的 AIGC 平台构建行业和单位的 AIGC 应用系统。

10.2　基于 AIGC 的行业应用系统的基本原理

10.2.1　基于 AIGC 的行业应用系统的基本原理

由于目前 AIGC 公用云平台的知识局限性，幻觉等问题，AIGC 公用云平台的一般应用无法满足面向行业及单位的应用所需的准确性、时效性、深度聚焦、安全私密等要求，要解决 AIGC 的行业及单位应用需要构建用户自己的**专有数据集**，依托 AIGC 公用云平台或者是自己部署的 AIGC 平台构建行业和单位的 AIGC 应用系统（图 10-1）。

用户自己收集自有的专业信息及数据，构建自有的专用数据集，使用专用数据集，依托 AIGC 平台开发各种专用 Agent（智能体）就能实现各种专用 AIGC 系统的构建，满足面向行业及单位的应用所需的准确性、时效性、深度聚焦、安全私密等要求。

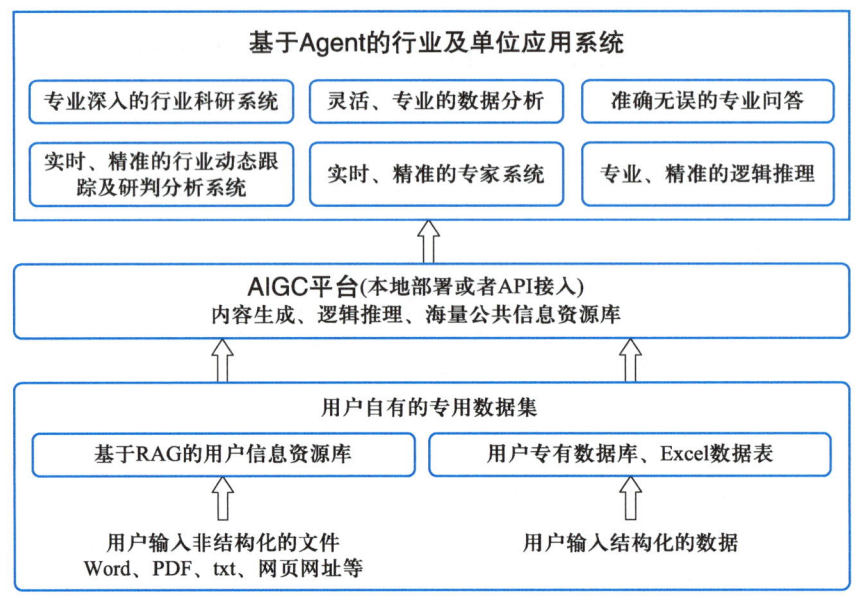

图 10-1   基于 AIGC 的行业应用系统架构图

10.2.2   RAG 知识库

RAG（Retrieval Augmented Generation，检索增强生成）知识库是一种结合了信息检索和语言生成技术的知识库系统。它的核心在于能够从已有的知识源（如文档、数据库等）中检索出相关信息，然后利用这些信息来辅助生成高质量的文本回答。与传统知识库相比，RAG 更加注重实时性和针对性，能够根据用户的具体问题动态地获取和利用知识。

工作原理：

（1）信息检索阶段

首先，对存储在知识库中的各种知识源（例如，企业文档、学术论文、新闻文章等）进行预处理。这可能包括文本分词、建立索引等操作。分词是将文本拆分成一个个单词或词组，例如对于句子"知识图谱是一种有效的知识表示方法"，可以分词为"知识图谱""是""一种""有效""知识表示""方法"。建立索引则是为了能够快速地定位到包含特定词汇的文档部分，就像图书馆的图书索引一样。

当收到用户的问题后，系统会将问题也进行类似的预处理，然后在知识库的索引中查找与问题相关的知识片段。例如，如果用户问"知识图谱的作用是什么"，系统会查找包含"知识图谱"和"作用"等关键词的文档部分。

（2）文本生成阶段

检索到的知识片段会被作为输入，与用户问题一起提供给语言生成模型（如 Transformer 架构的生成模型）。这些模型会根据预训练的语言规则和语义理解，结合检索到的知识，生成自然流畅的回答。例如，模型可能会根据检索到的关于知识图谱在知识融合和智能问答方面的作用的知识片段，生成回答"知识图谱可以用于知识融合，将不同来源的知识整合在一起，还能用于智能问答，帮助用户快速获取知识"。

10.2.3 智能体（Agent）

生成式人工智能（Generative AI）中的 Agent，也被称为 AI 智能体或人工智能代理，是一种面向行业及用户特定需求，能够调用 AIGC 大模型的内容生成，逻辑推理能力以及用户专用的数据集的个性化 AIGC 应用系统，具有自主理解、决策和执行能力的智能系统。它超越了简单文本生成的范畴，能够感知环境、进行复杂推理、执行任务，并与人类或其他系统进行有效互动。

（1）可配置：是一种面向行业及用户特定需求，能够调用 AIGC 大模型的内容生成，逻辑推理能力以及用户专用的数据集的个性化 AIGC 应用系统。依托 AIGC 大模型 Agent 生成功能，用户可以通过简单配置，构建用户各种应用场景的 AIGC 专用系统。

（2）自主性：Agent 能够按照配置的流程独立执行任务，不需要不断的人为干预，表现出高度的自治能力。

（3）适应性：Agent 能根据环境变化进行调整，快速适应新的情况，持续优化其行为和决策。

（4）学习能力：通过数据分析和经验积累，Agent 可以不断进化和提升自己的性能，为用户提供更好的服务。

（5）交互性：Agent 能够与用户、其他系统或环境进行有效的互动，从而提升其智能化水平和用户体验。

10.3 AIGC 应用开发平台

生成式人工智能（Generative AI）是近年来 AI 领域的重要突破，它能够通过深度学习模型生成全新的内容，如文本、图像、音频等。基于生成式 AI 的行业创新应用系统的规划与设计，旨在利用这一技术为特定行业提供定制化的解决方案。

目前国内外的主流 AIGC 平台都推出了自己的 AIGC 应用开发中台，如百度推出的百度智能云开发平台等。也有一些企业推出了可以接入多种大模型的第三方 AIGC 应用开发中台。应用中台提供 RAG 知识库构建、应用组件、Agent 构建等工具，为用户零代码构建自己的行业应用 AIGC 系统提供支持（图 10-2）。

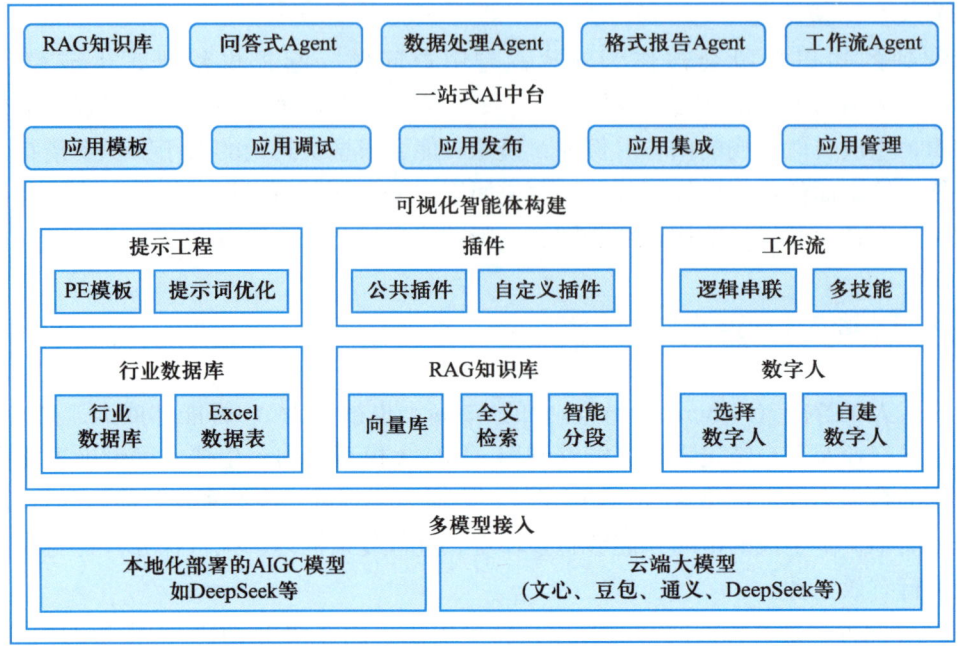

图 10-2　AIGC 应用开发平台

10.4　零代码快速构建 AIGC 应用系统的基本方法

依托 AIGC 应用开发中台，用户可以零代码快速构建 AIGC 应用系统。依托 AIGC 平台开发各种专用 Agent（智能体）就能实现各种专用 AIGC 系统的构建，满足面向行业及单位的应用所需的准确性、时效性、深度聚焦、安全私密等要求，相关工作有以下几个步骤：

（1）行业或企业 AIGC 应用系统规划与设计

调研行业或者企业的 AI 应用需求，寻找规划相关数据资源（如行业数据，企业文件资源，互联网数据爬取等）。

设定 AI 系统的服务对象（内部使用、对外服务），设计系统的服务方式（AI 问答，AI 查询、文件解读、行业资源库、行业动态跟踪及研判分析系统、行业专家系统、专业的数据分析、专业深入的行业科研系统等）。

（2）系统数据采集

收集系统所需的行业数据，企业文件，互联网数据网址。

（3）生成行业或企业 RAG 信息资源库

收集系统所需的数据资源上传、链接到 AIGC 应用开发平台生成行业或企业 RAG 信息资源库。

（4）Agent 的设计与构建

使用 AIGC 应用开发平台 Agent（智能体）生成工具，依托 RAG 信息资源库，调用插件及工作流等工具，完成专用的 AIGC 应用系统，如 AI 问答，AI 查询、文件解读、行业资源库、行业动态跟踪及研判分析系统、行业专家系统、专业的数据分析、专业深入的行业科研系统等。

10.5　AIGC 基础应用系统的构建实训

依托本课程的"人工智能+行业应用实训平台"构建 AIGC 基础应用系统的设计与实训。

10.5.1　系统构建流程

一个 Agent 应用系统构建一般按照：1. 应用系统功能策划；2. 数据收集与预处理；3. RAG 知识库构建；4. Agent 构建；5. 调试与修改；6. 系统发布（投入使用）6 个流程步骤进行构建（图 10-3）。

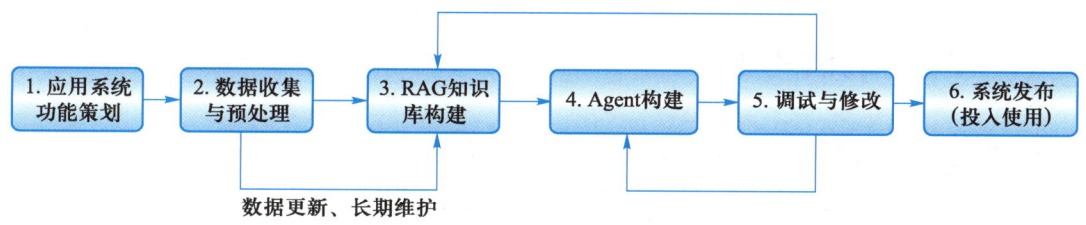

图 10-3　AIGC 基础应用系统构建流程

以下我们以构建一个网络营销与电子商务的专业智能体为例，讲授智能体构建的各个环节。

10.5.2　应用系统功能策划

首先策划并编制 Agent 应用系统功能策划书，策划书内容一般如下（图 10-4）：

（1）设定 AI 系统的服务对象（内部使用、对外服务）。

（2）设计系统的服务方式（AI 问答，AI 查询、文件解读、行业专家系统、专业的数据分析、行业科研系统等）。

（3）数据来源：单位内部数据，公网收集，行业知识库等。

（4）系统生成结果展现方式［AI 问答，文件报告，数据展示（表格，图形等）］。

案例步骤1：编制《网络营销与电子商务的专业智能体应用系统功能策划书》
1. 设定AI系统的服务对象（对外服务）
2. 设计系统的服务方式（AI问答，AI查询、行业研究报告编制等）
3. 数据来源：实训平台的行业知识库，本单位的一些相关文件资料（Word，PDF）
4. 系统生成结果展现方式（行业咨询问答，编制网络营销与电子商务相关文件报告，文献综述等）

图 10-4　应用系统功能策划步骤

10.5.3　信息及数据收集与预处理

手动采集：适用于数据量较小或需要人工筛选的情况。通过访问行业网站、查阅行业报告、收集单位文件等方式获取数据。

自动化采集：利用爬虫技术或 API 接口实现数据的自动采集。爬虫技术可以模拟用户访问网站，抓取网页内容；API 接口则可以直接从数据源获取数据（图 10-5）。

案例步骤2：信息及数据收集与预处理：实训平台的网络营销与电子商务行业知识库，本单位的一些相关文件资料（Word，PDF）

图 10-5　信息及数据收集与预处理步骤

10.5.4　RAG 知识库构建

学员使用本人账号密码登录实训平台（图 10-6）。

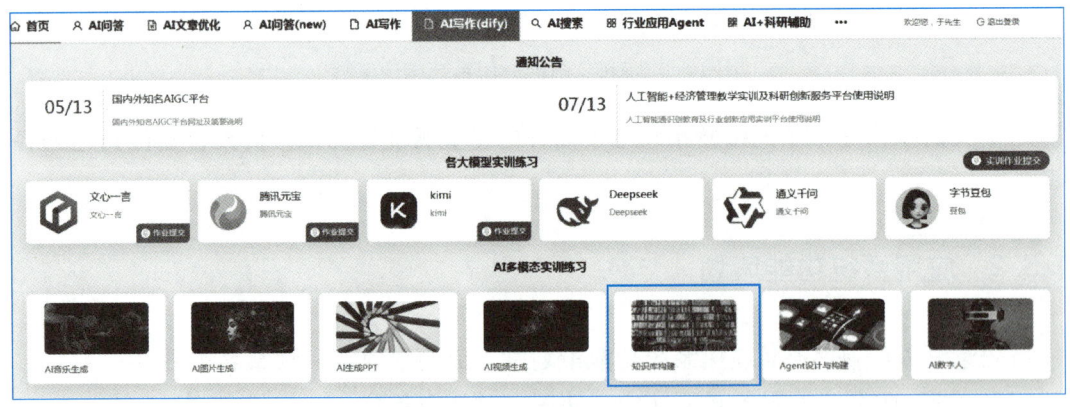

图 10-6　点击"知识库构建"按钮

点击"知识库构建"按钮 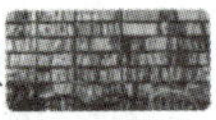 ，进入构建页面；

点击"创建知识库" ，填入创建知识库的名称：自己收集的市场营销与电子商务行业资源库及知识库描述，点击"确定"，生成一个知识库（图 10-7）。

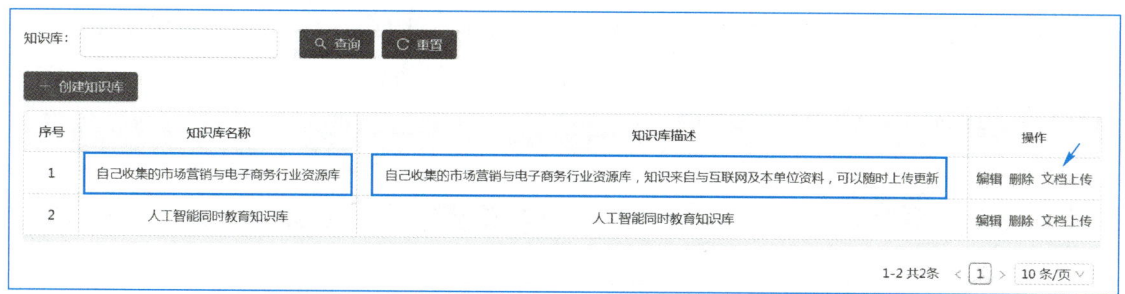

图 10-7 创建自己的知识库

点击"文档上传与查看",点击 导入文件 上传本地文件,上传完毕点击"导入",对各个文件进行文档分段处理(需一些时间),生成文件列表(图 10-8)。

	序号	文件名称	字符数	上传时间	状态	操作
☐	1	UGC社交化营销平台案例分...小红书、得物、大众点评为例_徐桐雨.pdf	7162	2025-05-21 21:07:04	●可用	删除 文档分段
☐	2	RCEP协定下农产品跨境电商交易的机遇、关键点及对策.pdf	9353	2025-05-21 21:07:04	●可用	删除 文档分段
☐	3	"一带一路"背景下中国-东...跨境电子商务发展的策略研究_李霞.pdf	7875	2025-05-21 21:07:02	●可用	删除 文档分段
☐	4	O2O商业模式及发展前景研究_卢益清.pdf	8495	2025-05-21 21:07:02	●可用	删除 文档分段
☐	5	4R营销理论与学术期刊网络营销策略_温优华.pdf	9709	2025-05-21 21:07:02	●可用	删除 文档分段
☐	6	2025.5.9新闻稿_1747840833894.docx	1076	2025-05-21 15:20:18	●可用	删除 文档分段

图 10-8 知识库导入文件

也可以点击 导入行业文件 选择平台提供的行业信息库,如选择国际经济贸易行业资料,预览资料库中的文件,对于满意的可导入自己的资源库(图 10-9)。

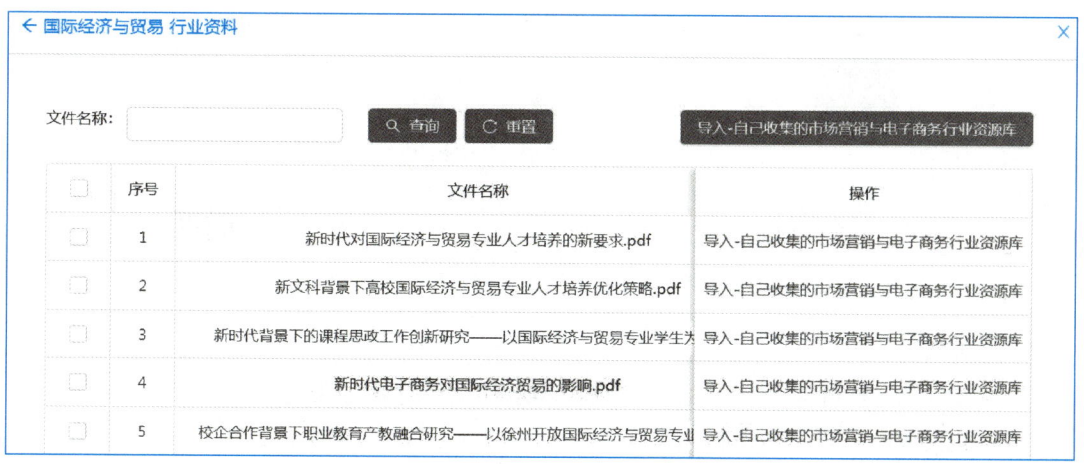

图 10-9 知识库导入行业文件

初步构建了自己的 RAG 行业信息资源库，以后还可随时上传，持续更新资源库。

10.5.5　应用 Agent 设计与构建

从首页点击 进入智能体创建页面，点击 进入智能体设计页面（图 10-10）。

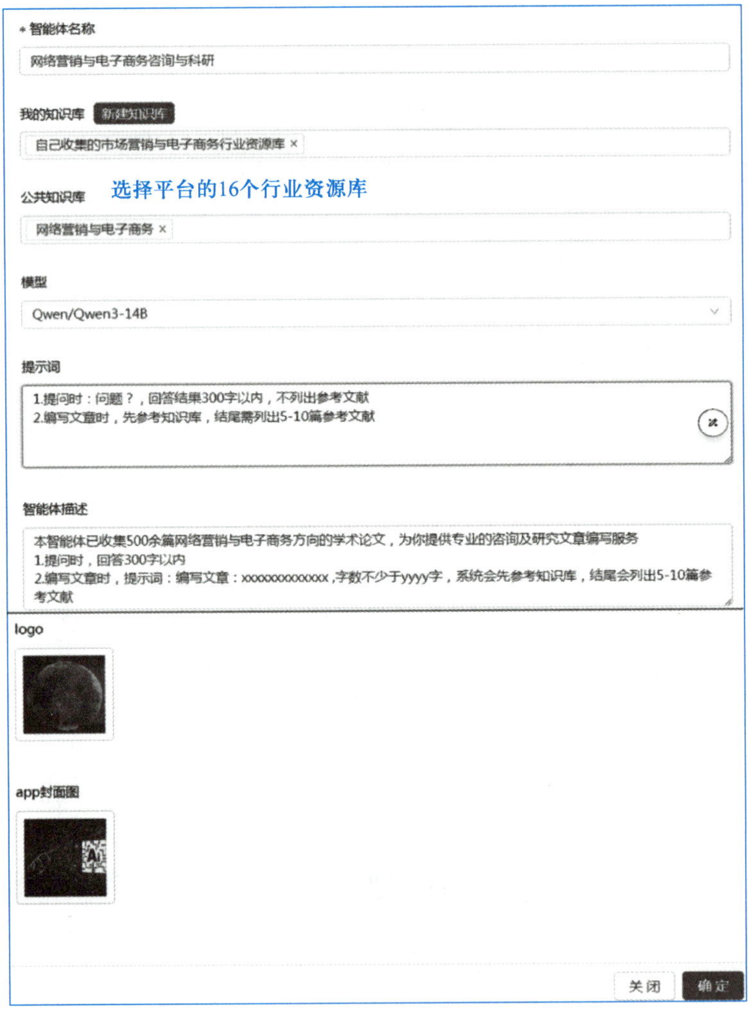

图 10-10　创建智能体

（1）选择知识库

我的知识库：选择上节创建的自己收集的市场营销与电子商务行业资源库

公共知识库：选择网络营销与电子商务（有 500 余篇相关论文）

（2）选择模型

Qwen/ Qwen3-14B

（3）编写提示词

提示词：

① 提问时：问题?，回答结果 300 字以内，不列出参考文献

② 编写文章时，先参考知识库，结尾需列出 5~10 篇参考文献

（4）智能体描述

编写智能体描述文字：

本智能体已收集 500 余篇网络营销与电子商务方向的学术论文，为你提供专业的咨询及研究文章编写服务。

① 提问时，回答 300 字以内。

② 编写文章时，提示词：编写文章：xxxxxxxxxxxxx，字数不少于 yyyy 字，系统会先参考知识库，结尾会列出 5~10 篇参考文献。

（5）上传 Logo 及 APP 封面图片

（6）点击确定生成一个智能体

10.5.6　Agent 调试与修改

使用“打开”及“编辑”，测试智能体并进行修改（图 10-11）。

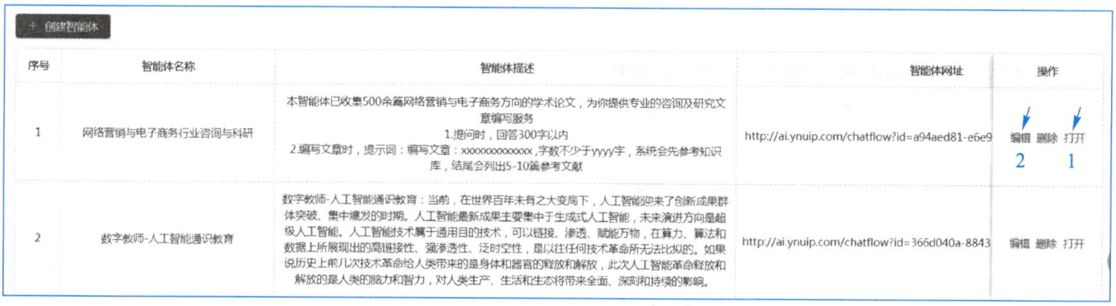

＋ 创建智能体

序号	智能体名称	智能体描述	智能体网址	操作
1	网络营销与电子商务行业咨询与科研	本智能体已收集500余篇网络营销与电子商务方向的学术论文，为你提供专业的咨询及研究文章编写服务 1.提问时，回答300字以内 2.编写文章时，提示词：编写文章：xxxxxxxxxxxxx，字数不少于yyyy字，系统会先参考知识库，结尾会列出5-10篇参考文献	http://ai.ynuip.com/chatflow?id=a94aed81-e6e9	编辑 删除 打开 2　　　1
2	数字教师-人工智能通识教育	数字教师-人工智能通识教育：当前，在世界百年未有之大变局下，人工智能迎来了创新成果群体突破、集中爆发的时期。人工智能最新成果主要集中于生成式人工智能，未来演进方向是超级人工智能。人工智能技术属于通用目的技术，可以链接、渗透、赋能万物，在算力、算法和数据上所展现出的高链接性、强渗透性、泛时空性，是以往任何技术革命所无法比拟的。如果说历史上前几次技术革命给人类带来的是身体和器官的释放和解放，此次人工智能革命释放和解放的是人类的脑力和智力，对人类生产、生活和生态将带来全面、深刻和持续的影响。	http://ai.ynuip.com/chatflow?id=366d040a-8843	编辑 删除 打开

图 10-11　测试智能体并进行修改

（1）智能体测试

点击“打开”，打开智能体并查看智能体（图 10-12）。

① 向智能体提问，查看结果，智能体会先显示推理过程，然后显示回答结果（如网络营销的核心要点是什么?）。

② 按要求编写文章（如编写推荐文章：给我推荐 5 个短视频营销方面的论文题目，给出每个题目的推荐理由，题目不能与知识库内文章相似）。

生成结果如下（图 10-13）：

（2）智能体修改

若想对智能体进行修改，点击“编辑”，进入智能体设计页面，可修改智能体名字，知识库、模型、提示词、描述、Logo、APP 界面。

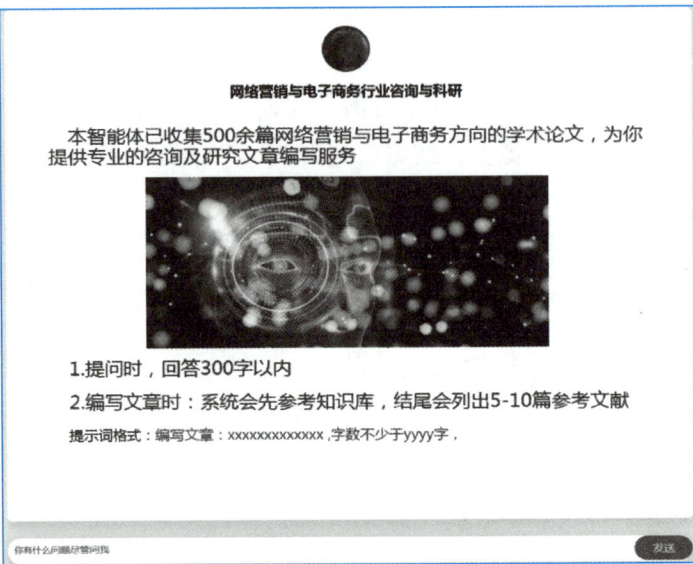

图 10-12　查看智能体

1. 短视频营销在文旅产业中的文化传播与消费转化效应研究

推荐理由：聚焦短视频对地方文化IP的传播潜力，探讨如何通过内容设计实现文化价值与商业效益的双重提升，填补文旅产业与短视频融合的细分研究空白，契合当前文旅消费升级趋势。

2. K12教育行业短视频营销策略的创新路径与用户行为分析

推荐理由：针对教育行业特殊性，研究短视频在知识付费、课程推广中的差异化策略，结合未成年人用户画像，挖掘教育类内容传播的伦理边界与精准触达逻辑，具有行业前瞻性和社会价值。

3. 生成式AI在短视频营销内容创作中的伦理风险与治理对策

推荐理由：随着AIGC技术普及，探讨其对原创性、虚假信息生成的冲击，提出技术应用的规范框架，既符合AI时代研究热点，又能为行业健康发展提供理论支撑。

4. 用户生成内容（UGC）对短视频平台品牌忠诚度的影响机制研究

推荐理由：从UGC视角切入，分析用户共创内容对品牌信任、互动粘性的驱动作用，突破传统企业主导的营销模式研究，强调消费者参与对品牌价值的重构意义。

5. 短视频营销中的情感计算技术应用与消费者决策行为关联性研究

推荐理由：结合情感分析、面部识别等AI技术，探讨其如何精准捕捉用户情绪并优化营销策略，为技术驱动的营销创新提供实证依据，符合数字化转型与AI深度结合的趋势。

参考文献：
[1] 短视频营销对消费者行为的影响研究
[2] 生成式AI在数字营销中的应用与挑战
[3] UGC内容对品牌价值的提升路径分析
[4] 文旅产业新媒体传播策略研究

图 10-13　智能体生成结果展示

10.5.7　Agent 的发布

Agent 生成后，系统产生一个 Agent 的网址（图 10-14），可将网址复制后发布出去（如发微信群，或者链接到某个网站内，也可以生成网址二维码发出）。

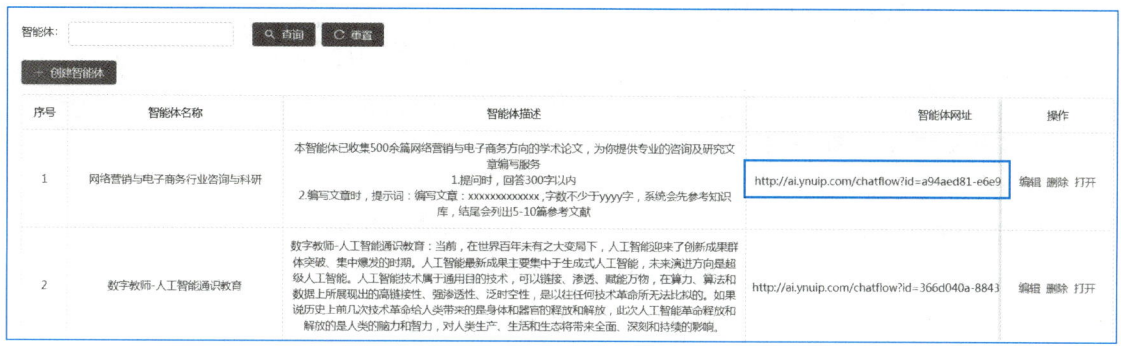

图 10-14　智能体网址

本书相关课程将把考证学员构建的智能体网址二维码粘贴到《人工智能通识教育与行业应用培训合格证书》以便查询。

习题

单选题

1. 当前 AIGC 公用云平台基于大语言模型（LLM）的局限性不包括以下哪一项？（　　　）

A. 知识的局限性　　　　　　　　　　B. 生成内容的逻辑性不足

C. 幻觉问题　　　　　　　　　　　　D. 处理复杂查询的能力不足

2. RAG 知识库的核心技术结合了以下哪两种方法？（　　　）

A. 信息检索与语言生成　　　　　　　B. 数据存储与深度学习

C. 图像识别与自然语言处理　　　　　D. 实时计算与自动编码

3. 以下哪一项是 Agent（智能体）的核心特性？（　　　）

A. 完全依赖人工干预　　　　　　　　B. 无法适应环境变化

C. 自主理解与决策能力　　　　　　　D. 仅用于简单文本生成

4. 构建 AIGC 应用系统的关键步骤中，哪一步涉及数据收集与预处理？（　　　）

A. Agent 发布　　　　　　　　　　　B. RAG 知识库构建

C. 应用系统策划　　　　　　　　　　D. 调试与修改

5. 当前 AIGC 平台生成内容宽泛的主要原因是？（　　　）

A. 模型训练数据过多　　　　　　　B. 缺乏行业深度信息

C. 搜索引擎功能强大　　　　　　　D. 用户配置复杂

6. 零代码构建 AIGC 应用系统的第一步是？（　　　）

A. 数据采集　　　　　　　　　　　B. 行业应用系统规划与设计

C. Agent 构建　　　　　　　　　　D. 系统发布

7. RAG 知识库在检索阶段的第一步操作是？（　　　）

A. 建立索引　　　　　　　　　　　B. 用户问题预处理

C. 生成回答　　　　　　　　　　　D. 分词处理

8. 以下哪项属于 Agent 的学习能力？（　　　）

A. 完全依赖预设流程　　　　　　　B. 无法优化性能

C. 通过数据分析进化　　　　　　　D. 仅执行固定任务

9. AIGC 应用开发平台的主要功能不包括？（　　　）

A. RAG 知识库构建工具　　　　　　B. 硬件设备生产

C. Agent 生成工具　　　　　　　　D. 零代码系统开发

10. 若要求智能体生成文章时列出参考文献，需在哪个环节配置？（　　　）

A. 选择知识库　　　　　　　　　　B. 编写提示词

C. 上传 Logo　　　　　　　　　　 D. 选择模型

11. 智能体测试时发现回答超长，应修改哪个参数？（　　　）

A. 知识库选择　　　　　　　　　　B. 模型类型

C. 提示词的字数限制　　　　　　　D. Logo 图片

12. 发布 Agent 后，可通过哪种方式共享系统？（　　　）

A. 直接发送源代码　　　　　　　　B. 生成链接或二维码

C. 邮寄硬件设备　　　　　　　　　D. 手动复制回答

判断题

1. RAG 知识库的生成阶段完全依赖预训练数据，无须检索外部信息。

2. Agent 的自主性体现在无须人为干预即可执行任务。

3. AIGC 公用云平台可完全替代企业内部的专有数据集。

4. 零代码构建 AIGC 系统时，数据采集只能通过手动完成。

5. 调试 Agent 时，只能修改知识库，无法调整提示词。

第11章　复杂AIGC应用系统的构建与开发（选修）

11.1　基于 Agent 的复杂 AIGC 应用系统构建方法

11.1.1　系统应用功能设计

（1）明确应用场景与目标：确定 Agent 应用系统要解决的核心问题，例如智能客服、数据分析助手、工作报告生成等。针对不同场景设计具体功能，如用户意图理解、多轮对话管理、任务自动拆解与执行等。

（2）规划系统架构：基于业务需求，设计系统的分层架构，包括用户交互层、Agent 核心逻辑层、工具与数据访问层。确保各层之间解耦，便于后续扩展与维护。

第 11 章　数字资源

（3）设计交互流程：定义用户与 Agent 的交互方式，包括输入输出格式、对话流程、异常处理机制等。设计清晰的交互流程图，确保用户体验流畅。

11.1.2　知识库构建方法

（1）知识收集与整理：根据应用场景，收集相关领域的知识数据，包括 FAQ 文档、业务规则、历史对话记录等。对知识进行分类整理，确保结构清晰。

（2）构建动态知识库：使用百度智能云等 AIGC 开发平台提供的工具，如输入信息来源网址，抓取动态信息，确保知识库的时效性，使用向量数据库或知识图谱，构建信息资源库。

（3）知识检索与增强：集成 RAG（检索增强生成）技术，使 Agent 在生成回复时能够实时检索知识库，提升回答的准确性和专业性。支持模糊匹配与语义检索，优化知识利用效率。

11.1.3　复杂 Agent 构建方法

选择智能组件：

（1）大模型底座：如选用百度智能云的文心大模型，如文心 4.5，DeepSeek、阿里巴巴的千问大模型等作为 Agent 的核心"大脑"，负责思维与决策。

（2）工具集成（组件选择）：根据需求集成 AIGC 开发平台提供的官方工具，如百度搜索 API、数据库查询工具等，图像识别、语音识别等多模态信息处理工具等，扩展 Agent 的能力边界。

（3）设置记忆组件：设计短期记忆（上下文学习）与长期记忆（用户特征、业务数据存储）机制，支持多级对话，使用向量数据库实现高效存储与检索。

（4）规划与决策能力设计：

任务拆解：使用 Prompt 工程引导大模型将复杂任务拆解为可执行的子任务，例如将"生成工作报告"拆解为数据收集、报告整理、自动提交等步骤。

策略制定：基于 ReAct 框架或类似决策模型，使 Agent 能够根据任务目标进行推理、行动与反思，提升决策的可靠性。

（5）多模态交互支持：

支持文本、语音、图像等多模态输入输出，提升 Agent 的交互能力。例如，在智能客服场景中，用户可通过语音提问，Agent 以文本或语音回复。

（6）工作流程编排：

使用拖拉拽方式编排复杂业务流程，支持多轮对话、多模态文件处理等场景。

（7）安全与合规性：

集成内容安全审核机制，确保 Agent 的回复符合法律法规与业务规范。支持数据隐私保护，对敏感信息进行脱敏处理。

11.2　基于 AIGC 开发平台的动态知识库构建

AIGC 开发平台支持多种形式构建基于 RAG 的动态知识库，用户可以分类构建自己的知识库系统，在构建 Agent 时根据功能需求选择不同的知识库（图 11-1）。

（1）导入文本文档数据

主要上传非结构化的文本文件（如单位内部各种管理文件等，Word、PDF、PPT、Text 等文件格式）。

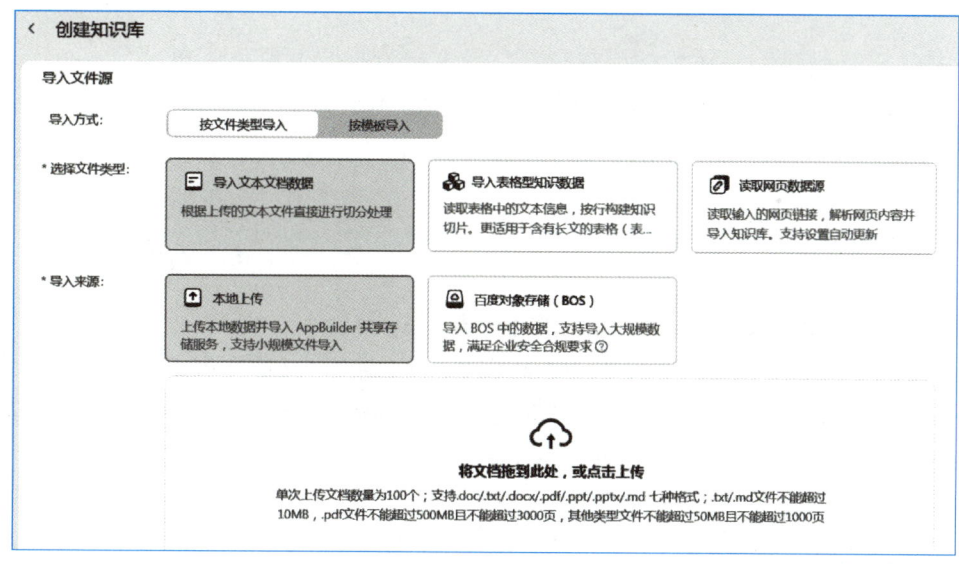

图 11-1   动态知识库构建

（2）表格型数据导入

导入各种表格的结构化数据，如 XLS，CSV，Jsonl 格式数据（如企业人员与技术资质文件，企业产品列表文件等）。

（3）读取网页数据源构建动态知识库

读取输入的网页链接，解析网页内容并导入知识库。支持设置自动更新，上传某个网站某类信息栏目网址作为根目录，系统自动解析该栏目页面内包含的子网页及网页内容，并可设置信息自动更新的频率（图 11-2）。

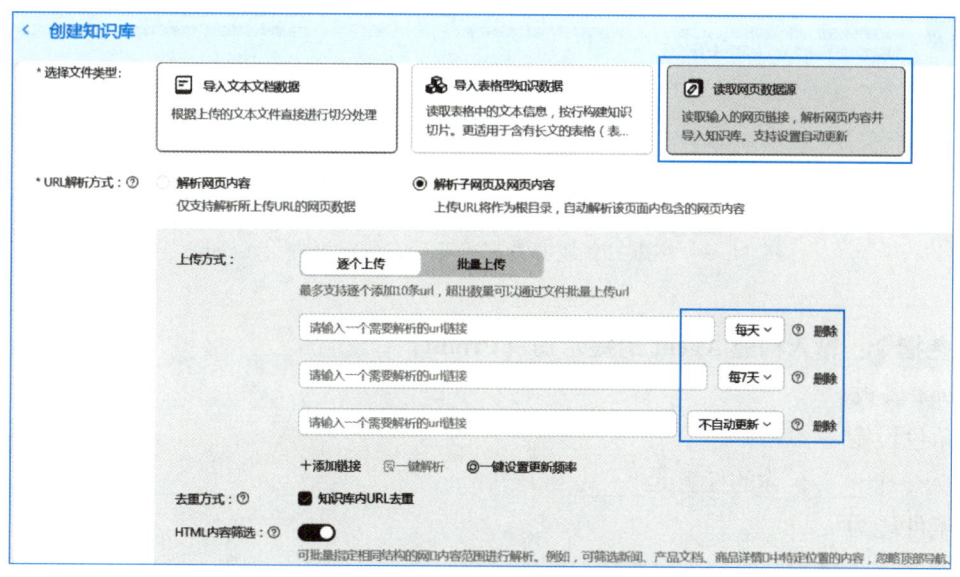

图 11-2   读取网页数据源构建动态知识库

11.3   复杂 Agent 构建示例

11.3.1   复杂知识体功能设计

设计： 广东省新能源汽车行业动态研究报告（Agent）

功能要求： 新能源汽车行业发展动态研究 Agent，输出：《广东省新能源汽车月度研究报告》，报告包括以下内容：广东省每月新能源汽车的销量分析，品牌竞争能力，后三个月的销售预测等内容，使用图表分析（图 11-3）。

图 11-3   广东省新能源汽车行业动态研究报告（Agent）

角色指令：输入构建 Agent 的提示词（Promt）

Promt 模板：

角色设定

作为一个____，你的任务是____。

组件能力

你具备____能力。

要求与限制

（1）输出内容的风格要求____

（2）输出结果的格式为____

（3）输出内容的字数限制不超过____

根据填入的 Agent 功能要求，系统辅助生成提示词如下：

角色任务（提示词）

作为广东省新能源汽车行业动态研究报告的 Agent，你的任务是为用户提供有关广东省新能源汽车行业的月度研究报告。报告需要包含广东省每月新能源汽车的销量分析、品牌竞争力（排名前 5 名品牌）和未来三个月的销售预测，并使用图表进行分析和展示。

工具能力

你需要具备数据收集和分析的能力，包括从各种来源收集数据、处理和分析数据以及生成报告。此外，你还需要掌握图表制作工具，以可视化方式呈现数据和分析结果。

要求与限制

1. 准确性：确保所有数据和信息的准确性，以避免误导用户或产生不良影响。

2. 报告格式：遵循固定的报告格式，包括封面、目录、正文和结论等部分。

示例报告结构

一、封面：＊报告名称：广东省新能源汽车月度研究报告 ＊日期：××××年××月

二、目录

＊销量分析

＊品牌竞争力分析

＊销售预测

三、正文

＊销量分析：使用图表展示广东省新能源汽车销量趋势，分析增长或下降的原因。

＊销售预测：基于现有数据，预测未来三个月的销量趋势。

四、结论

＊总结本月新能源汽车行业的关键发展动态和趋势。

11.3.2 Agent 能力扩展配置页面

Agent 能力扩展配置页面如图 11-4 所示。

图 11-4　Agent 能力扩展配置页面

11.3.3　能力扩展——选择工具组件

1. 工具组件介绍

组件是构建 Agent 的重要核心工具，添加组件可以使应用具备更多能力。为保证应用效果，可以根据系统功能要求添加多个组件。

组件由很多类型，如：生活助手、影音娱乐、文本处理、图像处理、语音处理、网页搜索、新闻阅读等。可以根据 Agent 的功能要求添加到 Agent 中。

目前大型的 AIGC 平台汇聚了大量的组件工具，为 Agent 的开发提供了强大的支持（图 11-5）。

图 11-5　组件广场

图像处理组件能够让 Agent 识别图像，生成图像等（图 11-6）。

图 11-6　图像处理组件

2. 在本项目示例中的组件选择

由于本项目需要实时采集新能源汽车的相关信息，所以应该选择百度搜索，网页内容总结 2 个组件，添加该类组件能够让 Agent 去搜索最新信息，保持动态更新（图 11-7）。

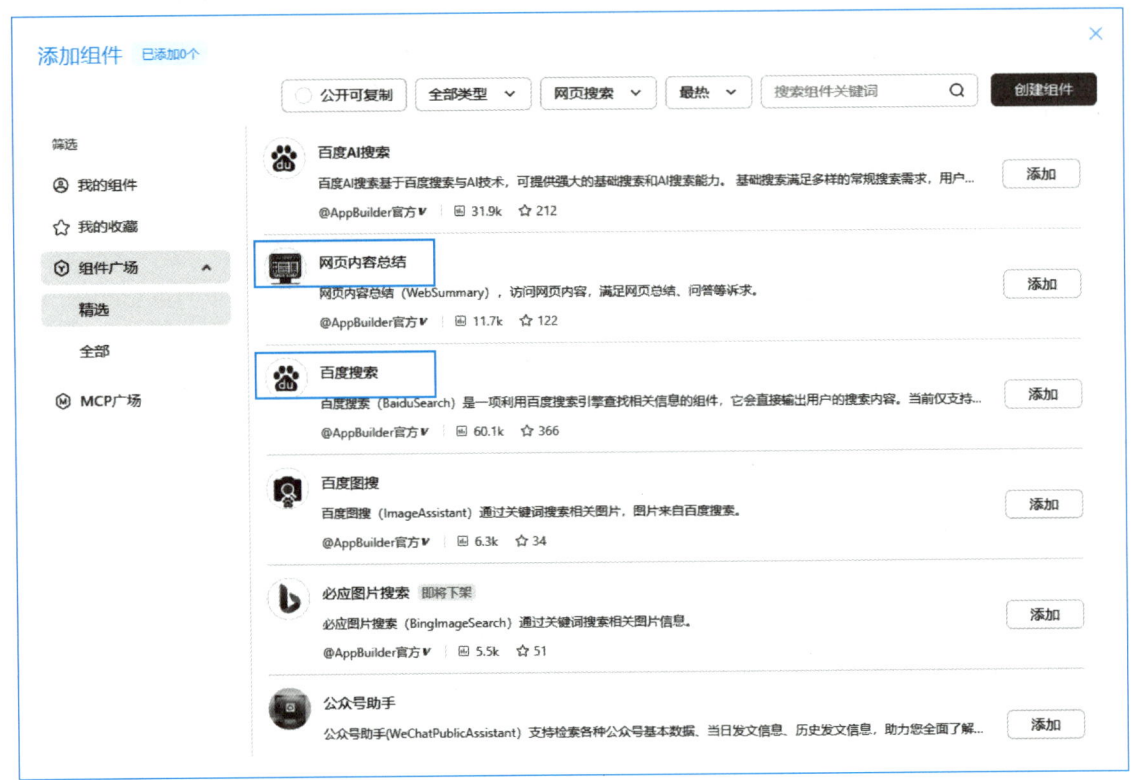

图 11-7　网页搜索组件

11.3.4　能力扩展——选择及设置知识库

知识库是 Agent 的核心部件，可以选择添加用户自建的各类知识库，也可上传本地文本数据、表格型知识数据（含 FAQ 问答和多列索引问答）以及在线网页数据构建知识库。用户发送消息时，Agent 能够引用知识库答复。应用最多可关联数十个知识库。详细填写知识库备注信息以提高输出结果的准确率。

（1）添加单个或多个知识库

选择某个或多个用户自建知识库即可（图 11-8）。

（2）添加某个类别的知识库

如添加数字经济类别知识库，搜索数字经济，找到数字经济相关的数据集，添加即可（图 11-9）。

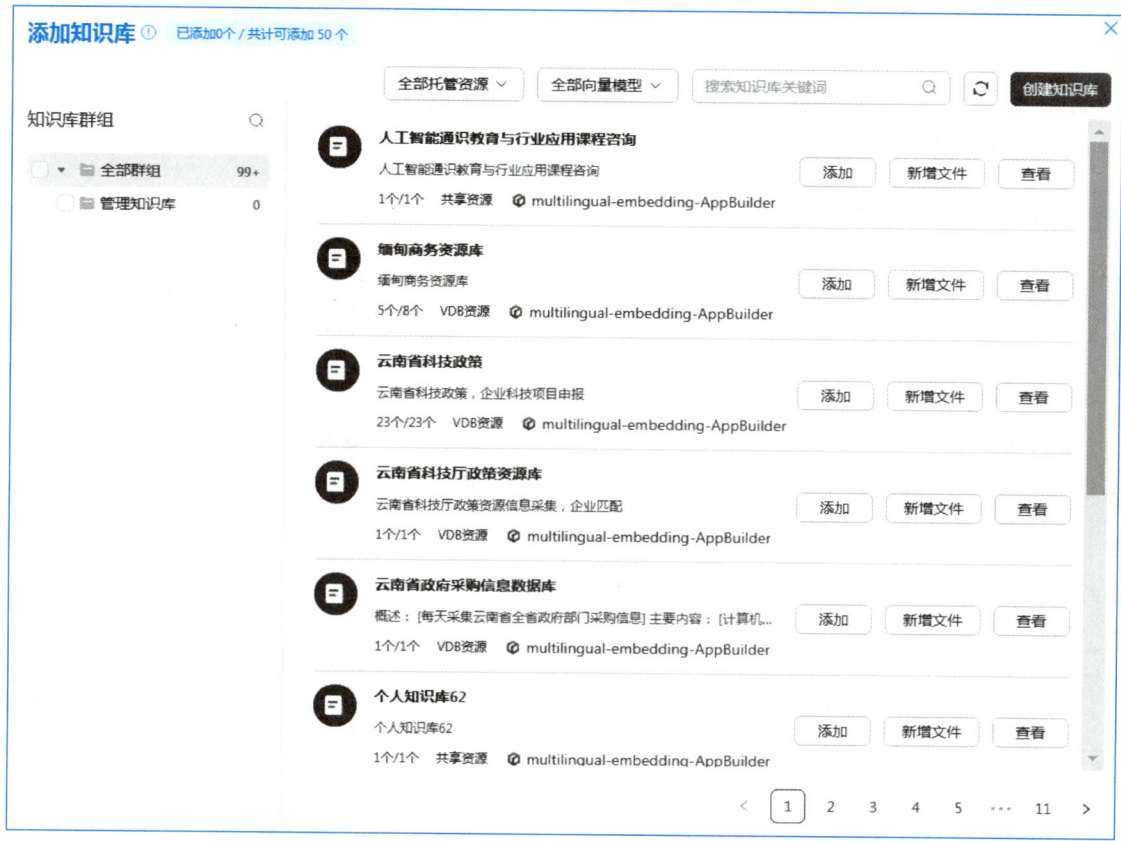

图 11-8　添加单个或多个知识库

图 11-9　添加某个类别的知识库

（3）知识库应用配置

为更好地检索知识库，可以对知识库进行相关配置，主要包括是否开通网页搜索增强，知识检索策略、重排序配置、是否扩展上下文、知识库组建描述等（图 11-10）。

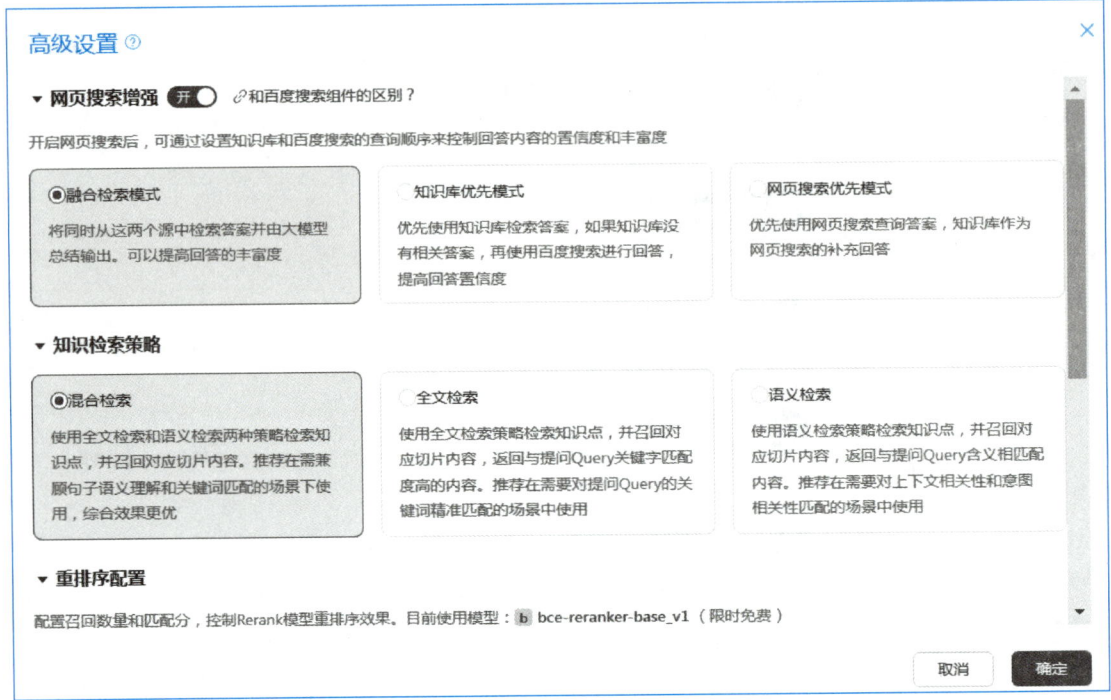

图 11–10　知识库应用配置

扩展上下文信息

开启后，将会用 Small-to-Big 策略对重排序后的切片扩展切片上下文，大模型能够看到更多上下文内容以提高检索的准确性。仅对文本和 URL 类数据生效。开启时，会增加模型处理的 Token 数量，增加响应时长。

知识库组件描述

开启知识问答工具，当回答这个问题需要涉及以下知识时，请使用本知识库进行回答，知识库包括_____、_____、_____等内容。

11.3.5　交互功能设计

设计 Agent 的交互功能（图 11–11）。

（1）开场白：输入开场白的话语，如您好，我是×××，欢迎你的访问，我能为您做些什么？等等。

（2）选择语音交互方式（图 11–12）。

（3）选择数字人交互：用户可以上传照片生成数字人，也可选用平台设置的数字人（图 11–13）。

完成以上设置即可构建一个功能复杂的 Agent 应用系统。

图 11-11　设计 Agent 的交互功能

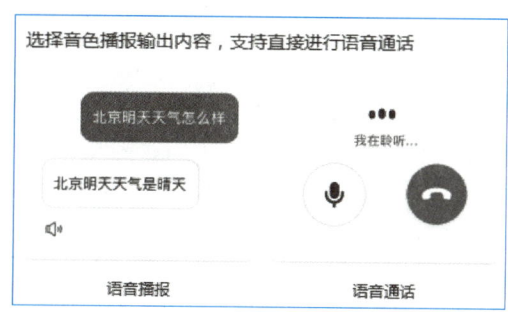

图 11-12　选择语音交互方式

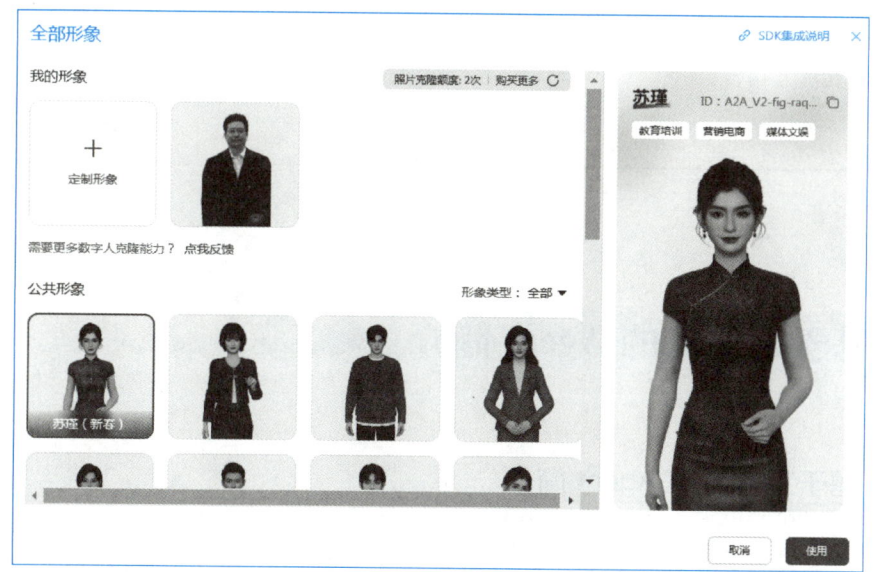

图 11-13　选择数字人交互

11.4 系统分发

系统完成构建后可以发布给公众使用，可以多种方式进行发布（图 11-14）。

（1）网页版：可通过电脑或移动设备立即开始对话。

（2）到搜索引擎（分发至更多百度生态流量场景（搜索、信息流等）提升应用曝光）。

（3）企业微信、微信公众号、微信小程序、微信群。

（4）网站嵌入（通过 iframe/JS 将应用以页面或聊天气泡的形式，快速集成到用户的网站）。

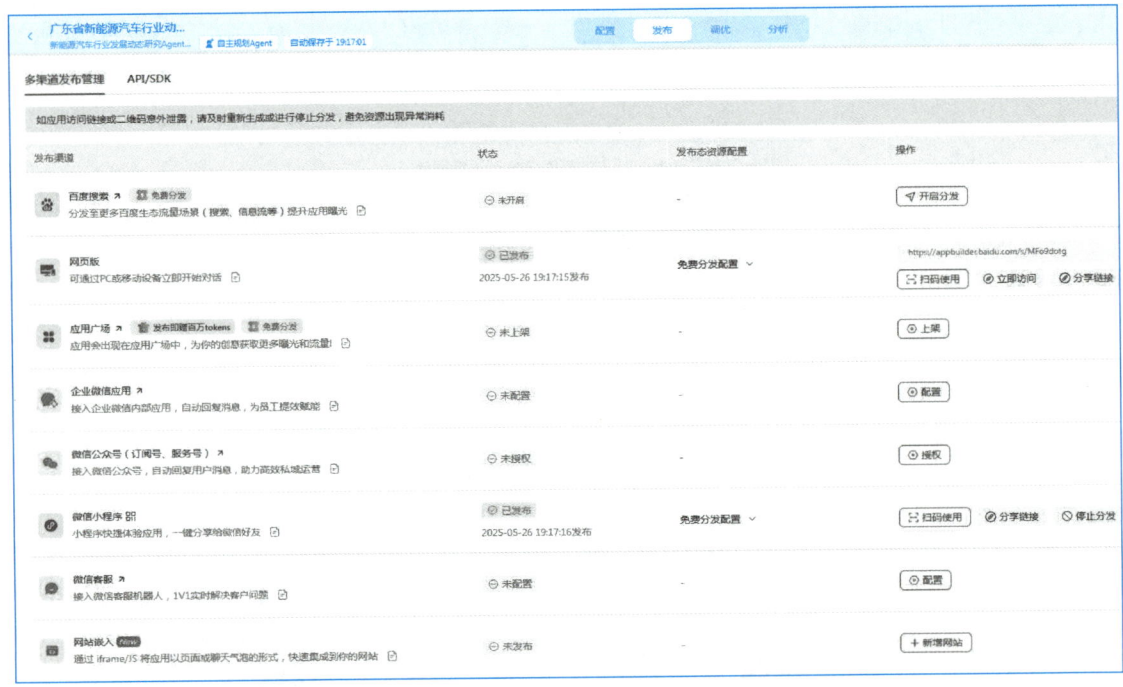

图 11-14 系统分发

11.5 基于工作流的 Agent 简介

11.5.1 基于工作流的 Agent 简介

基于工作流的 Agent 是一种将工作流管理逻辑与智能代理（Agent）技术结合的系统

架构，核心是通过流程化、模块化的方式驱动 Agent 执行复杂任务。以下是其关键特点和应用逻辑的简单描述：

核心定义

工作流（Workflow）：指按预设规则、步骤和顺序执行的任务流程，包含节点（如任务分解、条件判断、数据处理）和流转逻辑（如串行、并行、分支）。

Agent：具备自主决策能力的智能体，可感知环境、处理信息并执行动作，支持多轮交互和目标导向行为。

结合逻辑：通过工作流引擎定义 Agent 的任务执行路径，使 Agent 按"流程节点"逐步完成目标，同时保留其自主性以应对动态变化。

11.5.2　主要特点

（1）任务流程化

将复杂任务拆解为可管理的子任务节点（如信息收集、数据分析、决策执行），通过流程引擎串联，确保任务有序推进。

（2）支持条件分支（如根据数据结果选择不同路径）和循环机制（如重复执行某节点直至达标）

（3）Agent 自主性与协作性

单个 Agent 可在节点内自主选择工具或策略（如调用 API、数据库查询），完成子任务。

多 Agent 可通过工作流实现分工协作（如 A 负责数据采集，B 负责分析，C 负责输出报告），提升复杂任务处理效率。

（4）动态适应性

工作流可根据实时反馈动态调整路径（如任务失败时触发重试或切换节点），结合 Agent 的环境感知能力，增强系统鲁棒性。

（5）可扩展性与复用性

流程节点和 Agent 功能可模块化设计，支持快速集成新工具或任务类型（如接入新 API、扩展业务场景）。

（6）成熟流程可复用至相似任务，降低重复开发成本

11.5.3　典型应用场景

企业自动化流程：如客服工单处理（Agent 按流程自动分类、分配、跟进工单）、财务审批（自动校验数据并触发多级审批）。

数据分析与决策：科研数据处理（Agent 按流程完成数据清洗、建模、可视化）、市场调研（多 Agent 协作收集多源数据并生成分析报告）。

跨系统协作：电商订单履行（串联库存查询、物流调度、支付确认等系统节点，Agent 自动协调各环节）。

优势与价值

效率提升：减少人工干预，自动化执行重复性任务，缩短处理周期。

降低错误率：标准化流程减少人为操作失误，结合 Agent 的精准性（如数据校验）提升结果可靠性。

透明化管理：工作流可追踪任务进度、节点耗时和异常点，便于监控和优化业务流程。

11.5.4　技术实现要点

工作流引擎：选择或开发支持动态编排的引擎（如 Apache Oozie、Camunda），实现流程定义、调度和监控。

Agent 能力集成：为 Agent 配置工具调用接口（如 API、插件），使其能访问数据库、外部服务或硬件设备。

通信与协调机制：设计 Agent 间的消息传递协议（如基于 MQTT、HTTP），确保流程节点间数据顺畅流转。

通过这种架构，企业或系统可实现"复杂任务流程化、流程执行智能化"，适用于需要多步骤协作、规则明确但需灵活应变的场景。

11.6　基于 MCP 的 Agent 应用组件简介

11.6.1　MCP 简介

MCP 即 Model Context Protocol（模型上下文协议），是由 Anthropic 于 2024 年 11 月开源发布的一项技术。以下是关于它的详细介绍：

原理：MCP 是帮助大模型快速对接地图、编程工具、文档等外部应用的通信协议。它就像是"AI 大脑"的"手脚"，让大模型不仅能"思考"，还能指挥应用"行动"，形成智能体。在这一架构中，大模型应用程序是客户端（MCP Client），外部应用是服务器（MCP Server），一个 MCP Client 往往可连接多个 MCP Server。

功能优势：

统一标准：MCP 整合了之前各大模型不同的 Function Call 标准，提供了一种将 AI 模型连接到不同数据源和工具的标准化方式，可类比于 USB-C 将设备连接到外围设备和配件的标准化方式。只要所选用的大模型和外部应用都加入了这一协议，就能实现一键调用，可省去大量的代码编写工作。

连接友好：对比之前的 Function Call 协议以及大模型与传统 API 的交互方式，MCP 运作更可靠，能让大模型与外部应用顺畅连接，模式简约，不用编写大段代码，且足够开放，让各大公司能无忧接入。

11.6.2　应用场景

基于 MCP Server（模型上下文协议服务器）的 Agent 组件开发已成为当前 Agent 应用领域的主流模式，其核心优势在于通过标准化协议实现工具、数据与智能逻辑的高效协同，大幅降低开发成本并提升系统扩展性。

对开发者而言，MCP 是智能体开发过程中各方可遵循的协议。在开发智能体（Agent）的过程中，MCP Server 可以帮助开发者以标准方式将智能体与数据和工具集成，构建复杂的工作流。它能让大模型连接各种外部应用，如百度公司将旗下的搜索、地图、文库、网盘等进行了 MCP 化，字节跳动公司旗下的火山方舟、扣子空间、Trae 等也可调用 MCP，腾讯云大模型知识引擎及软件开发智能体 Craft 也支持 MCP 协议。通过 MCP，智能体在收到人类命令后，可由大模型规划问题解决的思路及步骤，并选择有助于实现目标的多个外部应用，再指导外部应用逐步产出所需的结果。

MCP 已经被广泛应用于多种 AI 工具中，包括 Claude、ChatGPT 等，并且支持多种编程语言的 SDK，如 Python、TypeScript、Java 等，进一步扩展了其应用范围。根据全球最大的 MCP 服务器集合网站 MCP.so 的公开信息，已收录的 MCP 服务器数量已超过 1.3 万个，OpenAI、Google 等头部企业也已明确表态接入其生态，使其成为业界公认的事实标准。

习题

单选题

1. 动态知识库构建中，以下哪项不属于支持导入的数据类型？（　　）

A. 非结构化文本文件（如 Word、PDF）

B. 结构化表格数据（如 XLS、CSV）

C. 实时传感器数据流

D. 网页链接解析内容

2. 在复杂 Agent 的功能设计中，广东省新能源汽车月度研究报告需要包含以下哪项内容？（　　）

A. 全球市场趋势分析　　　　　　　　　　B. 品牌竞争能力分析

C. 电池技术专利统计　　　　　　　　　　D. 用户社交媒体评论

3. Agent 的"记忆组件"设计中，长期记忆主要用于存储什么？（　　　）

A. 当前对话的上下文　　　　　　　　　　B. 用户特征和业务数据

C. 临时生成的中间结果　　　　　　　　　D. 实时网络搜索内容

4. MCP 协议的核心功能是？（　　　）

A. 提高大模型的训练速度

B. 标准化大模型与外部应用的连接

C. 优化生成内容的逻辑性

D. 增强多模态交互能力

5. 基于工作流的 Agent 中，"支持条件分支"的作用是？（　　　）

A. 确保任务流程完全固定　　　　　　　　B. 根据数据结果选择不同路径

C. 减少任务执行时间　　　　　　　　　　D. 限制 Agent 的自主决策

6. 设计 Agent 交互功能时，"选择数字人交互"可以通过以下哪种方式实现？（　　　）

A. 上传照片生成数字人　　　　　　　　　B. 手动编写对话脚本

C. 调整知识库检索策略　　　　　　　　　D. 禁用语音输入功能

7. 以下哪项是工作流 Agent 的典型应用场景？（　　　）

A. 简单文本问答　　　　　　　　　　　　B. 电商订单履行自动化

C. 单次数据查询　　　　　　　　　　　　D. 图像风格迁移

8. 在 RAG 知识库的检索阶段，"扩展上下文信息"的主要目的是？（　　　）

A. 减少模型处理的 Token 数量　　　　　　B. 缩短响应时间

C. 提高检索准确性　　　　　　　　　　　D. 限制知识库规模

9. MCP 协议被广泛应用的直接原因是？（　　　）

A. 支持多语言编程 SDK

B. 统一了不同厂商的 Function Call 标准

C. 优化了模型训练效率

D. 降低了硬件成本

10. 工作流 Agent 的"动态适应性"体现在？（　　　）

A. 完全依赖预设流程　　　　　　　　　　B. 无法处理任务失败

C. 根据实时反馈调整路径　　　　　　　　D. 仅支持单线程执行

11. 添加"网页搜索组件"到 Agent 的主要作用是？（　　　）

A. 生成静态报告　　　　　　　　　　　　B. 保持信息动态更新

C. 优化图像识别能力　　　　　　　　　　D. 简化用户界面设计

12. 在 Agent 能力扩展配置中，"组件广场"不包含以下哪类工具？（　　　）

A. 文本处理　　　　　　　　　　　　　　B. 硬件设备生产

C. 网页搜索　　　　　　　　　　　　　　D. 图像处理

判断题

1. 动态知识库构建时，网页链接解析内容需手动更新。
2. 基于工作流的 Agent 完全依赖预设流程，无法自主决策。
3. MCP 协议仅支持 Python 语言开发。
4. Agent 的长期记忆通过向量数据库实现高效存储与检索。
5. 设计交互流程时，异常处理机制可以忽略。
6. 工作流 Agent 的任务流程化仅支持串行执行。
7. 添加多个知识库会导致 Agent 输出结果准确性下降。
8. MCP 协议的主要目标是优化大模型的生成内容质量。

第12章 面向行业的AIGC应用系统

12.1 基于 Agent 的行业 AIGC 应用系统

12.1.1 行业 Agent 应用系统规划与设计

调研行业或者企业的 AI 应用需求，寻找规划相关数据资源（如行业数据，企业文件资源，互联网数据爬取等）。

设定 AI 系统的服务对象（内部使用、对外服务），设计系统的服务方式（AI 问答，AI 查询、文件解读、行业资源库、行业动态跟踪及研判分析系统、行业专家系统、专业的数据分析、专业深入的行业科研系统等）。

第 12 章 数字资源

12.1.2 行业数据集的采集

1. 明确数据需求

在采集行业数据之前，首先要明确系统的具体数据需求，包括数据类型、格式、来源等。

2. 选择数据采集方法

手动采集：适用于数据量较小或需要人工筛选的情况。通过访问行业网站、查阅行业报告、收集企业文件等方式获取数据。

自动化采集：利用爬虫技术或 API 接口实现数据的自动采集。爬虫技术可以模拟用户访问网站，抓取网页内容；API 接口则可以直接从数据源获取数据。

3. 行业数据来源

行业协会与机构：许多行业协会和机构会发布行业报告、统计数据等，这些通常是获取行业数据的权威来源。

政府网站与统计机构：政府部门和统计机构会发布大量的宏观经济数据、行业统计数据等，这些数据对于了解行业整体情况具有重要意义。

4. 数据格式分类

可能包括结构化数据（如数据库中的表格数据）、半结构化数据（如 XML、JSON 格式的文档）和非结构化数据（如文本文件、PDF 文档）。

12.1.3　基于 RAG 的行业知识库

依托 AIGC 应用开发平台可以零代码构建基于 RAG 的行业数据库。

对于非结构数据（Word 文本文件，PDF 文件，Text 等格式文件），直接上传到 AIGC 应用开发平台，平台对相关文件进行切片，自动生成基于 RAG 的行业数据集，自动加入到基于 RAG 的行业知识库。

对于结构化数据，直接将数据库或者数据表（如：Excel 等）上传或者连接到 AIGC 应用开发平台，加入到基于 RAG 的行业知识库。

对于具有时效性要求的行业信息（如最新行业动态等相关信息）的 RAG 的行业数据库，可使用 AIGC 应用开发平台的信息搜索插件等方法生成。

12.1.4　行业应用智能体（Agent）的构建

完成基于 RAG 的行业知识库后，使用 AIGC 应用开发平台的 Agent 生成功能生成行业应用智能体（Agent），具体步骤如下：

1. 设定 AI 系统的服务对象（内部使用、对外服务）

2. 设计系统的服务方式

内部使用：一般具有以下服务方式：行业 AI 问答，行业 AI 查询、行业文件解读、行业 AI 写作、行业信息资源库、行业动态跟踪及研判分析系统、行业专家系统、专业的数据分析、行业科研系统等。

外部服务方式：一般具有以下服务方式：行业 AI 问答，行业 AI 查询、行业 AI 问答，行业 AI 查询、行业文件解读、行业 AI 写作、行业信息资源库、行业动态跟踪及研判分析系统等。

3. 使用提示词设计系统输出格式

在 Agent 生成系统中输入系统名称，系统输出格式、关键词等设计系统输出格式。

4. 构建 Agent 的专用数据集

选择用户自己创建完成的 RAG 的行业知识库，用户还可以根据需要选择 AIGC 应用开发平台提供的公用数据库及网络搜索数据构建 Agent 的专用数据集。数据来源可参考如下方式：

用户数据收集：如用户自有文档：这是最直接的数据来源。例如企业用户可以将内部的各类文档，如产品手册、技术文档、业务流程说明、会议纪要、客户服务记录等作为数据集。

行业数据库：针对特定行业的用户，行业数据库是重要的数据来源。比如金融行业用户可以从专业的金融数据库获取市场数据、投资报告、风险评估资料等；医疗行业用户可以收集医学文献数据库中的临床研究报告、病例数据、药物信息等。这些数据库经过专业整理和标注，数据质量较高。

5. 选择 AIGC 应用开发平台的插件完成行业 Agent 的构建

根据用户 Agent 的功能需求选择 AIGC 应用开发平台的插件，如网络搜索插件，网页月度分析插件、图像识别插件等，完成行业 Agent 的构建。

设定 AI 系统的服务对象（内部使用、对外服务），设计系统的服务方式（AI 问答，AI 查询、文件解读、行业资源库、行业动态跟踪及研判分析系统、行业专家系统、专业的数据分析、专业深入的行业科研系统等）。

12.2　面向行业及专业学科的科研与研究报告编写

12.2.1　AIGC+专业学科辅助科研系统构建与使用

使用 AIGC 平台构建学科资源库及 AIGC+专业学科辅助科研系统（图 12-1）。平台功能如下：

1. 选择研究方向

点击研究选题按钮，输入拟研究的题目，系统自动推荐 10 个研究参考选题及推荐理由（可以多次输入拟研究的题目，系统多次推荐，直到获得较满意的研究题目），选择复制某个较为满意的推荐选题。

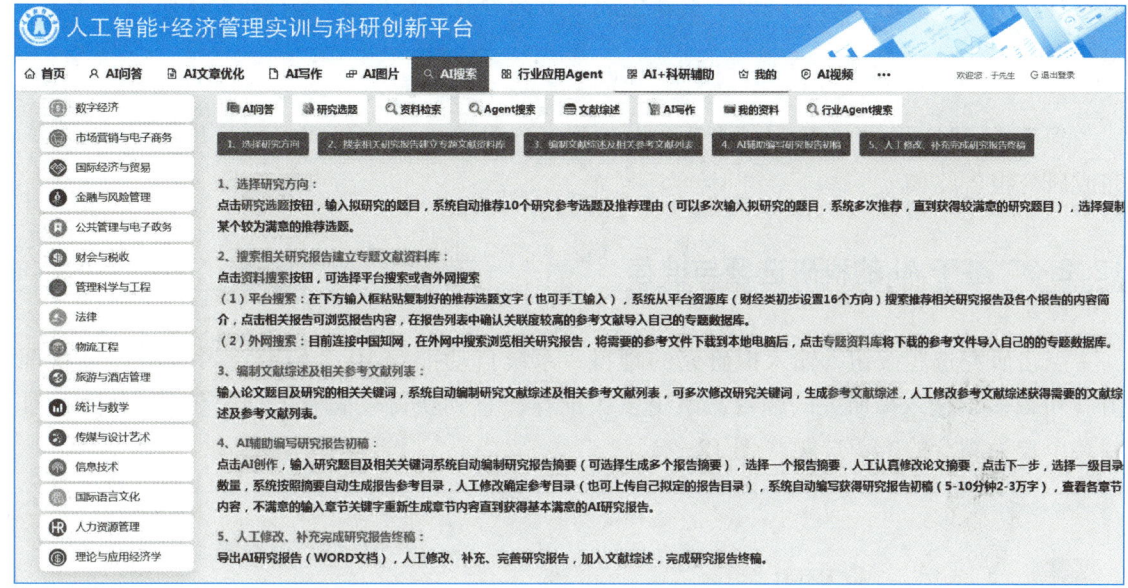

图 12-1　AIGC+专业学科辅助科研系统

2. 搜索相关研究报告建立专题文献资料库

点击资料搜索按钮，可选择平台搜索或者外网搜索。

（1）平台搜索：在下方输入框粘贴复制好的推荐选题文字（也可手工输入），系统从平台资源库（财经类初步设置 16 个方向）搜索推荐相关研究报告及各个报告的内容简介，点击相关报告可浏览报告内容，在报告列表中确认关联度较高的参考文献导入自己的专题数据库。

（2）外网搜索：目前连接中国知网，在外网中搜索浏览相关研究报告，将需要的参考文件下载到本地计算机后，点击专题资料库将下载的参考文件导入自己的专题数据库。

3. 编制文献综述及相关参考文献列表

输入论文题目及研究的相关关键词，系统自动编制研究文献综述及相关参考文献列表，可多次修改研究关键词，生成参考文献综述，人工修改参考文献综述获得需要的文献综述及参考文献列表。

4. AI 辅助编写研究报告初稿

点击 AI 创作，输入研究题目及相关关键词系统自动编制研究报告摘要（可选择生成多个报告摘要），选择一个报告摘要，人工认真修改论文摘要，点击下一步，选择一级目录数量，系统按照摘要自动生成报告参考目录，人工修改确定参考目录（也可上传自己拟定的报告目录），系统自动编写获得研究报告初稿（5~10 分钟，2 万~3 万字），查看各章节内容，不满意的输入章节关键字重新生成章节内容直到获得基本满意的 AI 研究报告。

5. 人工修改、补充完成研究报告终稿

导出 AI 研究报告（Word 文档），人工修改、补充、完善研究报告，加入文献综述，完成研究报告终稿。

12.2.2　基于 AI 的科研选题与推荐

点击研究选题按钮，输入拟研究的题目，系统自动推荐 10 个研究参考选题及推荐理由（可以多次输入拟研究的题目，系统多次推荐，直到获得较满意的研究题目），选择复制某个较为满意的推荐选题（图 12-2）。

图 12-2　基于 AI 的科研选题与推荐

12.2.3　科研论文搜索与解读

选定研究题目后，可以自行设置关键字在知网和互联网上搜索相关论文，将搜索到的

论文及研究报告，通过系统快速解读相关文件，总结文件内容（图12-3），将自己需要的文件资料分类保存到个人计算机。

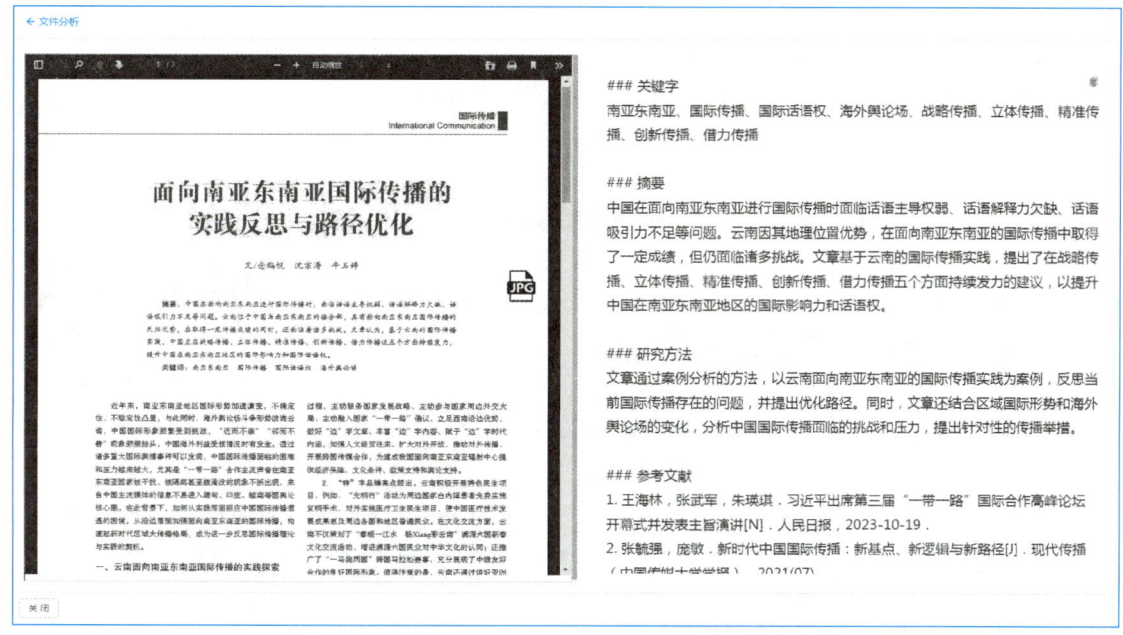

图 12-3　科研论文搜索与解读

12.2.4　个人及行业科研资料库构建

在系统中设置相关研究方向的个人或者行业资源库，将在计算机上分类保存的手机资料上传到相关的个人或者行业资源库（图12-4）。

	序号	文件名称	字符数	文件格式	上传时间	状态	操作
	1	面向南亚东南亚国际传播的实践反思与路径优化_念鹏帆_1733806960643	0	pdf	2024-12-10 13:02:54	●可用	下载 预览 删除 文件分析 意看分析
	2	论传媒业的发展对形象设计的影响_李飞燕_1721898363258_241210125241	0	pdf	2024-12-10 12:52:49	●可用	下载 预览 删除 文件分析 意看分析
	3	利用信息技术重建历史物质文化旅游遗迹展的意义_李如同_1721898210480_241210125224	0	pdf	2024-12-10 12:52:33	●可用	下载 预览 删除 文件分析 意看分析
	4	面向南亚东南亚国际传播的实践反思与路径优化_念鹏帆_1733390354235	0	pdf	2024-12-05 17:19:26	●可用	下载 预览 删除 文件分析 意看分析
	5	互联网+政务服务促进数字经济发展路径探究_1720496563304_241128213852_1732801186334	0	pdf	2024-11-28 21:39:55	●可用	下载 预览 删除 文件分析 意看分析
	6	互联网+政务服务促进数字经济发展路径研究_1720496563304_241128213852	0	pdf	2024-11-28 21:39:02	●可用	下载 预览 删除 文件分析
	7	数字经济对区域经济发展的影响研究_1720498473348_241124130600	0	pdf	2024-11-24 13:06:08	●可用	下载 预览 删除 文件分析
	8	Introducing_ChatGPT	0	docx	2024-10-19 14:50:21	●处理中	下载 预览 删除 文件分析
	9	OpenAI	0	docx	2024-10-19 14:50:21	●处理中	下载 预览 删除 文件分析
	10	星舰飞船在可控情况下围绕人海马斯克发文	1821	docx	2024-10-19 14:36:53	●可用	下载 预览 删除 文件分析

图 12-4　个人及行业科研资料库构建

12.2.5　面向科研选题的文献综述

使用研究方向的论文及研究报告的关键词，对已建立的个人或者行业资源库中的文献进行检索生成相关文献有关关键词的文献综述（图 12-5）。

图 12-5　面向科研选题的文献综述

12.2.6　科研论文（研究报告）的 AI 辅助编写

选定研究题目及研究的关键内容提示词，AI 辅助编写论文及研究报告（图 12-6）。

图 12-6　AI 辅助编写论文及研究报告流程

（1）输入题目及研究的关键内容提示词，系统可生成多个报告摘要，选定一个摘要对摘要进行修改（图 12-7）。

（2）生成目录及目录修改：选择报告需要的一级目录数量，系统自动生成一级和二级目录，可以根据需要修改与增删（图 12-8）。

图 12-7 选定一个摘要对摘要进行修改

图 12-8 生成目录及目录修改

（3）研究报告 AI 辅助生成

目录修改完成后，可逐章生成内容，也可以一次性全部生成，用户自行修改最终完成研究论文及研究报告。

习题

单选题

1. 在行业数据采集方法中，以下哪项属于自动化采集方式？（　　）
A. 访问行业网站手动下载报告
B. 使用 API 接口获取数据
C. 查阅企业文件并整理
D. 人工筛选行业协会数据

2. 构建基于 RAG 的行业知识库时，非结构化数据（如 PDF 文件）的处理方式是？
（　　）
A. 直接上传并切片生成数据集
B. 转换为结构化表格后导入
C. 仅支持手动标注内容
D. 完全依赖外部 API 解析

3. 股票市场分析及预测系统的功能设计不包括以下哪项？（　　）
A. 收集近三天 A 股利好与利空信息
B. 编制当日市场分析报告
C. 预测未来一周全球股市趋势
D. 设计简易股票走势预测模型

4. 在科研辅助系统中，用户输入研究题目后，系统会如何操作？（　　）
A. 直接生成完整研究报告
B. 推荐多个研究选题及理由
C. 自动下载所有相关论文
D. 强制用户选择固定目录

5. AI 辅助编写研究报告初稿时，生成目录的下一步操作是？（　　）
A. 直接导出终稿
B. 人工修改目录内容
C. 自动上传至知网
D. 禁用所有章节编辑

6. 行业 Agent 的"外部服务方式"不包括以下哪项？（　　）
A. 行业 AI 问答
B. 企业内部文件解读
C. 行业动态跟踪分析
D. 行业信息资源库

7. 科研资料库构建时，用户可将资料上传至？（　　）
A. 仅限个人资源库
B. 仅限行业资源库
C. 个人或行业资源库
D. 完全禁止上传

8. 在文献综述生成过程中，系统主要依赖什么？（　　）
A. 用户手动输入所有内容
B. 关键词检索资源库文献
C. 随机抽取无关论文
D. 完全依赖外部搜索引擎

9. 设计股票走势预测模型时，若指数连续三天下跌，系统预测上涨概率的依据是？
（　　）
A. 用户手动设定数值
B. 历史数据统计分析
C. 随机生成概率值
D. 忽略市场实际数据

10. 在 AI 辅助编写研究报告时，用户修改摘要的目的是？（　　　）

A. 强制生成固定内容　　　　　　B. 优化研究方向与逻辑

C. 缩短生成时间　　　　　　　　D. 禁用后续目录生成

判断题

1. 构建行业 Agent 时，必须完全依赖平台提供的公用数据库。

2. 科研辅助系统支持用户从中国知网直接导入参考文献。

3. 基于 RAG 的行业知识库仅支持结构化数据（如 Excel 表格）。

4. 股票市场分析报告需包含当日指数及成交量信息。

5. 生成研究报告初稿后，用户无法修改章节内容。

第13章　面向企事业单位的AIGC 应用系统建设方法

13.1　AI+企业系统总体架构

第13章　数字资源

在数字化浪潮中，企业 AIGC 系统正成为创新企业经营管理模式、支持战略发展的关键力量，从经营管理模式创新角度看，企业 AIGC 系统带来了全方位变革。

企业 AIGC 系统构建了一套完整且层次分明的架构体系，以支撑企业智能化转型需求。

1. 人工智能大模型层

此层是系统的智能基石，融合了本地部署的 DeepSeek 大模型，保障数据安全与响应速度；同时接入云端大模型，利用其强大的算力与丰富的数据资源；还集成了多模态大模型，能处理文本、图像、音频等多种数据形式，为企业提供全方位的内容生成与理解能力。

2. 大模型应用开发与管理平台

该平台是连接模型与应用的桥梁。支持 RAG 数据集的构建与管理，提升信息检索效率；提供应用组件管理，实现模块化开发；具备智能体（Agent）开发构建能力，打造自主决策的智能体；管理 API 接口及流量，保障系统稳定；拥有完善的组织架构及用户权限管理，确保数据安全；还提供大模型微调与训练管理，持续优化模型性能（图 13-1）。

3. 企业动态知识库

基于 RAG 技术构建的分类文件信息库，与企业各类管理数据库融合，形成涵盖企业内部知识、行业动态及企业经营经验的全方位知识库，为 AIGC 系统提供坚实的知识支撑。

4. 基于 Agent 的企业经营管理应用层

该层将 AIGC 技术深度融入企业经营管理。智慧决策模块助力企业创新、科学决策；

智慧办公提升行政办公效率；智慧科研加速创新进程；智慧营销与电子商务实现精准营销；AI+项目投标与管理；AI+人力资源提升人才管理效能。

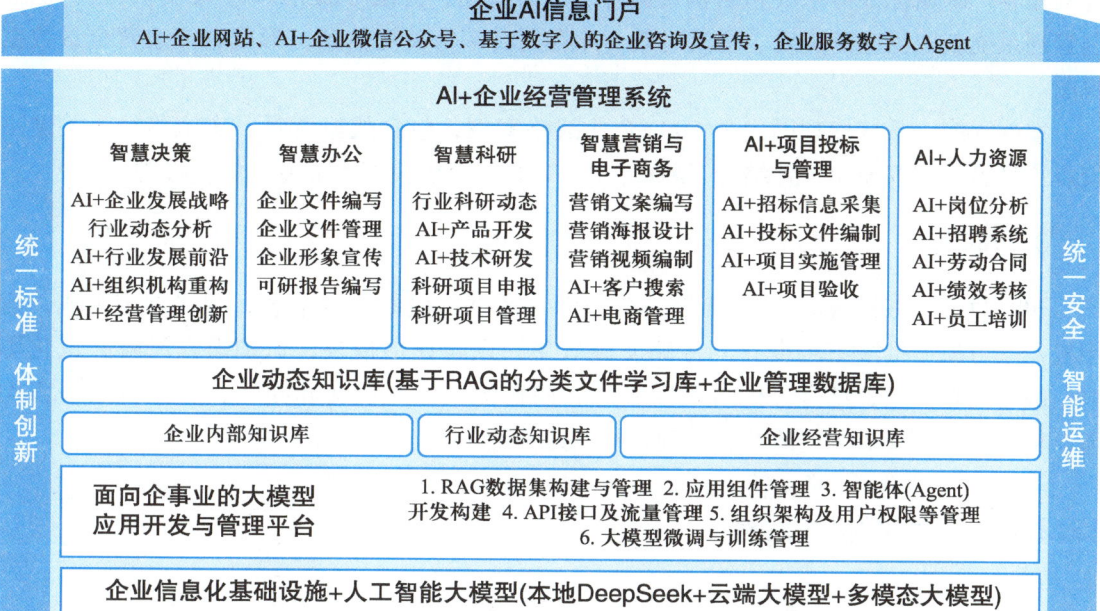

图 13-1　大模型应用开发与管理平台

5. 企业 AI 信息门户

企业 AI 信息门户作为企业 AIGC 系统面向外界与用户的重要交互界面，通过多种创新形式深度融合 AI 技术，全方位重塑企业信息传播、客户服务与品牌宣传模式。

13.2　企业智慧决策系统

13.2.1　AI+企业发展战略 Agent

1. 功能要求

提升企业发展战略制定的前瞻性与精准度，降低决策风险，加速企业战略目标的实现。

2. 知识库

采用三级分类动态更新架构，具体包括：

行业动态库：通过 API 接口实时抓取国家发展改革委、工信部等官方网站政策文件，利用网络爬虫技术监测 IEEE、ACM 等权威平台技术动态，结合艾瑞咨询、Statista 等机构的市场数据，形成覆盖宏观政策、前沿技术、市场趋势的实时资讯网络。

企业数据仓库：整合 ERP 系统中的营收、成本、利润等核心经营指标，通过 CRM 系统构建客户画像标签体系（包含消费偏好、生命周期、价值等级等 12 个维度），接入供应链管理系统获取供应商资质、物流时效、库存周转率等关键信息，形成企业运营全景数据视图。

案例智库：系统梳理国内外 500+企业战略案例，包含战略背景、实施路径、关键决策点、经验教训等模块，并结合 SWOT、PESTEL 等分析模型生成专业解读报告。

3. 功能组件

包含数据挖掘模块，通过 AI 算法分析海量数据，提取关键信息；智能预测模块，运用机器学习模型推演市场变化与战略实施效果；风险评估模块，识别潜在风险并量化影响；战略优化模块，结合分析结果生成动态调整建议；人机交互模块，支持自然语言沟通，辅助决策者高效制定战略，实现目标加速落地。

13.2.2　AI+组织机构重构

1. 功能设计

利用 AI 分析企业组织架构、人员能力、业务流程等数据，识别低效环节与冗余岗位。提出组织重构方案，包括部门调整、岗位合并、职责再分配等。优化企业资源配置，提升组织效率，激发员工潜能，构建灵活高效的组织体系。

2. 知识库

包括组织理论库，收纳经典与前沿组织管理理论、模式；行业组织案例库，整理各行业优秀与失败的组织架构调整案例；企业专属库，存储自身人员架构、业务流程、绩效数据、员工技能档案等信息。

3. 功能组件

架构诊断模块，运用 AI 分析现有组织架构问题；资源优化模块，结合业务需求与员工能力，智能分配资源；流程再造模块，识别冗余环节，设计高效流程；潜能挖掘模块，通过评估员工技能、兴趣，匹配岗位与发展路径；动态调整模块，依据内外部变化生成组织架构迭代方案，助力构建灵活高效的组织体系。

13.2.3 AI+经营管理创新

1. 功能设计

AI深度融入企业日常经营管理，通过智能分析工具优化生产计划、库存管理、供应链协同等环节。同时，利用AI技术提升客户服务体验，如智能客服、个性化推荐等。

2. 价值体现

实现经营管理的精细化与智能化，降低成本，提升效率，增强客户满意度与忠诚度，推动企业持续创新与发展。

13.3 AI+企业行政办公系统

13.3.1 企业各类文件编写

1. 功能概述

借助AI技术，辅助企业员工高效完成各类文件的编写工作，提升文件编写的质量和效率。

具体设计

○ 模板推荐：建立丰富的文件模板库，涵盖合同、报告、通知、规章制度等多种常见文件类型。根据用户输入的文件主题、用途等关键信息，AI自动推荐合适的模板。例如，当用户输入"员工劳动合同"时，系统推荐标准的劳动合同模板。

○ 内容生成：基于模板，AI结合用户输入的特定信息，如企业名称、员工信息、合同条款等，自动生成文件的主要内容。同时，利用自然语言处理技术，对生成的内容进行语法检查、逻辑优化，确保文件的准确性和流畅性。

○ 智能润色：提供文件润色功能，根据不同的文件风格要求（如正式、简洁、生动等），对文件进行润色处理。例如，将一份较为口语化的报告润色成正式的商务报告风格。

○ 法规校验：集成法律法规数据库，AI在文件编写过程中实时校验文件内容是否符合相关法律法规要求。一旦发现违规内容，及时提示用户进行修改。比如，在编写劳动合同模板时，校验其中的条款是否符合劳动法规定。

2. 知识库

行业规范库，收录企业所在行业政策法规、标准文件模板；企业制度库，整合内部管理流程、规章制度、历史文件案例；员工能力库，记录员工技能特长、绩效数据；前沿案例库，汇总优秀企业创新文件范例。

3. 功能组件

智能撰写模块，基于输入需求调用知识库生成文件初稿；资源匹配模块，分析文件内容，关联适配企业资源、人力配置；效率诊断模块，从文件流程、协作环节识别组织效率瓶颈；潜能激发模块，通过岗位说明、培训计划等文件挖掘员工发展方向；动态优化模块，依据企业变化实时更新文件内容，辅助构建灵活高效的组织体系。

13.3.2 企业文件管理

1. 功能概述

实现企业文件的智能化存储、检索、共享和安全管理，提高文件管理的效率和便捷性。
具体设计
- 文件分类存储：根据文件的类型、部门、项目等维度，自动对文件进行分类存储。例如，将财务部门的文件存储在专门的财务文件夹中，将项目相关的文件存储在对应的项目文件夹下。同时，支持用户自定义分类标签，满足个性化需求。
- 智能检索：提供多种检索方式，包括关键词检索、全文检索、高级检索等。利用 AI 技术对文件内容进行语义分析，提高检索的准确性和效率。例如，用户输入"2023 年销售业绩"，系统能够快速定位到包含该关键词的相关文件。
- 文件共享与协作：支持企业内部员工之间的文件共享和协作编辑。用户可以设置文件的共享权限，如只读、可编辑等，方便团队成员共同完成文件处理工作。例如，在编写项目报告时，团队成员可以同时在线编辑报告内容，实时看到彼此的修改。
- 文件安全与备份：采用加密技术对文件进行加密存储，确保文件的安全性。同时，定期对文件进行备份，防止数据丢失。建立完善的访问控制机制，对不同级别的员工设置不同的文件访问权限，保障企业核心信息的安全。

2. 知识库

行业规范知识库，汇总企业所属行业的文件管理标准与政策法规；企业专属规则库，存储内部文件分类、命名、归档等定制化规则；安全策略库，收录数据加密、权限管理、备份恢复等安全准则；案例经验库，收集过往文件管理问题案例及解决方案。

3. 功能组件

智能存储组件，自动识别文件类型，按规则完成分类归档；智能检索组件，支持模糊搜索与语义理解，快速定位所需文件；灵活共享组件，可依部门、人员、任务需求设置差异化共享权限；安全防护组件，通过加密传输、权限验证、实时监控保障文件安全；分析优化组件，基于使用数据生成管理优化建议，提升文件管理效率与便捷性。

13.3.3　企业形象宣传

1. 功能概述

利用 AI 技术提升企业形象宣传的效果和效率，增强企业的品牌知名度和美誉度。

具体设计

- 宣传内容生成：根据企业的品牌定位、目标受众和宣传需求，AI 自动生成宣传文案、海报设计、视频脚本等宣传内容。例如，为企业新产品上市生成吸引人的宣传文案和海报设计初稿。

- 社交媒体管理：集成社交媒体平台接口，AI 自动发布宣传内容到各大社交媒体平台，并实时监测和分析宣传效果。根据分析结果，调整宣传策略和内容。例如，分析不同社交媒体平台上用户对宣传内容的反馈，优化后续的宣传方案。

- 舆情监测与分析：实时监测网络舆情，了解公众对企业品牌、产品或服务的评价和反馈。利用 AI 技术对舆情数据进行分析，及时发现潜在的危机和机会，并为企业提供应对建议。例如，当出现负面舆情时，及时提醒企业采取措施进行危机公关。

- 品牌形象塑造：通过分析企业的历史数据、市场趋势和竞争对手情况，AI 为企业制定个性化的品牌形象塑造策略。例如，根据企业的优势和特点，打造独特的品牌口号和视觉形象。

2. 知识库

- 企业信息库，收录企业发展历程、核心业务、产品优势、荣誉资质等资料；行业动态库，实时更新行业趋势、竞品宣传策略；受众分析库，存储目标群体画像、消费偏好、传播习惯；创意案例库，整理国内外优秀宣传案例及传播数据。

需要构建的知识库

品牌信息库：包含企业的品牌理念、价值观、使命、愿景等核心信息，以及品牌标识、标准色、字体等视觉元素的使用规范。

产品与服务库：详细介绍企业的各类产品和服务，包括产品特点、功能、优势、应用场景等，以及相关的图片、视频、案例等资料。

市场活动库：记录企业举办或参与的市场活动信息，如展会、研讨会、促销活动等，包括活动时间、地点、内容、效果评估等。

媒体报道库：收集媒体对企业及产品、服务的报道文章、视频等资料，按媒体类型、报道时间等进行分类整理。

客户评价库：积累客户的评价、反馈、案例分享等内容，展示企业的良好口碑和客户满意度。

3. 功能组件

创意生成模块，基于知识库自动生成图文、视频等宣传文案与设计初稿；策略规划模块，结合受众与市场分析，制定精准宣传策略与投放计划；效果评估模块，实时监测传播数据，分析曝光量、转化率等指标；舆情管理模块，追踪网络舆论，及时处理负面信息；智能优化模块，根据反馈动态调整宣传内容与策略，全方位增强企业品牌知名度与美誉度。

需要构建的知识库

品牌信息库：包含企业的品牌理念、价值观、使命、愿景等核心信息，以及品牌标识、标准色、字体等视觉元素的使用规范。

产品与服务库：详细介绍企业的各类产品和服务，包括产品特点、功能、优势、应用场景等，以及相关的图片、视频、案例等资料。

市场活动库：记录企业举办或参与的市场活动信息，如展会、研讨会、促销活动等，包括活动时间、地点、内容、效果评估等。

媒体报道库：收集媒体对企业及产品、服务的报道文章、视频等资料，按媒体类型、报道时间等进行分类整理。

客户评价库：积累客户的评价、反馈、案例分享等内容，展示企业的良好口碑和客户满意度。

调用的功能组件

内容生成组件：根据用户输入的主题和要求，自动生成宣传文案、新闻稿、社交媒体帖子等内容，支持多种风格和语气的选择。

多媒体编辑组件：提供图片编辑、视频剪辑、音频处理等功能，方便用户对宣传素材进行加工和优化，制作出高质量的宣传资料。

渠道发布组件：与企业常用的宣传渠道进行集成，如企业官网、社交媒体平台、电子邮件营销系统等，实现宣传内容的一键发布和定时发布。

数据分析组件：对宣传活动的效果进行监测和分析，如网站流量、社交媒体互动量、销售转化率等指标，为后续的宣传策略调整提供数据支持。

舆情监测组件：实时监测网络上与企业相关的舆情信息，及时发现正面和负面的评价，为企业形象维护和危机公关提供预警和应对建议。

个性化推荐组件：根据用户的兴趣、行为等数据，为用户推荐个性化的宣传内容，提高用户的关注度和参与度。

13.4　企业智慧科研 Agent 应用系统功能设计及开发

13.4.1　行业科研动态 Agent 应用系统

1. 功能设计

实时追踪： 自动抓取并整合学术数据库、行业报告、新闻网站等来源的最新科研成果与趋势。

热点分析： 通过自然语言处理技术，分析文本内容，提炼出当前科研热点、技术瓶颈及学术争议。

趋势预测： 基于历史数据与当前研究动态，运用机器学习算法预测未来可能的研究方向或技术突破点。

2. 知识库构建

学术文献库： 收集并分类存储学术论文、专利、会议报告等。
行业报告库： 整理行业研究报告、市场分析报告等。
专家观点库： 汇总领域内专家的评论与预测。

3. 功能组件调用

网络爬虫： 用于抓取互联网上的科研信息。
自然语言处理（NLP）： 用于文本分析、情感分析、实体识别等。

13.4.2　AI+产品开发 Agent 应用系统

1. 功能设计

概念生成： 基于用户输入的产品需求，利用生成式 AI 生成多种产品设计概念草图。

设计迭代： 快速生成设计变体，支持用户进行多轮设计迭代，优化产品设计。

风格迁移： 将一种设计风格迁移到另一种设计上，实现设计风格的快速切换与统一。

交互式预览： 生成可交互的产品效果图，让用户在设计阶段就能体验到产品的真实交互效果。

2. 知识库构建

设计案例库：收集并分类存储成功的产品设计案例。
材料数据库：提供各种材料的性能参数、应用案例等。
用户偏好库：分析用户历史行为，构建用户偏好模型。

3. 功能组件调用

文生图片组件：用于生成高质量的设计草图与渲染图。
3D 建模技术：如点云、体素、神经辐射场（NeRF）等，用于快速创建 3D 模型。
交互式预览引擎：支持用户与设计效果图进行实时交互。

13.4.3   AI+技术研发 Agent 应用系统

1. 功能设计

技术难题解答：针对技术研发过程中遇到的问题，提供解决方案或建议。
实验设计优化：基于历史实验数据，优化实验设计，提高实验效率。
性能预测：利用机器学习模型预测产品或技术的性能表现。
创新灵感激发：通过分析大量技术文献与专利，激发研发人员的创新灵感。

2. 知识库构建

技术文献库：收集并分类存储技术论文、专利、实验报告等。
实验数据库：记录历史实验数据、实验条件、实验结果等。
创新案例库：整理并分析成功的技术创新案例。

3. 功能组件调用

知识图谱：用于构建技术领域的知识网络，支持复杂查询与推理。
自然语言生成（NLG）：用于自动生成技术报告、实验总结等文档。

13.4.4   科研项目申报 Agent 应用系统

1. 功能设计

申报指南解读：自动解析科研项目申报指南，提取关键信息。
申报材料生成：基于用户输入的项目信息，自动生成申报书、预算表等材料。
智能审核：对申报材料进行自动审核，检查格式、内容是否符合要求。
进度跟踪：实时跟踪申报进度，提醒用户完成后续任务。

2. 知识库构建

申报指南库：收集并分类存储各类科研项目的申报指南。
申报模板库：提供各类申报书的模板与示例。
审核规则库：整理并分析申报材料的审核规则与标准。

3. 功能组件调用

OCR 技术：用于识别并提取纸质申报材料中的关键信息。
自然语言处理（NLP）：用于解析申报指南、生成申报材料等。
工作流引擎：用于管理申报流程，跟踪申报进度。

13.4.5　科研项目管理 Agent 应用系统

1. 功能设计

项目规划：帮助用户制定详细的项目计划，明确项目目标、时间节点与资源需求。
任务分配：将项目任务分配给合适的团队成员，并跟踪任务进度。
风险管理：识别项目中的潜在风险，制定应对措施。
成果评估：对项目成果进行评估，提供改进建议。

2. 知识库构建

项目模板库：提供各类科研项目的模板与示例。
资源数据库：记录项目所需的人力资源、物资资源、设备资源等。
风险案例库：整理并分析历史项目中的风险案例与应对措施。

3. 功能组件调用

项目管理软件：如 JIRA、Trello 等，用于管理项目进度与任务分配。
数据分析工具：用于对项目数据进行深入分析，提供决策支持。

13.5　智慧营销与电子商务

13.5.1　营销文案编写 Agent 应用系统

1. 功能设计

智能创作：基于用户输入的产品信息、目标受众及营销目标，系统能够自动生成多种风格的营销文案，包括广告语、产品描述、社交媒体帖子等。

情感分析：分析目标受众的情感倾向，调整文案语气与风格，使其更具吸引力与共鸣。

多语言支持：支持多种语言的文案生成，满足全球化营销需求。

2. 知识库构建

产品信息库：存储产品的详细信息，包括功能、特点、优势等。

营销案例库：收集并分类存储成功的营销文案案例，为系统提供创作灵感。

语言风格库：包含不同风格的语言模板，如正式、幽默、亲切等，以满足不同营销场景的需求。

3. 功能组件调用

自然语言生成（NLG）：用于自动生成营销文案。

情感分析算法：用于分析目标受众的情感倾向。

13.5.2　营销海报设计 Agent 应用系统

1. 功能设计

智能设计：基于用户输入的设计要求，如主题、风格、色彩等，系统能够自动生成多种营销海报设计方案。

元素推荐：根据设计主题与风格，推荐合适的图片、图标、字体等设计元素。

布局优化：自动调整海报布局，确保视觉效果与信息传达的最佳平衡。

多尺寸适配：支持生成不同尺寸的海报，以适应不同平台与场景的需求。

2. 知识库构建

设计元素库：存储大量的图片、图标、字体等设计元素，为系统提供设计素材。

设计风格库：包含不同风格的设计模板，如简约、复古、现代等，以满足不同设计需求。

布局规则库：定义海报布局的基本规则与最佳实践，确保设计质量。

3. 功能组件调用

图像生成组件：用于生成高质量的设计图像。

布局优化算法：用于自动调整海报布局，提高视觉效果。

设计元素推荐系统：基于用户输入与知识库，推荐合适的设计元素。

13.5.3　营销视频编制 Agent 应用系统

1. 功能设计

智能剪辑：基于用户上传的视频素材与剪辑要求，系统能够自动剪辑出符合营销目标的视频片段。

特效添加：提供多种视频特效，如转场、滤镜、字幕等，增强视频吸引力。

配音与配乐：支持自动配音与配乐，使视频更加生动有趣。

多平台适配：支持生成不同格式与分辨率的视频，以适应不同平台与设备的需求。

2. 知识库构建

视频素材库：存储大量的视频素材，包括片段、音乐、音效等。

剪辑风格库：包含不同风格的剪辑模板，如快节奏、慢动作、叙事等。

特效库：提供多种视频特效，以满足不同创意需求。

3. 功能组件调用

视频剪辑算法：用于自动剪辑视频片段，优化剪辑效果。

特效生成技术：用于添加视频特效，提升视频质量。

13.5.4　AI+客户搜索 Agent 应用系统

1. 功能设计

智能搜索：基于用户输入的关键词或条件，系统能够自动搜索并筛选出符合要求的潜在客户。

客户画像构建：根据搜索结果，构建潜在客户的画像，包括基本信息、兴趣偏好、购买历史等。

推荐系统：基于客户画像，推荐合适的营销策略与产品，提高营销转化率。

实时更新：实时更新客户信息，确保搜索结果的准确性与时效性。

2. 知识库构建

客户数据库：存储潜在客户的基本信息、联系方式、购买历史等。

行业知识库：包含行业动态、市场趋势、竞争对手信息等，为系统提供搜索与推荐依据。

营销策略库：收集并分类存储成功的营销策略案例，为系统提供策略建议。

3. 功能组件调用

搜索引擎技术：用于自动搜索并筛选潜在客户。

数据挖掘与分析算法：用于构建客户画像，分析客户行为与偏好。

推荐系统算法：基于客户画像与营销策略库，推荐合适的营销策略与产品。

13.5.5　AI+电商管理 Agent 应用系统

1. 功能设计

智能选品：基于市场趋势、销售数据与用户反馈，系统能够自动推荐热门与潜力商品，优化商品结构。

库存管理：实时监控库存水平，预测销售趋势，自动调整库存策略，避免缺货或积压。

价格优化：分析竞争对手价格、市场需求与成本结构，自动调整商品价格，提高利润空间。

营销活动策划：基于用户行为与偏好，自动策划并执行营销活动，如促销、打折、赠品等，提升用户购买意愿。

2. 知识库构建

商品数据库：存储商品的基本信息、销售数据、用户评价等。

市场趋势库：包含行业动态、市场趋势、竞争对手信息等，为系统提供选品与定价依据。

营销策略库：收集并分类存储成功的电商营销策略案例，为系统提供活动策划灵感。

3. 功能组件调用

数据分析与预测算法组件：用于分析销售数据、市场趋势与用户行为，为选品、库存管理与价格优化提供支持。

智能推荐组件：基于用户行为与偏好，推荐合适的商品与营销活动。

自动化执行工具：用于自动执行营销活动，如发送促销邮件、更新商品价格等，提高工作效率。

13.6 AI+项目投标与管理

13.6.1 AI+招标信息采集 Agent 应用系统开发

1. 功能设计

多源信息抓取：系统能够自动从政府采购网、企业招标平台、行业资讯网站等多渠道抓取招标信息。

智能筛选与分类：利用自然语言处理技术，对抓取到的招标信息进行智能筛选，根据行业、地区、项目类型等维度进行分类。

实时更新与推送：系统实时更新招标信息，并通过邮件、短信或系统内通知等方式，将符合用户需求的招标信息推送给用户。

信息摘要与关键词提取：为每条招标信息生成摘要，并提取关键词，方便用户快速了解招标内容。

2. 知识库构建

招标平台信息库：存储各类招标平台的 URL、访问方式、信息结构等信息，为系统提供信息抓取的依据。

行业分类库：定义不同行业的分类标准，帮助系统对招标信息进行准确分类。

关键词库：收集并整理与招标相关的关键词，用于信息筛选与摘要生成。

3. 功能组件调用

网络爬虫：用于从多源网站抓取招标信息。

自然语言处理（NLP）：用于信息筛选、分类、摘要生成与关键词提取。

消息推送服务：用于将招标信息实时推送给用户。

13.6.2 AI+投标管理 Agent 应用系统开发

1. 功能设计

投标文件编制：根据招标要求，自动生成投标文件框架，并填充企业基本信息、项目经验、技术方案等内容。

资质与人员匹配：分析招标文件中的资质要求与人员配置需求，从企业数据库中匹配符合条件的资质证书与人员信息。

投标策略建议：基于历史投标数据与竞争对手分析，为用户提供投标策略建议，如报价策略、技术方案优化等。

投标进度跟踪：实时跟踪投标进度，提醒用户完成后续任务，如文件提交、开标参与等。

2. 知识库构建

企业资质库：存储企业的各类资质证书、有效期、适用范围等信息。

人员信息库：包含企业员工的基本信息、专业技能、项目经验等。

投标模板库：收集并整理各类投标文件的模板，为系统提供编制依据。

竞争对手库：分析竞争对手的投标历史、优势与劣势，为投标策略的制定提供参考。

3. 功能组件调用

文档生成工具：用于自动生成投标文件。

数据匹配算法：用于资质与人员的智能匹配。

项目管理工具：用于投标进度的跟踪与管理。

13.6.3　AI+项目实施与验收管理 Agent 应用系统开发

1. 功能设计

项目实施文档管理：自动生成项目实施计划、进度报告、问题记录等文档，并支持文档的在线编辑、共享与审批。

验收文档准备：根据项目合同与验收标准，自动生成验收申请、验收报告等文档，并提醒用户准备相关验收材料。

进度与质量控制：实时监控项目进度与质量，通过数据分析与预警机制，及时发现并解决问题。

验收流程管理：引导用户完成验收流程，包括验收申请提交、验收会议组织、验收结果记录等。

2. 知识库构建

项目模板库：包含项目实施计划、进度报告、验收报告等文档的模板，为系统提供文档生成依据。

验收标准库：存储各类项目的验收标准与流程，为验收文档准备与流程管理提供参考。

问题与解决方案库：收集并整理项目实施过程中常见的问题与解决方案，为进度与质量控制提供支持。

3. 功能组件调用

文档管理系统：用于项目实施与验收文档的在线编辑、共享与审批。

进度与质量控制工具：用于实时监控项目进度与质量，通过数据分析与预警机制，及时发现并解决问题。

流程管理引擎：用于引导用户完成验收流程，确保验收工作的有序进行。

数据分析工具：用于对项目数据进行深入分析，为进度与质量控制提供数据支持。

13.7　AI+人力资源相关 Agent 应用系统开发介绍

13.7.1　AI+人力资源 Agent 应用系统

1. 功能设计

人力资源数据整合：将企业内外部人力资源相关数据（如员工信息、薪酬数据、考勤记录等）进行整合，形成统一的数据视图。

智能分析与预测：基于整合的数据，运用机器学习算法进行员工流动率、薪酬水平、绩效趋势等方面的分析与预测。

决策支持：为人力资源管理者提供数据驱动的决策建议，如招聘策略调整、薪酬体系优化等。

2. 知识库构建

人力资源数据仓库：存储企业内外部的人力资源相关数据。

分析模型库：包含各种人力资源分析模型，如员工流动预测模型、薪酬分析模型等。

行业最佳实践库：收集并整理行业内的人力资源管理最佳实践，为决策提供参考。

3. 功能组件调用

数据整合工具：用于将不同来源的数据进行清洗、转换和整合。

机器学习算法库：提供各种机器学习算法，用于数据分析和预测。

可视化工具：将分析结果以图表、报表等形式直观展示，便于管理者理解。

13.7.2　AI+岗位分析 Agent 应用系统

1. 功能设计

岗位需求分析：基于企业战略和业务需求，分析岗位所需的技能、知识和经验。

岗位说明书生成：根据岗位需求分析结果，自动生成岗位说明书，明确岗位职责、任职要求等。

岗位价值评估：运用评估模型对岗位价值进行量化评估，为薪酬体系设计提供依据。

2. 知识库构建

岗位需求模板库：包含各种岗位的需求分析模板，为岗位需求分析提供框架。

行业技能库：收集并整理行业内各岗位所需的技能、知识和经验。

岗位评估模型库：提供多种岗位价值评估模型，如因素比较法、点数法等。

3. 功能组件调用

自然语言处理（NLP）：用于解析企业战略和业务需求文档，提取岗位需求信息。

模板生成工具：根据岗位需求分析结果，自动填充岗位说明书模板。

评估算法：运用岗位价值评估模型对岗位进行量化评估。

13.7.3　AI+招聘系统 Agent 应用系统

1. 功能设计

智能简历筛选：运用 NLP 和机器学习算法对简历进行智能筛选，匹配岗位需求。

面试安排与提醒：自动安排面试时间，并通过邮件、短信等方式提醒面试官和候选人。

招聘效果评估：分析招聘数据，评估招聘渠道、面试流程等的效果，提出优化建议。

2. 知识库构建

岗位需求与简历库：存储岗位需求信息和候选人简历，为智能筛选提供数据支持。

面试问题库：包含各种岗位的面试问题，为面试官提供参考。

招聘效果评估指标库：定义招聘效果评估的指标和计算方法。

3. 功能组件调用

文档阅读分析：用于简历智能筛选和匹配。

日程管理工具：用于自动安排面试时间。

数据分析工具：用于招聘效果评估。

13.7.4　AI+劳动合同 Agent 应用系统

1. 功能设计

合同模板生成：根据岗位需求和候选人信息，自动生成劳动合同模板。

条款智能审核：运用 NLP 技术对合同条款进行智能审核，确保合规性。

合同电子化管理：支持合同的在线签署、存储和查询，提高管理效率。

2. 知识库构建

劳动合同模板库：包含各种岗位的劳动合同模板。

法律法规库：存储与劳动合同相关的法律法规，为条款审核提供依据。

合同审核规则库：定义合同条款审核的规则和标准。

3. 功能组件调用

模板生成工具：根据岗位需求和候选人信息自动填充合同模板。

NLP 技术：用于合同条款的智能审核。

电子签名与存储系统：支持合同的在线签署和存储。

13.7.5　AI+绩效考核 Agent 应用系统

1. 功能设计

考核指标设定：根据岗位需求和业务目标，设定合理的绩效考核指标。

绩效数据收集：自动收集员工的绩效数据，如工作成果、项目完成情况等。

绩效评估与反馈：运用评估模型对员工绩效进行评估，并提供反馈和建议。

2. 知识库构建

考核指标库：包含各种岗位的绩效考核指标。

绩效数据收集模板库：提供绩效数据收集的模板和格式。

绩效评估模型库：提供多种绩效评估模型，如 KPI、OKR 等。

3. 功能组件调用

指标设定工具：用于设定合理的绩效考核指标。

数据收集工具：自动收集员工的绩效数据。

评估算法：运用绩效评估模型对员工绩效进行评估。

13.7.6　AI+员工培训 Agent 应用系统

1. 功能设计

培训需求分析：基于员工绩效和岗位需求，分析员工的培训需求。

培训课程推荐：根据培训需求分析结果，为员工推荐合适的培训课程。

培训效果评估：分析培训数据，评估培训效果，提出改进建议。

2. 知识库构建

培训需求模板库：包含各种岗位的培训需求分析模板。

培训课程库：存储企业内外部的培训课程信息。

培训效果评估指标库：定义培训效果评估的指标和计算方法。

3. 功能组件调用

NLP 与数据分析工具：用于培训需求分析和培训效果评估。

推荐算法：根据培训需求分析结果为员工推荐合适的培训课程。

在线学习平台：支持员工在线学习培训课程。

13.8　企业 AI 信息门户

多维度赋能企业信息传播与服务升级，企业 AI 信息门户作为企业 AIGC 系统面向外界与用户的重要交互界面，通过多种创新形式深度融合 AI 技术，全方位重塑企业信息传播、客户服务与品牌宣传模式。

13.8.1　AI+企业网站

1. 功能设计

为企业官网注入智能基因。基于 AIGC 能力，网站能够依据用户浏览行为、偏好数据，实时生成个性化的页面内容推荐，如精准推送符合用户兴趣的产品信息、行业动态。同时，利用自然语言处理技术，实现智能问答客服功能，快速响应用户关于产品、服务、业务等方面的咨询，提升用户体验与网站粘性。

2. 知识库构建

用户画像知识库：存储用户浏览历史、停留时长、点击偏好等数据，形成用户兴趣标签，如"电子产品爱好者""环保行业关注者"，为个性化推荐提供依据。

产品与行业知识库：涵盖企业产品信息（参数、价格、库存）、行业动态（政策、趋势、新闻），支撑精准推荐。

智能问答知识库：包含常见问题解答（FAQ）、产品技术细节、业务流程说明，确保问答系统能准确回复用户咨询。

语义理解知识库：存储词汇语义、语法规则及行业术语，辅助自然语言处理组件理解用户意图。

3. 功能组件调用

个性化推荐引擎：基于用户画像知识库，运用协同过滤、深度学习算法，实时生成产品、行业动态推荐列表，并动态调整页面展示内容。

智能问答客服组件：通过自然语言理解（NLU）解析用户问题，在问答知识库中检索匹配答案，支持多轮对话与模糊查询，提升响应效率。

用户行为分析组件：采集用户浏览、搜索、点击数据，分析行为模式，优化推荐策略与问答逻辑。

内容管理集成组件：与企业 CMS 对接，实现个性化内容与标准内容的动态融合，确保页面更新及时且贴合用户需求。

多渠道适配组件：支持网站、APP、小程序等多终端接入，统一智能问答与推荐服务，提升跨平台用户体验。

13.8.2　AI+ 企业微信公众号

1. 功能设计

赋予公众号强大的智能交互能力。一方面，通过智能内容创作，根据企业宣传需求、热点话题，自动生成高质量的图文、视频推文，丰富公众号内容生态；另一方面，打造智能客服机器人，7×24 小时在线解答用户问题，还能引导用户完成业务办理流程，如预约服务、查询订单等，有效提升公众号的服务效率与用户满意度。

2. 知识库构建

宣传内容知识库：存储企业产品信息、品牌故事、活动资料、宣传文案模板等，为智能内容创作提供素材与框架，例如不同风格的产品推广文案、节日活动宣传模板。

热点话题知识库：实时收集行业热点、社会热点话题及相关分析，辅助生成紧跟潮流的推文，如行业新趋势解读、热点事件结合企业观点的评论。

业务知识库：涵盖企业各项业务详情、办理流程、常见问题解答等，确保智能客服准确回复用户业务咨询，如产品使用教程、服务预约规则。

用户反馈知识库：记录用户咨询历史、问题反馈及处理结果，用于优化智能客服回答，提升服务质量。

3. 功能组件调用

智能内容创作组件：运用自然语言生成（NLG）技术，结合宣传内容与热点话题知识库，自动生成图文、视频推文的文案脚本，再集成图像、视频编辑工具完成内容制作。

自然语言处理组件：支持智能客服理解用户自然语言输入，进行语义分析、意图识别，从业务知识库中检索准确答案。

对话管理组件：规划智能客服与用户的对话流程，引导用户完成业务办理，如根据用户预约需求，逐步询问时间、地点等信息。

数据统计与分析组件：分析公众号内容传播数据、用户咨询热点等，为内容创作与客服优化提供依据，如统计不同类型推文阅读量、用户高频咨询问题。

13.8.3　企业数字人生成系统

数字人作为企业形象的智能代言人，凭借逼真的形象与流畅的交互能力，为企业咨询与宣传带来全新体验。在企业宣传活动中，数字人可作为主持人、讲解员，以生动有趣的方式介绍企业产品、服务、文化；在咨询服务场景，数字人能够与用户进行自然对话，解答专业问题，提供定制化建议，增强用户对企业的信任感。

形象建模模块：利用 2D、3D 建模技术，依据企业品牌风格与需求，创建数字人外观，包括面部特征、身材比例、服饰搭配等，还可设计多种形象风格以适配不同场景。

语音合成模块：采用先进的语音合成技术，为数字人赋予自然流畅的语音。可定制不同音色、语调、语速，让数字人说话风格更贴合企业形象与业务场景。

动作驱动模块：通过动作捕捉技术或预设动画库，使数字人具备丰富自然的肢体动作与表情，增强交互的真实感与吸引力。

13.8.4　企业数字人服务 Agent

1. 功能设计

作为企业服务的智能中枢，数字人 Agent 能整合企业各类服务资源，实现一站式服务。它能够理解用户复杂的需求意图，协调不同部门、系统完成服务流程，如处理用户投诉、办理业务变更等；同时，通过不断学习用户反馈与业务数据，持续优化服务策略，提升企业整体服务水平与竞争力。

企业 AI 信息门户凭借这些创新应用，成为企业提升品牌形象、拓展客户群体、优化服务体验的关键力量。

2. 知识库构建

业务知识库：涵盖企业所有业务信息，如产品详情、服务流程、政策法规等，确保数字人能准确解答用户业务相关问题。

常见问题库：收集整理用户高频咨询问题及标准答案，快速响应用户常见需求，提高服务效率。

企业资讯库：存储企业最新动态、新闻资讯、活动信息等，方便数字人及时向用户传达企业最新情况。

3. 功能组件调用

自然语言处理组件：对用户输入的文本或语音进行语义理解、意图识别，精准把握用户需求，实现智能交互。

多轮对话管理组件：支持数字人与用户进行多轮连贯对话，记住上下文信息，引导对话流程，提升用户体验。

业务系统对接组件：与企业内部业务系统（如 CRM、ERP 等）对接，实时获取、更新业务数据，实现业务办理与查询功能。

习题

单选题

1. 企业 AIGC 系统中，负责整合本地与云端大模型的层级是？（　　　）

A. 企业动态知识库 　　　　　　　　 B. 人工智能大模型层

C. 大模型应用开发与管理平台 　　　 D. 基于 Agent 的应用层

2. 构建企业动态知识库时，以下哪项技术被明确用于提升检索效率？（　　　）

A. 区块链技术 　　　　　　　　　　 B. RAG 技术

C. 3D 建模技术 　　　　　　　　　　 D. 虚拟现实技术

3. 在智慧决策系统中，"风险评估模块"的主要功能是？（　　　）

A. 生成市场趋势报告 　　　　　　　 B. 识别并量化潜在风险

C. 优化员工绩效 　　　　　　　　　 D. 设计产品外观

4. 企业文件编写功能的"法规校验"依赖的知识库是？（　　　）

A. 行业规范库   B. 员工能力库

C. 营销案例库   D. 设计元素库

5. AI+电商管理 Agent 的"智能选品"功能主要依赖哪类数据?(   )

A. 员工考勤记录   B. 市场趋势与销售数据

C. 企业组织架构   D. 科研专利信息

6. 科研项目管理 Agent 的"风险管理"功能需要调用的知识库是?(   )

A. 风险案例库   B. 设计案例库

C. 用户评价库   D. 语言风格库

7. 劳动合同 Agent 系统生成合同模板时,需调用的核心功能组件是?(   )

A. 图像生成组件   B. 模板生成工具

C. 视频剪辑算法   D. 布局优化算法

8. 企业数字人生成系统的"动作驱动模块"主要依赖哪种技术?(   )

A. 区块链技术   B. 动作捕捉技术

C. 自然语言生成   D. 数据加密技术

9. AI+企业微信公众号的智能客服功能中,"对话管理组件"的作用是?(   )

A. 生成图文推文   B. 引导用户完成业务办理

C. 分析用户点击偏好   D. 存储热点话题

10. 企业 AI 信息门户的"个性化推荐引擎"主要依赖哪类知识库?(   )

A. 用户画像知识库   B. 设计风格库

C. 法律法规库   D. 风险案例库

11. 在 AI+招聘系统中,"智能简历筛选"功能调用的核心技术是?(   )

A. 图像识别   B. 自然语言处理(NLP)

C. 3D 建模   D. 视频特效生成

12. AI+项目实施管理 Agent 的"验收流程管理"依赖的功能组件是?(   )

A. 流程管理引擎   B. 文档生成工具

C. 图像生成组件   D. 语音合成模块

13. 企业形象宣传系统的"舆情监测与分析"功能主要用于?(   )

A. 生成海报设计   B. 追踪网络舆论并预警

C. 优化库存管理   D. 设计产品外观

14. 科研动态 Agent 的"趋势预测"功能基于哪种技术实现?(   )

A. 机器学习算法   B. 虚拟现实技术

C. 区块链技术   D. 图像识别技术

15. AI+绩效考核 Agent 的"绩效数据收集"主要依赖的知识库是?(   )

A. 绩效数据收集模板库   B. 设计元素库

C. 语言风格库   D. 营销策略库

判断题

1. 企业动态知识库仅支持非结构化数据（如文本文件）的导入。
2. AI+企业发展战略 Agent 的案例智库包含 SWOT 分析模型的解读报告。
3. 企业文件管理系统的"智能检索"仅支持关键词精确匹配。
4. 营销视频编制 Agent 的"智能剪辑"功能可自动适配多平台视频格式。
5. AI+劳动合同 Agent 的条款审核完全依赖人工操作。
6. 企业数字人生成系统的语音合成模块仅支持单一音色。
7. AI+电商管理 Agent 的"价格优化"功能完全依赖历史销售数据。
8. 科研项目管理 Agent 的"进度与质量控制"仅依赖人工检查。
9. 企业微信公众号的智能内容创作组件可生成视频脚本。
10. AI+员工培训 Agent 的推荐算法仅基于员工绩效数据。

参考文献